通辯術解法

김봉준 지음

삼한

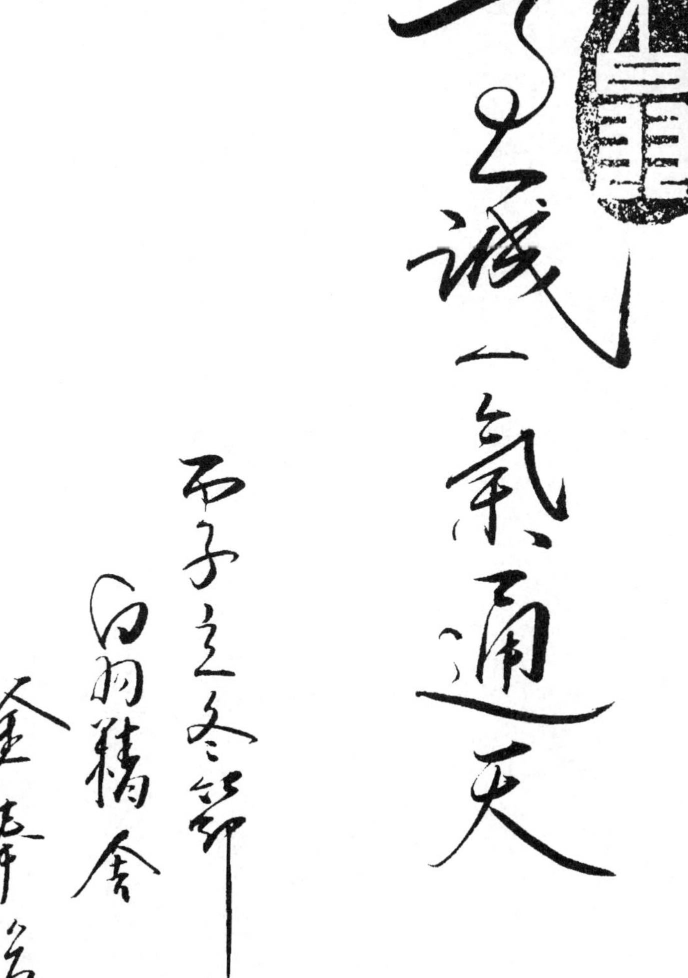
了誠 一氣通天
丙子之冬節
日羽精舍
金奉俊

머리말

우리민족의 국조(國祖)이신 환웅(桓雄)과 삼황(三黃:신농, 복희, 황제)이 인류문명의 창시자라면, 오행(五行)의 이치에 따라 세상만사 모든 일의 길잡이가 되어 준 역서(易書)야말로 인류의 문명에 꽃을 피게 한 모태라고 할 수 있다.

그러나 우주의 창시자와 함께 우주만법(宇宙萬法)의 근본으로 태어나, 지금까지 오랜 생명력을 갖고 있는 역서(易書)임에도 날로 발전하는 과학문명에 묻혀 버려 그 빛을 잃어가고 있는 것이 안타깝다.

하지만 역(易)의 원리는 돌고 변하는 것. 이제 선천(先天)의 양(陽)은 가고 후천(後天)의 음(陰)의 문이 열리면서, 옛 영화로움을 다시 찾게 되었으니 기쁜 마음 금할 길 없다.

특히 1984년 하원갑자(下元甲子)가 시작되면서부터 서서히 대접받기 시작한 역서(易書)는 때를 만난 듯, 시중에 봇물처럼 터져 나오는 것도 모두 음양(陰陽)의 질서에서 비롯된 것이다.

필자도 여기에 힘을 얻어 역(易)의 진리를 알리고자 〈쉽게 푼 역학〉과 〈말하는 역학〉 등 다수를 펴내어, 많은 독자들께서 성원과 격려를 해주셨음을 이 지면을 통해 감사드린다.

하지만 전하고자 하는 말에 부족함이 많아 늘 독자들께 송구스러운 마음 금할 바가 없던 차에, 다음 편을 기다리는 독자들의 요청에 따라 3년여만에 이 책을 또 쓰게 되었다.

이 책에서는 전에 미진했던 부분을 보충하였고, 특히 우리들이 그동안 교과서적으로만 역(易)을 공부해 왔기에 여러분들 또한 고정관념적으로만 틀에 박힌 듯한 역(易)의 범위를 벗어나지 못하고 있어, 이 책을 통해 그 관념의 틀 속에서 벗어나 한 차원 더 높은 공부를 할 수 있도록 원리를 설명하는데 중점을 두었다. 모쪼록 공부하는데 도움이 되었으면 하는 마음 뿐이다.

끝까지 이 글을 쓰는데 도움을 준 백우문하(白羽門下) 무림 김세연(茂林 金世然)의 노고에 깊은 감사를 드린다. 풍우설상(風雨雪霜)을 마다하고 오랫동안 수자(首子)로 공부하면서 이 책을 완간하고는 문하를 떠나 무림정사(茂林精舍)를 개원할 그대의 앞날에 전과 축복이 있기를 기원한다.

차 례

제1부. 실명감정(實命鑑定)

부록·문답식 생활예법

제1부.
실명감정
(實命鑑定)

1장.
이런 사주 콩나물 기르면 잘 된다

壬辛乙乙　坤

辰卯酉未　命

　유금건록격(酉金建綠格)을 놓고도 임수상관(壬水傷官)이 묘진(卯辰)으로 합목(合木)시켜 수생목(水生木)하고, 을목(乙木)이 개두되어 재다신약사주(財多身弱四柱)이다.

　하지만 수생목(水生木)을 받은 을묘목(乙卯木)은 팔월목(八月木)이 되어 서리맞은 나무에 불과하니 궁핍한 생활을 면치 못하게 됐다. 여기에 조후(調候)까지 부실해 습냉한 사주(四柱)가 된 것은 화(火)가 없어 무관(無官)한 탓이다.

　그래서 인수(印綬)를 써서 임수(壬水)를 막아주었으면 좋겠는데, 묘진합국(卯辰合局)된 목재(木財)가 말을 듣지 않는다. 이러나 저러나 본명(本命)은 해묘미(亥卯未)에 사화역마(巳火驛馬)를 불러들여 바쁘게 살아야 한다.

이것은 하늘의 명령과도 같아 거역할 수 없는 것. 이것이 팔자요 운명이라면 받아들일 수 밖에 없다. 차라리 해묘미(亥卯未)에 사화역마(巳火驛馬)만이라도 제대로 불러들였으면 좋겠다.

우선 사중병화(巳中丙火)로 조후(調候)시켜 음지 나무로 크고 있던 을묘재(乙卯財)를 성목(成木)시켜 좋고, 더더욱 좋은 것은 사유(巳酉)로 합(合)되어 신약(身弱)한 것을 보강시켜 좋다. 이렇게 되면 남편과 나는 하나가 되어 무(無)에서 유(有)를 창조하는 사람이 된다.

그러나 불러들이는 사화관(巳火官)이 결코 만만치 않다. 천간(天干)에 임수상관(壬水傷官)이 개두해 강력하게 거부하고 있으니, 지지(地支)로 숨은 듯이 찾아와 합(合)을 이루는 수 밖에 없게 되었다.

그래서 그런지 엄마찾아 삼만리가 아니라, 말없이 집을 나간 사화(巳火) 남편을 찾아 삼만리 길에 나선지가 어언 4년여! 이제는 찾기를 포기하고 먹고 살길을 찾아 나선 여인이 되고 말았다.

오미공망(午未空亡)에 시상상관(時上傷官)되어, 설령 남편이 있다 해도 존재 가치가 없는 것. 잊으라고 타일르 듯 달래 놓고는 다짜고짜 콩나물 장사나 하라고 일렀다.

콩나물은 본래 음지 식물이어서 햇빛을 보면 잎이 생기고 뿌리가 억세져 못쓰는데, 이 사주(四柱)는 콩나물 기르는데는 적임자로 태어났다.

을묘목(乙卯木)이 병화(丙火) 햇빛을 보지 않아 건록(建綠)되어 곧게 잘 자라고 있으며, 신유건록(辛酉建綠)은 콩나물 시루처럼 묘유충(卯酉沖)하면서 금생수(金生水)를 해주고, 금생수(金生水)된 물은 시상임수(時上壬水)가 수생목(水生木)으로 물을 주고 있는 모습이다.

이 말에 화장품 장사는 어떠냐고 묻지만 그건 안된다. 화장품은 오도화(午桃花)나 병화(丙火)가 있어야 밝게 비춰주는 오행(五行)이 되어 가능한데, 본명(本命)은 오화(午火)가 공망(空亡)되고 병화(丙火)가 없어 안된다.

또한 병정화(丙丁火)는 빛이 되어 손님이 찾아오고 소문도 나는 법이다. 이 사주(四柱)는 이런 성분이 없어 자기 얼굴도 화장이 안받는 사람이니, 어찌 남의 얼굴을 화장해 준다는 말인가.

그러면 옷장사는 어떠냐고 묻는다. 화장품보다는 낫다마는 그래도 신통치 않다. 유월생(酉月生)으로 추분(秋分)이 지난 3일 후인지라, 추운데도 병정화(丙丁火)가 없어 여름옷만 팔고 있으니 철 지난 옷을 누가 사입겠는가. 이것은 철지난 옷을 세일만 하는 꼴이니 철 따라 옷을 구색 갖추지 못한다는 말도 된다.

또한 병정화(丙丁火)가 없어 눈이 없는 것과 같아 물건을 고르는 안목이 없다. 그러니 진열한 옷들이 모두 신통치 않아 손님들의 시선을 끌지 못하는 것은 뻔한 일.

다시 한번 강조하면서 자신있게 말했다. 콩나물 장사나 하라고. 이렇게 일러주어도 알아듣지 못하면 할 수 없다. 소를 물가에 데

려갈 수는 있으나 물을 먹고 안먹는 것은 소가 할 따름이지, 대신 먹여줄 수는 없는 것이 아니겠는가.

 그러나 여건상 지금 당장은 못한다 하더라도 언젠가는 콩나물 장사를 하든지, 아니면 콩나물 공장을 하리라고 본다.

2장.
이 사주에는 묘자리가 없다

乙庚戊庚　乾
酉戌寅午　命

　편재격(偏財格)이 인오술화국(寅午戌火局)으로 변해 편관격(偏官格)이 되어 버렸다. 이렇게 되면 재생살(財生殺)이 되어 내것 주고 뺨맞는 격이니, 못난이도 이런 못난이가 없다.

　차라리 시지유금(時支酉金)만 없더라도 종살(從殺)이 되어 좋았을 터인데, 유금양인(酉金羊刃)이 종살(從殺)을 거부하여 신약(身弱)으로 살아야 한다.

　사주(四柱)가 이렇게 되면 월상무토(月上戊土)는 화염조토(火炎燥土)되어 못쓰고, 인오술합(寅午戌合)된 화력의 전기는 2만 볼트 이상의 고압전류가 되어, 지하철을 움직일 수 있을 만큼 강한 전류가 흐르고 있으니 경금(庚金)이 철철 녹아내리는 형상이다.

우선 사주(四柱)가 뜨거우니 식상수(食傷水)가 있어 수극화(水剋火)를 시키는 것이 급한데, 물은 한방울도 없고 뜨겁기만 하다. 정월 입춘이 지나 태어났기 때문에 아직도 겨울인데, 아무리 이상난동 기후라 해도 이럴 수는 없다. 한여름의 날씨보다 더 뜨거워 개나리꽃이 담장 밖을 인오술(寅午戌)로 노랗게 물들여 놓았다.

그런가 하면 금(金)은 결실을 뜻하므로 열매가 되는데, 화(火)가 이렇게 기승을 부려 열매를 모두 녹여버렸다. 이는 열매를 맺기도 전에 꽃이 떨어지는 사주(四柱)가 되어 평생 노력을 해도 결과가 없어 헛고생으로 일생을 마치게 된다.

또한 경금(庚金)이 크기도 전에 화염에 녹아버린 꼴이니, 이렇게 되면 일생을 질병과 신병으로 살게 된다. 전기줄과 퓨즈는 약한데 고압의 전류가 흐르니 퓨즈는 나가고 전기줄은 불타버리는 것과 같다. 이 사람은 염증이 심하여 치료가 잘 안되는 것은 물론 부작용이 많이 생긴다.

우선 자율신경의 마비로 오줌똥이 나오는 줄도 모르게 줄줄 쏟아지고, 일사병, 폐염, 빈혈 등이 심각하다. 죽을 때는 뇌일혈로 쓰러져 생을 마치게 되는데, 이것은 퓨즈가 터지면서 전기가 끊어지는 것과 같기 때문이다.

하지만 본명(本命)에 수(水)가 있으면 이런 일은 발생하지 않는다. 인오술이칠화(寅午戌二七火)로 7년 가뭄에 조천감우(早天甘雨)되어 단비를 만난 격이니 가지회춘(可知回春)이다. 아들낳고 옛 식솔이 찾아들어 잃었던 고토와 명예를 되찾는 영광도 있다.

그런데 병자년(丙子年)이 되면서 문제가 생겼다. 때는 갑오월(甲午月), 병화편관(丙火偏官)이 자수상관(子水傷官)을 달고 들어와 병 주고 약 주는 꼴이 되었다. 이것이 약은 약이로되 쥐약이 될 줄이야.

자수(子水)가 인오술삼합(寅午戌三合)된 제왕의 오화(午火)를 자오충(子午沖)하여, 무식한 말로 눈깔을 빼려 달려든 꼴이 되었으니 쇠신(衰神)이 왕충(旺沖)이면 왕신발(旺神發)이너라.

화(火)가 크게 노해 벌집을 쑤셔 놓은 꼴이 되었으니 반드시 죽을 명이 아닌가. 불구덩이를 자오충(子午沖)하여 건드리면 화염은 더더욱 기승을 부리는 법. 이렇게 되면 경금(庚金)은 펄쩍펄쩍 뛰는데 이것이 곧 의식불명이라, 식물인간이 되어 대소변을 가리지 못하게 된다.

지금까지 설명한대로 감명(鑑命) 결과를 말해주며, 사기사운(死期死運)을 만났으니 준비하라고 최후통첩을 했다. 이 말을 듣고 있던 모자, 그제서야 94년 갑술년(甲戌年)에 아버지의 묘를 이장해 드렸는데, 혹시 그것이 잘못되어 그런 것은 아니냐고 묻는다.

물론 물을 만한 질문이다. 갑목(甲木)은 편재(偏財)로 아버지인데 마침 월지인목(月支寅木)이 갑술년(甲戌年)이 되면서 갑인(甲寅)으로 건록(建綠)되어 기둥이 서 버린 형상이니, 그의 갑인(甲寅) 아버지는 살았으면 주택이 되고 죽었으면 유택(幽宅)이 되어 집을 마련하는 해가 된 것이다.

그러나 인(寅)이든 갑인(甲寅)이든 어짜피 그의 아버지는 인오술

(寅午戌)로 화(火)되어 화장한 것과 같다. 이 아버지는 묘자리에 들어갈 자격이 없는 사람인데, 묘를 썼거나 이장을 했거나 풀 한 포기 살지 못하는 불먹은 땅에 묻어버린 것과 같다. 이미 운명에서는 아버지나 아들이나 모두 술토화개(戌土華蓋)가 있어 화장할 명이었고, 갑술년(甲戌年)에 이장까지 한 것은 마지막으로 화장할 기회였다.

하지만 인간의 무지로 이를 거역하고 이장했다는 것은 명을 거역한 것이요, 하늘의 뜻을 어긴 것과 같으니 반드시 재앙이 돌아오는 법. 묘를 이장하고 안하고를 떠나 종명(終命)할 때가 되면, 꺼져가는 마지막 촛불이 반짝했다 시들어지는 것과 같다. 병자년(丙子年)에 종명(終命)할 것을 예견하고 갑술년(甲戌年)에 신변정리를 하지 않았나 생각한다.

묘를 이장하는 것도 그렇다. 사실 어머니의 자궁만큼 좋은 명당이 없다. 두둑한 배를 현무삼고, 좌우 다리를 청룡백호 삼아 발 아래 먼 끝을 주작으로 잡아놓고, 샘이 마르지 않는 장강수(長江水)를 굽어보며 선유(船遊)를 즐기고 있는 곳이 바로 어머니의 자궁터이다.

이 말은 나를 낳아준 부모에게 효를 다하면 12인연법(十二因椽法) 즉, 록(祿), 왕(旺), 쇠(衰), 병(病), 사(死), 묘(墓), 절(絶), 태(胎), 양(養), 생(生), 욕(浴), 대(帶)에 의해 죽어서 다시 어머니의 자궁에 입택(入宅)된다는 말이다.

이렇게 되면 천지신명도 무심치 않아 당연히 명당을 주는데도 요즘 사람들은 그것을 모른다. 부모의 소중함은 알지도 못하면서 무조건 명당만 골라 쓰면 복을 받아 잘 되는 줄 알고 오천육장(五遷六葬) 하는 사람이 있고, 심하면 구천십장(九遷十葬)까지 하는 사람도 있으니 잘못돼도 한참 잘못된 일이다.

그래, 나 잘 되자고 눈자리도 안꺼진 부모시신을 이리 저리 끌고 다니며 묘를 쓰면 복받고 부자가 되겠는가. 한번 생각해 보기 바란다.

우선 마음부터 잘 쓰고 행동도 올바르게 해야 천지신명도 감응하여 명당을 내주는 법이지, 사악한 욕심만 꽉찬놈한테 뭐가 예쁘다고 이런 자리를 내주겠나.

본래 천지인(天地人)은 하나가 되어 대자연에서 호흡하며 같이 살아가고 있다. 그러므로 아무리 내가 의인이라 하더라도 하늘이 거부하면 안되는 일이고, 비록 하늘과 땅이 합의 했어도 사람이 따라주지 않으면 천하명당은 얻을 수 없다는 것을 알기 바란다.

더불어 효와 진리는 결코 먼 곳에 있는 것이 아니라 가까운 곳에 있다는 것을 깨닫고, 이제부터라도 가까운 일부터 어버이께 효행을 다하는 사람이 되어야겠다.

3장..
이 사주 욕심난다

乙戊丁癸　乾
卯辰巳未　命

62 52 42 32 22 12 2
庚辛壬癸甲乙丙　大
戌亥子丑寅卯辰　運

　우리는 「생긴대로 논다.」라는 말을 자주 사용하고 있는데, 본래
의 의미는 관상학(觀相學)에서 비롯된 말이다.
　월록사화(月祿巳火)에 정화(丁火)가 투간되어 사오미화국(巳午未
火局)을 놓고, 을묘목(乙卯木)으로 정관통근(正官通根) 되었으니
인수용정관격(印綬用正官格) 사주(四柱)가 분명하다.
　본명(本命)은 토요일 오후에 허름한 잠바차림으로 찾아왔다. 물

론 사주(四柱)는 뒷 얘기이고 우선 생김새로 보아서는 사람이 두 툼하고 인당(印堂)이 탁 터져 시원스럽게 느껴졌고, 인중이 저렇게 좋으면 사람이 후덕해서 남의 앞가림까지 해줄 만한 그릇이다.

 법령(法令)은 널찍하게 퍼져있고 구각(口角)은 약간 치켜 올라간 듯 하며, 안광(眼光)이 여수(如水)하고 눈빛은 흐르는 물과 같이 깨끗하게 빛나니, 장상(將相)의 벼슬쯤은 능히 할 사람이다.

 어디 그뿐인가. 안모(眼毛)가 단정하니 장위군자(長爲君子)이고, 눈썹 또한 단정하니 군자의 위엄까지 갖춘 사람인지라, 남자의 상으로는 나무랄데가 없다.

 기왕에 눈에 대한 말이 나왔으니 설명을 더 한다면, 눈동자를 이리저리 움직이면 그의 말에 진실됨이 없는 놈이고, 속눈썹이 길면 사기근성이 있는 놈이며, 눈깔이 튀어나오면 형제간에 싸움이 많은 놈이다.

 다시 본론으로 들어가서 이 사람에게 아쉬운 것은, 눈꼬리가 가므스름한 것을 보니 본처를 버리고 다시 득처한 것을 알겠다. 이래서 사람은 생긴대로 논다고 하는 모양이다.

 남자는 귀와 눈이 잘 생겨야 하고, 여자는 코와 입이 잘 생겨야 한다. 인중이 길고 골이 깊어야 귀한 자식을 낳고, 관골(觀骨)이 명문(命門)으로 이어져야 고관이 되며, 인당(印堂)은 넓으면 넓을수록 좋다. 인당(印堂)은 백사(百事)를 관장하는 곳인가 하면 여기가 넓어야 학운(學運)이 좋다.

 또한 콧방울은 재백(財帛)을 관장하는 곳이니 쓸개주머니를 거꾸로 매달아 놓은 것 같아야 좋고, 콧살은 단단해야 되며 콧뚱을 킁킁끼는 사람은 밧데리 충전이 다 되어 양기가 떨어졌다는 신호음이다. 콧방울과 법령(法令) 사이가 좋아야 이사를 자주 다니지 않고도 부자가 되는 법이어서, 이곳이 얇고 찰색이 나쁘면 어디를 가도 1년치기 밖에 안돼 직업을 자주 바꾸게 된다.

우선 대충 외관상으로 나타나는 상틀만 보면 귀자가 되기도 하고 사기꾼이 되기도 하는 얼굴을 가졌으니, 잘나고 못나고를 떠나 이게 바로 생긴대로 노는 것이다.

그러면 다시 본론으로 들어가 인수건록격(印綬建綠格)에 신태왕(身太旺)하여 정관을목(正官乙木)을 용신(用神)삼았으니, 일단은 사주(四柱)와 관상이 딱 맞아 떨어졌다.

관상이 좋더니 사주(四柱)도 여기에 버금갈 만큼 대단히 좋다. 이런 사주(四柱)는 보면 볼수록 통통하게 살이 붙어 보이고, 번들번들하게 참기름을 발라놓은 것 같으니 어찌 욕심이 안나겠는가.

정사인수(丁巳印綬)가 좋아 공부도 마음껏 했겠고, 을목정관(乙木正官)이 좋아 국록으로 봉직하여 명예를 얻었는가 하면, 22세 갑인대운(甲寅大運)부터는 용신운(用神運)이 되어 순풍에 닻을 올린 격이다.

그뿐만이 아니라 본래 무진토(戊辰土)는 신용을 자본으로 삼는 사람인데, 설상가상격으로 정인(正印)에 정관용(正官用)을 했고 정재(正財)를 희신(喜神)으로 삼은 사람이니, 책임감이 투철하여 1분 1초도 어기지 않고 매사에 언행일치하니 사람들한테 보증수표라는 소리를 듣는다.

단 이 사주(四柱)에서 기신(忌神)은 화토(火土)가 된다. 사주(四柱)가 신강(身强)하여 억부법(抑扶法)을 써 정관용신(正官用神)을 잡았다.

우선 비겁(比劫)의 무리들인 토(土)를 제극하고자 목용신(木用神)을 잡았고, 조후법(調候法)으로는 사월화기(巳月火氣)가 염상(炎上)하여 조토(燥土)될까 염려가 되기도 하지만, 수(水)로 서늘하게 하면 운수대통하고 대발(大發)하여 이름을 명진사해하게 될 것이다.

그런가 하면 잘 보이지는 않으나 비겁(比劫)이 꽤 많은 사주(四柱)이다. 진중무토(辰中戊土), 사중무토(巳中戊土), 협공된 오중기토(午中己土), 미중기토(未中己土) 등 비겁(比劫)이 많은데, 정사인수(丁巳印綬) 어머니와 무진(戊辰)인 나는 서로가 간여지동(干與支同)된 탓에 오직 나만을 위해 공부시켰고, 또 사오미화(巳午未火)를 끌어다 나만 화생토(火生土)로 먹이고 있으니, 배설구는 없는데 먹기만 하여 죽을 지경이다.

년상(年上)에 계수(癸水)는 정재(正財)되어 내 아내가 분명한데도 무능한 정재(正財)라고 따돌린 형상이다. 이것이 곧 태강(太强)한 인수(印綬)가 태약(太弱)한 며느리를 무시하고 내쫓아 버린 격이 되었으니, 그 어머니의 극성스러움을 알겠다. 그의 얼굴 간문(奸門)에 있는 검은기가 처궁(妻宮)이 좋지않은 것을 증명한다.

정사(丁巳) 어머니 말에 우리 아들 무진토(戊辰土)만큼 잘 생긴

놈 있으면 나와보라고 큰 소리 탕탕 쳐댄다. .물론 큰 소리 칠만은
하다. 신강(身强)한 무토(戊土)가 묘진목국(卯辰木局)되고, 진중
계수(辰中癸水)가 있어 수생목(水生木)으로 정관(正官)을 키우고
있으니, 그 어머니가 볼 때는 우리 아들 장관감으로 볼 수 밖에.

그래서 어머니 극성도 있고 해서 진중계수(辰中癸水)를 불러들여
장가를 한번 더 갔는데, 사실 본처 계수(癸水)보다는 진중계수(辰
中癸水)가 더 훌륭하고, 내조를 잘하는 아내가 되어 새장가는 잘
들었다.

두번째 아내는 재생관(財生官)까지 해주니 새장가 들고부터 진급
되고 출세하기 시작한다.. 이것은 시상을목(時上乙木) 정관(正官)
이 년상계수(年上癸水) 정재(正財)한테 수생목(水生木)을 받아 대
관(大官)으로 클려면, 꾸준한 노력으로 성장해야 되기 때문에 시
간이 오래 걸리지만, 일지(日支) 진중계수(辰中癸水)가 들어오면
금방 수생목(水生木)하여 30~40년 걸리는 것을 3~4년만에 대목
대관(大木大官)으로 키울 수 있기 때문이다. 그러니 어찌 그 어머
니가 싫다고 하겠는가.

계유년(癸酉年)이 왔다.. 입춘이 지나고 새봄이 찾아와 만물은 새
옷을 입고 새단장 하며 약동하기 시작하는 때이다. 본명(本命) 역
시 계유년(癸酉年)으로 해가 바뀌면서 야몰찬 설계를 해본다.

계수(癸水)는 해묘미(亥卯未)에 자도화(子桃花)되어 예쁜 아내가
신자진(申子辰)에 유도화(酉桃花)를 달고 들어와, 정재(正財)의
작은 돈을 큰 돈으로 늘려주고 부풀려 주겠다니 좋고, 사유합(巳

酉合)에 진유합(辰酉合)으로 식상(食傷)까지 몰고 들어와 식솔이 늘어나는 형상이니, 부하직원이 많은 곳으로 영전되는 기미가 보이는 해가 된다.

그러니 희망은 부풀어 좋은 해로만 알았다. 그런데 이게 왠일인가. 맑은 하늘에 날벼락이라더니. 사유합(巳酉合)과 진유합(辰酉合)으로 식솔과 부하는 늘어나나 이놈들이 똘똘뭉쳐 내 자리 내놓으라고 대들 줄을 꿈엔들 생각이나 했으랴.

을묘정관(乙卯正官)의 뿌리가 되는 묘목(卯木)을 묘유충(卯酉沖)하며 금극목(金剋木)하겠다고 칼을 빼든 형상이다. 유혈 쿠데타가 벌어진 것이다. 그동안 사중경금(巳中庚金)은 장생궁(長生宮)에 있어 충성되게 보필을 잘 해주어 믿었더니, 아! 요놈들이 유금양인(酉金羊刃)을 시켜 내 자리 내놓으라고 의자를 빼앗아 버릴 줄이야 누가 알았겠는가.

상관견관(傷官見官)이면 위화백단(爲禍百端)이라더니 묘목정관(卯木正官)이 이렇게 쉽게 잘라질 줄이야...... 만감이 교차한다. 이것은 4월에 느닷없이 우박이 쏟아져 모든 작물을 얼어죽이는 것과 같은 천재지변이다. 그러니 인력으로는 불가항력이라 천하장사도 쓰러질 수 밖에 없다.

이미 계수(癸水)가 정화(丁火)를 가차없이 수극화(水剋火)시켜 버렸고, 사화(巳火)는 음흉스러운 사탄같은 놈이라는 것을 증명이라도 해주듯, 사유(巳酉)로 당당히 합(合)되어 버렸으니 이 사람 시운(時運)이 다한 것 아니겠는가.

이때가 51세로 대운(大運)으로는 임자운(壬子運) 마지막이다. 이 듬해인 52세부터는 신해대운(辛亥大運)으로 넘어간다. 신해대운 (辛亥大運)이 되면 을목(乙木)이 칠살(七殺)을 만나 견딜 수 없고, 해수사화(亥水巳火)를 발동시켜 합(合)도 풀어버리니 신약(身弱)으로 만든 천지대란이 일어나기 시작한다.

어쨌든 시운극진(時運剋盡)하여 입하가 지나 여름인데도 하늘에서 우박이 쏟아지는 꼴이니, 하마(下馬)해야 되는 계유년(癸酉年)이다. 이 사람 그제서야 말귀를 알아 듣고 다른 방법은 없겠느냐고 한다. 이런 때는 백약이 소용없고 다른 방법이 없다. 그저 순순히 하마(下馬)하는 것이 명약이다.

"만약 거역해서 낙마(落馬)한다면 팔다리만 다쳐 불명예스럽지 않겠습니까?"

했더니, 권고사직을 받고 오는 길이란다. 김영삼 정부가 들어서면서 공직자들이 재산등록을 할 때, 하여튼 얼마를 더 줄테니까 나가라는 케이스에 1차로 걸려든 사람이었다.

계유년(癸酉年) 천기(天機)가 상관(傷官)에 재(財)가 되어, 상관생재(傷官生財)로 그물로 고기를 잡듯 돈을 벌 줄 알았는데, 퇴직금에 위로금을 보태주니 이것이 상관생재(傷官生財) 값을 톡톡히 해준 셈이다.

역시 천기(天機)는 하늘의 뜻이라 거짓말을 하지 않는 모양이다. 다만 받아들이는 사람에 따라 좋으나 나쁘냐의 차이가 있을 뿐, 한치의 헛됨이 없다는 것을 교훈으로 받아들이자.

이렇게 욕심나는 사주(四柱)라 하더라도 운을 다하면, 기우는 해를 다시 떠올릴 수는 없으니 이 모두가 하늘의 이치인가 하노라.

4장.
내 자식이라면 어떻게 하겠습니까?

丙乙己乙 坤
子酉丑巳 命

양을(兩乙) 모두가 사유축(巳酉丑)을 깔아놓고, 그 위에 을목(乙木)이 자생했으니 바위 꼭대기에 있는 풀 한포기와 같다. 칠살(七殺)의 기세가 등등하여 시상병화(時上丙火)로 용(用)을 삼으니 칠살용상관격(七殺用傷官格) 사주(四柱)가 된다.

이를 말하여 살거선(殺去先) 식거후(食去後)라고 하는데, 병화(丙火)를 용(用)하여 조후(調候)시키고 제살(除殺)시키며, 똘똘뭉친 금(金)을 분산시키려면 통관용(通關用)으로도 역시 병화(丙火)가 제격인데, 12월 자시병화(子時丙火)라 무능한 것이 흠이다.

아무리 병화(丙火)라 하더라도 여름 병화(丙火) 다르고 겨울 병화(丙火) 다르다. 특히 겨울 병화(丙火) 중에서도 낮 병화(丙火)

와 밤 병화(丙火)의 차이는 태양과 달빛처럼 비교가 되지 않을 만큼 크다.

그래도 본명(本命)에서는 병화(丙火) 밖에는 쓸 것이 없다. 경오년(庚午年)에 결혼해서 신혼의 꿈에 취해 버리는가 했더니, 그의 꿈은 깨지기 시작한다.

사유축칠살(巳酉丑七殺) 남편은 주독에 걸린 미치광이처럼 술독 사유축(巳酉丑)에 빠져버린 사람이다. 그렇지 않아도 겁이 많은 을목(乙木)인데, 매일 매일 반복되는 생활이 이 지경이니 불면증에 시달릴 수 밖에 없다.

그러나 이 정도는 아무것도 아니다. 남편을 기다리느라 자시(子時)가 넘도록 병화(丙火) 불을 켜놓고 초조하게 기다리다가 깜빡 잠이 들면, 악몽에 시달리기 시작한 것이 정신질환이 될 줄이야.

악몽과 씨름하다 깨어보면 자수(子水) 식은 땀으로 범벅이 되어 버리고, 새벽녘 시도 때도 없이 들어오는 술주정뱅이 남편은 그때부터 행패를 부리기 시작한다.

이러기를 4년여! 갑술년(甲戌年)이 되었다. 이유없이 웃고 헛소리나 퉁퉁 해대는 사람으로 변할 즈음에, 무슨 인연이 되었든지 아기를 갖게 되었다. 아기라도 있으면 설마 저러지는 않겠지 하고 무척 기다리던 참이다.

물론 이 사주(四柱)로 보아 병화상관(丙火傷官) 자식이 용신(用神)이라 반드시 낳아야 될 자식이요, 그 자식이 커가면서 칠살(七殺) 남편도 점점 나아지는 것은 틀림없다.

그러나 갑술년(甲戌年) 초에 임신을 했으니 역시 낳아도 갑술년(甲戌年)인데, 과연 갑술생(甲戌生) 자식이 사람노릇을 제대로 할 수 있을까 하는 걱정이 생긴다.

술토(戌土)라면 병화(丙火) 자식이 입묘(入墓)되고 축술(丑戌)로 삼형(三刑)되는 운이라, 필경 자식으로 인한 문제가 있게 되어 있다. 문제라면 삼형(三刑)된 것으로 보아 수술인데, 낙태나 자연유산도 될 수 있고 좋게 보면 제왕절개 수술로 출산하는 아기를 말한다. 아무래도 술토(戌土)가 기분 나쁘다.

지금까지의 설명대로 사주(四柱)의 격국(格局)을 말해주고는 조용히 모녀에게 물었다.

"지금 몇개월 되었습니까?"

"3개월째 입니다."

"제가 볼 때는 아무래도 이상이 있을 것 같으니 의사한테 진단을 좀 받아보시지요."

이 말이 떨어지기가 무섭게 그 어머니가 말을 받는다. 사실은 딸이 정신이 이상해 통원치료를 하고 있는데 차도가 없어 입원을 시켜야 한단다. 그래서 뱃속에 든 것을 어머니는 없애자고 하고 딸은 죽어도 안된다고 하니 답답해서 찾아왔다는 것이다.

참으로 기가 막힌 일이다. 딸에게는 용신(用神)이기 때문에 꼭 낳아야 될 자식이지만, 친정 어머니로서는 우선 자기 딸부터 살려야 될 처지이다.

딸의 증세가 어느 정도인가 하면, 옷장에 있는 옷을 전부 꺼내어 입고 돌아다니질 않나, 부엌살림을 몽땅 방안으로 들여놓지를 않나, 아무튼 사람부터 살려놓고 봐야지 몸이 저 지경인데 새끼를 낳으면 어떻게 키우겠느냐고 걱정이 태산같다.

 독자 여러분! 이럴 때 내 자식이라면 어떻게 하겠습니까? 자식을 키우는 부모 입장이라면 당연히 어머니의 말이 옳고, 사주(四柱)의 구성으로 보아서는 딸의 말이 옳다.

 그래서 내가 어짜피 자식이 입묘(入墓)되는 운이니, 어머니의 뜻대로 아이를 지우자고 했더니 딸이 펄쩍 뛴다. 엉엉 울어가며 죽어도 그것은 못하겠단다.

 이때처럼 난감한 순간도 없었다. 어머니는 딸을 붙잡고 눈물을 닦아주며 알았다 알았어, 하며 두 모녀 부둥켜 안고 통곡하는데 돌부처인들 동하지 않을 수 있겠는가. 감동적인 현실이 눈 앞에서 펼쳐지고 있는데, 마침 기다고 있던 손님도 덩달아 눈물을 훔치며 달래준다.

 "사람 사는 것이 다 그렇지요. 별 사람있나요. 그저 소문 안내려고 감추기 때문에 괜찮은 것 같이 보이지만, 누구나 사연은 다 있지요."

 하고는 결론없이 감정을 끝냈다.

 그후 소식은 모르겠는데 아마도 술토(戌土)로 자식이 입묘(入墓)되고, 사유축(巳酉丑) 철망이 있는 것으로 보아 어머니의 뜻대로 되지 않았나 생각된다.

5장.
그래도 앞 사주보다는 양반이요

丁乙乙乙　坤
亥丑酉巳　命

역(易)에 기인기시(其人其時)라는 말이 있다. 그 때 그 곳에 그 사람과 만나게 되어 있다는 뜻이다. 이 말대로 이 두 사람이 이렇게 만나게 될 줄이야 누가 알았겠는가.

조금 전에 두 모녀가 뒤엉켜 울어댈 때 옆에서 달래주던 아주머니가 자기 딸의 사주(四柱)를 보러온 것인데, 두 사람 사주(四柱)가 어쩌면 이렇게 똑같고 사연 또한 비슷한지 깜짝 놀랐다.

전생의 인연인가, 아니면 현생의 인연인가. 다만 다른 것이 있다면 한 사람은 8월생이고 한 사람은 12월생이라는 것 뿐이다. 밤 해자시(亥子時)에 낳은 것도 똑같고, 축토(丑土)로서 남편을 입묘(入墓)시킨 것도 똑같으니 말이다.

굳이 다른 것을 찾는다면 하나는 칠살용상관격(七殺用傷官格)이고 하나는 칠살용식신격(七殺用食神格)이며, 하나는 자유귀문(子酉鬼聞)을 놓아 정신이 이상하고 하나는 해자축(亥子丑) 기운이 강해 어머니가 좀 극성스럽다는 것이다.

본명(本命)은 사유축(巳酉丑)에 해수역마(亥水驛馬)가 강하다. 마침 해수역마(亥水驛馬)는 인수(印綬)되어 미국으로 유학을 가서 공부도 했고, 현지에서 교포와 결혼해서 살고 있는 사람이다.

그러나 역시 칠살(七殺) 남편은 기신(忌神)되어 용신정화(用神丁火)를 무섭지 않게 여기는 안하무인이다. 이것은 해수(亥水) 위에 정화(丁火)가 되므로 신약(身弱)하다는 것을 알아낸 칠살(七殺)이 오히려 크게 화를 내며 행패를 부리는 격이다.

마침 갑술년(甲戌年)으로 용신정화(用神丁火)가 입묘(入墓)되는 해가 되어, 이것 저것 따져보아도 희망이 없는 해가 되는지라 축술(丑戌)로 삼형(三刑)되어 이혼을 하지 않을까 싶다.

그래서 용신(用神)이 입묘(入墓)하면 죽은 목숨과 같다고 했더니, 딸을 이혼시키려고 한단다. 이유는 남편이란 놈이 일지축토(日支丑土)로 재(財)랍시고 친정에 가서 돈을 가져 오라고 닦달을 한단다.

천하의 백수건달이 빠징꼬에 미쳐 집도 날려버리고, 이제는 돈을 가져오란다니 이거 미친 놈 아닌가. 앞 사주(四柱)도 미쳤고 뒷 사주(四柱)도 미쳤다.

술 쳐먹고 행패 부릴 때 친정이나 가까워야 도망 올 것 아니냐고, 이건 이러지도 못하고 저러지도 못하고 갖은 욕설에 이제는 손지검까지 한다며 훌쩍거린다.

이때까지도 앞에서 본 모녀는 가지않고 옆방에 있다가, 이 여자가 하소연 하는 것을 보고는 위로해 준다.

"딸을 둔 것이 죄지요."

하고는 함께 콧물 눈물로 뒤범벅을 이룬다. 어짜피 용신(用神)이 입묘(入墓)되는 사람을 붙잡고 무슨 얘기를 더 하겠는가.

"뜻대로 하세요. 그래도 앞 사주(四柱)보다는 양반입니다."

하고는 감정을 마쳤다.

마침 술 얘기가 나왔으니 한마디 더해 보겠다. 술이란 잘 먹으면 약주요, 잘못 먹으면 독주가 되는 양면성을 갖고 있는 것이다.

※ 세계의 명주(名酒)

고려시대 문인이었던 이규보의 〈이규보집〉을 보면, 우리의 명주(名酒)로 이화주(梨花酒), 천일주(千日酒), 춘주(春酒), 백주(白酒), 녹피주(祿皮酒), 청주(淸酒), 탁주(濁酒) 등의 다양한 종류의 술이 열거되어 있다.

두보는 대단한 애주가로「하늘이 만물을 창조했다면 인간은 술을 빚어냈다.」라고 까지 예찬했는가 하면, 서양의 속담에「주신(酒

神)은 군신(軍神)보다 더 많은 사람을 죽인다.」라고 하여 과음을 경계하기도 한다.

그런가 하면 옛부터 우리나라는 술을 마실 때는 풍류와 멋으로 즐겼으며, 적당히 마시면 백약지장(百藥之長)이라고 극찬했다. 어쨌든 술은 각 나라마다 풍토와 관습이 달라서인지 그 나라의 독특한 개성을 엿볼 수 있어 재미있기도 하다.

꼬냑은 프랑스 국민의 세련된 향취를 풍기고, 스카치 위스키는 영국 신사의 중후한 멋을 나타내고 있으며, 호프는 독일 국민의 소탈함과 검소함을 시원스럽게 거품을 일으켜 표현하고, 보드카는 러시아의 뜨거운 정열을 나타내며, 마오타이는 중국의 오랜 역사를 대변하듯 은은한 향으로 맛을 빚낸다.

그런데 우리는 좋은 전통주들이 많이 있으면서도 막상 우리나라를 대표하는 명주(名酒)가 아직도 없는 것을 보면 아쉽다. 우리도 전통문화 민족의 자긍심을 갖고 세계 시장에 전통주 하나쯤은 내놓을 만한 때가 되지 않았나 생각된다.

6장.
20대에 상부팔자가 될 줄이야

1. 청상과부(靑孀寡婦)

辛辛辛乙　坤
卯未巳巳　命

1996년 이른 봄. 아직 잔설이 채 가시지 않아 봄바람이 매섭게
파고들 즈음이었다. 가냘픈 몸매에 얼굴도 갸름하고 초롱초롱한
눈빛에 이제 갓 스무살을 넘긴 것 같은 앳된 여인이었다.
"김봉준 선생님을 찾아왔는데요."
하며 조용히 들어섰다. 첫마디의 음성 역시 생김새처럼 조용하면
서도 부드러웠으며, 백옥같이 하얀 얼굴에 바바리 코트를 걸쳐 입
은 모습으로 보아 혼기가 아직 이르다고 할 만큼 앳돼 보였다.
　사주(四柱)에서 보듯 본명(本命)은 본래 음팔통(陰八通) 사주(四

柱)로 태어났고, 신금일(辛金日)에 태어났으니 그녀의 빼어난 용모를 알겠다.

그러나 남편되는 관(官)이 기신(忌神)으로 사사자형(巳巳自刑)되어, 일찍부터 들어와 년월(年月)에서 버티고 있으니 이거 큰일났다 싶어, 눈을 부릅뜨고 사주(四柱)의 구석구석을 아무리 살펴보아도 식상수(食傷水)가 보이지 않는다. 태월(胎月)에도 없고 대운(大運)에서도 없다.

이 사주(四柱)를 감정할 때가 이 여인의 나이 32세였다. 연령으로 보아 결혼은 했겠다. 일찌감치 관성(官星)이 들어왔으니 어찌 이렇게도 예쁜 꽃을 홀로 피어있게 했겠는가.

4월 신금(辛金)이 지지(地支)에 사미(巳未)를 깔아놓고, 그 가운데 오화(午火)를 협공하여 불러들이고 있으니, 이가 곧 관성오도화(官星午桃花) 즉, 남자가 아니더냐.

이 사주(四柱)를 자연의 원리에 비유한다면 4월 장미꽃이 담장에 어우러져 빨갛게 물들인 형상이다. 이곳 저곳에서 향내음 맡고 날아든 벌나비가 얼마이고, 덩쿨진 꽃송이를 꺽으려는 자 얼마나 많았겠는가. 더구나 진도화오화(眞桃花午火)로 꽃을 이렇게 예쁘게 피어 놓았으니 말이다.

이것으로 사주(四柱) 감정 결과는 이미 끝났다. 외모와는 전혀 달리 관살혼잡(官殺混雜) 사주(四柱)가 되고, 관(官)이 기신(忌神)되어 부부 생사이별을 면치 못하니, 필경 이혼문제로 찾아왔을 것이라는 생각이 뇌리를 스친다.

왜냐하면 병자년(丙子年)에 찾아온 것으로 보아 병화(丙火)는 남편되는 정관(正官)이요, 자수(子水)는 협공된 오화(午火)를 충(沖)하면서 일지미토(日支未土)와 원진을 이루고 있으니, 그렇게 생각할 수 밖에……

더구나 일지(日支)에서는 자수도화(子水桃花)가 병화정관(丙火正官) 남편을 대동하고 들어온 해가 되어, 운명적으로는 병자년(丙子年)에 결혼하는 것이 좋고, 만약 남편과 이별한 후 재혼을 한다 해도 병자년(丙子年) 만큼 좋은 해는 없다.

특히 자수(子水)는 관살혼잡(官殺混雜)되는 오화(午火)를 충거(沖去)시키므로서 제살(除殺)시켜 주었고, 물기가 없어 건조하던 사주(四柱)에 자수(子水)가 들어와 촉촉하게 습기를 뿌려주니, 이는 꽃망울에 스프레이를 뿌려주는 격이 되어, 그 꽃은 더욱 생기를 얻어 아름다움을 오래 유지할 수 있으니, 이보다 더 좋은 해가 어디 있고 이보다 더 좋은 남편이 어디 있겠는가.

"때라는 것은 곧 시간을 의미하며 시간은 흘러가는 것입니다. 이혼이나 재혼문제라면 용단을 내리시요. 금년같은 해는 두번 다시 오지 않습니다. 본명(本命)은 틀림없이 한번 결혼으로는 백년해로를 장담할 수 없는 사주(四柱)입니다. 운명적으로 일찍 결혼을 했는데 그것은 피할 수 없는 일이었지요. 지금에 와서 후회한들 무슨 소용이 있겠소. 앞으로가 더 중요합니다. 먼 훗날을 생각해 뜻대로 용단을 내리시요."

라고 재촉했다. 사람이란 운이 좋을 때는 좋은 사람을 만나고 생각과 판단도 올바르게 되지만, 악운을 만나면 악연이 생기고 하는 짓마다 모두 죽을 짓만 골라서 하게 되는 것은 자연에서 비롯된 오행(五行)의 이치때문이다.

그래서 나는 좋은 해에 좋은 인연을 놓치는 것이 아까워 이렇게 재촉했다. 내 말을 조용히 듣고 있던 그녀는 그제서야 다소곳이 얼굴을 드는데, 눈망울에서 눈물이 뚝뚝 떨어지고 있었다.

"이게 모두 운명이요. 사람이 죽고 싶으면 죽고 살고 싶으면 사는 것이 아니라, 죽고 사는 것도 다 때가 있는 법입니다. 그러니 설령 남편이 잘못되었다 하더라도 서러워 할 것 없소."

하고 조심스럽게 위로를 했다.

아무래도 년월(年月)에 있는 사사자형(巳巳自刑)이 마음에 걸렸다. 지난 94년인 갑술년(甲戌年)의 사주(四柱)는 사화(巳火)가 남편인데, 술토(戌土)를 만나면서 왕(旺)한 불이 입묘(入墓)되니 왕자입묘(旺者入墓)이다. 반드시 죽든지 아니면 출입을 못할 만큼 중병에 걸릴 수 있는 해였다.

그 다음해인 95년 을해년(乙亥年)에도 역시 왕(旺)한 사화(巳火) 남편을 해수상관(亥水傷官)이 사해(巳亥)로 충거(沖去)시켰으니, 이것도 왕자충(旺者沖)이라서 백약이 무효이다. 쇠신(衰神)이 왕충(旺沖)이면 왕신발(旺神發)하여 대란이 일어나는 법이다.

이 연약한 사주(四柱)에 갑술(甲戌), 을해(乙亥)의 양년(兩年)이 들어와 일간(日干)부터 충파(沖破)로 흔들어 놓았으니, 남아난 것이 있을까 하는 측은한 생각이 들어서 물어보았다.

"혹시 죽었습니까?"

"예."

"그러면 94년이나 95년일텐데 언제였습니까? 내가 남편의 사주(四柱)를 몰라 묻는 거요. 어쨌든 부인의 사주(四柱)가 그러니 팔자라고 생각하소."

"제 팔자가 나빠 남편이 죽었다는 말씀인가요?"

"그렇습니다. 그러나 이렇게 일찍 사별하거나 이혼할 사람들은 묘하게도 그런 사람끼리 운명적으로 만나게 되어 있습니다. 만약 그러한 사람들이 아니었다면 애시당초 만나지도 않았을 것이고, 혹 만났다 하더라도 결혼 전에 헤어져 서로가 이런 불행은 면하게 되지요. 이것을 숙명이라 하고 필연이라고 하는 것입니다. 다시 말하지만 도의적으로는 시댁에 죄송하겠지만, 이 모두는 부인과 남편의 운명이 그러하기에 생긴 일이니 이제는 잊고 새 삶을 찾도록 하시요. 금년같은 병자년(丙子年)은 부인에게 찾아온 광영의 해라고 할만큼 아주 좋은 해입니다."

눈을 깜박이며 조용히 듣고 있던 부인이 말을 받는다.

"그렇지 않아도 작년에 시어머니께서 애도 없고 하니 재혼하라는 말씀이 있었지만, 차마 용기도 없고 해서 잊고 있었는데 며칠 전에 혼삿말이 들어와 맞선을 보았어요."

그 사람과 궁합을 봐주겠다고 생년월일을 대라고 하니, 마흔살 닭띠라는 것 밖에 모른단다.

"마흔살 닭띠라면 정유생(丁酉生)인데 무조건 승락하시요. 우선 정유생(丁酉生) 남자라면 부인의 사주(四柱)에 신금(辛金)의 뿌리가 없는데, 유금(酉金) 뿌리가 들어와 월지사화(月支巳火)와 사유합금(巳酉合金)시켜 주므로서 합(合)을 이루었으니, 그 사람과 만나면 가정도 안정되고 믿음직한 남편감으로도 손색이 없을 만큼 든든하고 편안할 것이요. 올해는 부인에게 아주 좋은 해이기 때문에 좋은 사람과 인연이 될 것이니 두려워 할 것 없습니다. 그런데 밀하는 사람이라던가요? 사화정관(巳火正官)이라, 비록 말단이더라도 공무원이라면 가장 좋겠는데."

 이 말이 떨어지기가 무섭게 눈을 동그랗게 뜨면서 어느 구청에 다닌다고 한다. 3년 전에 이혼을 했는데 자식이 하나 있단다. 독신으로 살까 하다가 아무래도 안되겠기에 금년부터 재혼을 해야겠다는 생각이 들어 맞선을 보게 되었다는 말까지 해준다.

 "그 사람 참 잘 만났네요. 유생(酉生) 닭띠와 인연이 된 것도 이 사주(四柱)에 잘 들어 왔고, 신분이 공무원이니 그것도 부인의 운명따라 만날 사람 만난 것이요. 또 사주(四柱)에 수(水)라는 식신(食神) 자식이 없고 만약에 있더라도 하나밖에 두지 못할 팔자건만, 이 사람에게 자식이 하나 있다니 운명적인 만남이요. 그러니 그 사람이 좋다고 하면 무조건 하시요."

 그렇지 않아도 한번 만난 후 부담스럽지 않고 편안하다며 매일 전화하고 만나자고 하는데 놀란 가슴이라 두려워서 찾아왔단다.

 "하여튼 이만큼 설명했으니 앞으로의 일은 부인께서 알아서 할 일입니다."

하고는 미안하지만 사별한 남편 사주(四柱)를 한번 보고 싶으니 생년월일이나 가르쳐 달라고 했더니 선뜻 말해준다.

2. 망자낭군(亡者郎君)

丙辛辛辛　乾
申酉卯丑　命

　이 사주(四柱)는 편재용관격(偏財用官格)이다. 혹자들은 어떻게 뿌리도 없는 병화(丙火)를 용관(用官)하느냐고 반문할 것이다. 병화(丙火)는 이미 신금(辛金)과 합수(合水)되었는데, 이로써 용신(用神)을 삼는다는 것은 어불성설이라고 냉혹한 비판을 하는 사람도 있을 것이다.

　그러나 용신(用神)이 건실해야 좋다는 것은 상식 중에 상식이나, 대부분 약한 곳에 용신(用神)이 있으니 어찌 하겠는가. 지적한 대로 본명(本命)에 비록 병화(丙火)는 약하지만 용신(用神)을 삼아야 할 이유가 있다.

　첫째는 동지가 지난 후 사양지화(四陽之火)가 오양지화(五陽之火)로 가고 있는 생기넘치는 병화(丙火)이고, 둘째는 이 사람의 입태월(入胎月)이 마침 오월(午月)이라 오화(午火)는 병화(丙火)

의 양인(丙刃)이 되어 나름대로 유근하였으니, 비겁(比劫)으로 만국(萬局)된 본명(本命)을 다루려면 병화(丙火) 밖에는 없다.

만약 이 사주(四柱)에 병화(丙火)를 용신(用神)삼지 못한다면 군겁정재(群劫正財)는 물론, 그의 아내가 되는 묘목(卯木)은 병약하여 죽었든지 아니면 가출을 했거나 하는 생사이별 문제가 있어야 할 것이다.

이렇게 하여 병화(丙火)를 용신(用神)삼고, 오직 병화(丙火)에만 의지하며 항해를 계속 하던 인생열차가 때 아닌 폭풍을 만났으니, 이것이 수국(水局)으로 달리고 있던 무자대운(戊子大運)에서다.

병화용신(丙火用神)을 삼은 사람이 용신(用神)을 극(剋)하는 수운(水運)을 만났으니, 패기넘치게 살아야 할 이 젊은이에게는 하루 하루가 절망의 나날이 계속되는 비운의 길로 들어섰던 것이다. 정확하게는 34세 되던 갑술년(甲戌年)이요, 대운(大運)으로는 무자대운(戊子大運)에서 자대운(子大運)으로 막 들어간 때였다.

여기서 그가 죽은 원인을 살펴보면, 첫째는 자기 본령(本令)에 태어난 묘목(卯木)인데도 주위에 금(金)이 너무 태강(太强)하여 본령(本令)의 구실을 못하는 묘목(卯木)이었다.

둘째는 묘목(卯木)이 살아 남으려면 병화(丙火)가 작열하여 태강(太强)한 금(金)을 화극금(火剋金)으로 다스려 주어야 하나, 병화(丙火) 역시 무력했던 것은 대운(大運)이 병화(丙火)를 받쳐주지 못했던 탓이다.

셋째는 그러기에 묘목(卯木)의 입장에서는 생기왕성한 2월 나무가 되어 어떻게든 끈질기게 살아보려고 버텨보았지만, 워낙 금세(金勢)가 강해 서리가 눈처럼 하얗게 뒤덮인 형상이라 묘목(卯木)은 동사하기 직전에 있었던 나무였다.

넷째는 마침 자대운(子大運)에서 용신병화((用神丙火)의 뿌리가 되는 입태월(入胎月) 양인오화(羊刃午火)를 지대공 미사일로 원격조정하여 자오충(子午沖)으로 명중시키고 있을 때, 세운 갑술년(甲戌年)에서도 가세하여 용신병화((用神丙火)를 술토(戌土)에 입묘(入墓)시켜 확인사살까지 했으니, 가을바람에 오동잎 하나가 힘없이 떨어져 나뒹구는 꼴이다.

다섯째는 묘목(卯木)은 싹도 트여보지 못한 채 얼어죽은 꼴이다. 목(木)은 간(肝)이고 얼어죽었다는 것은 굳었다는 뜻이니, 간경화로 죽었다는 결론이 자연스럽게 나온다.

죽은 사람에게도 명예가 있는 법이라 본명(本命)의 죽은 날짜까지는 밝히고 싶지 않으나 공부하는 이들을 위해 첨언한다.

본명(本命)이 운명한 것은 갑술년(甲戌年) 정축월(丁丑月) 정유일(丁酉日) 신축시(辛丑時)요, 소한절(小寒節)이 자시(子時)에 들어왔다. 인생범사의 흥망성쇠를 가름하는데 참고하기 바란다.

7장.
에미가 못됐다

丁癸癸己　坤
巳巳酉酉　命

　나를 낳아준 것도 부모요 나를 길러준 것도 부모인데, 본명(本命)은 어찌하여 나를 낳아준 부모가 이렇게도 텃세가 심하단 말이냐. 물론 낳고 기른 정이 남달라 과민하게 자식을 사랑하다 보니 정도가 지나칠 수도 있겠지만 이것은 해도 너무한다.

　년월(年月)에 뿌리를 단단히 박고 있는 유금(酉金) 어머니는 혼자로는 부족했던지, 년지(年支)에 또 유금(酉金)을 불러들여 쌍유(雙酉)를 만들었다.

　이것은 어머니가 유유자형(酉酉自刑)이 되는지도 모르고, 욕심대로 불러들인 꼴이니 계모의 성격이 분명하다. 더구나 일시에 사화(巳火)가 쌍사(雙巳)로 놓여있으니, 이 또한 사사자형(巳巳自刑)

이 되는 재물인데도 유금(酉金) 어머니는 형(刑)맞은 재(財)가 되거나 말거나 아랑곳 하지 않고, 무조건 사유합(巳酉合)하여 돈을 챙기기에만 급급하다.

그뿐만이 아니라 월상계수(月上癸水)도 년년생으로 낳아서 사사(巳巳)를 놓아 쌍둥이처럼 붙어 다니며 살아온 언니인데, 이 역시 지독한 에미의 손아귀에서 벗어나지 못하고 있다. 벌어들이는 것은 모두 싹싹 뺏아가는 어머니이다.

이제는 두 형제 모두 나이가 들어 서른이 가깝다. 지금 결혼을 한다 해도 늦은 편인데 결혼비용은 고사하고 남편감 조차 어머니가 정해주는 사람이 아니면 절대로 안된다고 막무가내이다.

이것은 유금(酉金) 어머니 위에 있는 기토편관(己土偏官) 때문에 어머니가 강짜를 부리는 것이다. 사중무토(巳中戊土) 정관(正官)이 남편감인데도 기토편관(己土偏官)과 결혼하라니 말이나 되는 소리인가.

사실 이 두 형제 계수(癸水)는 직업도 변변치 않다. 기토편관(己土偏官) 직업이 있으나 충극(沖剋)되어 있을 곳이 못되고, 그나마 있다면 사중무토(巳中戊土) 정관(正官)이 있고, 이 가운데 병화재(丙火財)가 있어 정재(正財) 노릇을 하고 있으니 혼자 먹고 살 것은 해결해 준다.

그러나 재(財)가 사사자형(巳巳自刑)되고 사유(巳酉)로 합(合)된 것을 보면, 이는 분명 형제가 똑같이 술집에 나가 떳떳치 못한 재물을 벌어들인다는 것을 사사(巳巳)가 말해주고 있는데도, 그의 어미는 아랑곳 하지 않고 그저 사유(巳酉)˚ 사유(巳酉)로만 재물을 빼앗기에 급급하니 에미가 못됐다고 할 수 밖에 없다. 당연히 혹평과 질타를 받아 마땅한 에미다.

또한 자식을 팔아 돈을 챙기려는 후안무치한 에미라는 것을 이 사주(四柱)에서는 이렇게 말해주고 있다. 딸들의 재물인 사화(巳火)를 에미가 사유(巳酉)로 합(合)하여 금(金)을 강하게 만들어 놓고는, 금생수(金生水)만 계속 해수고 있는 것으로 보아 본명(本命)의 계수(癸水)가 역마성을 띤 사화(巳火) 재물을 벌어들이는데, 힘을 내라고 에미가 용기를 북돋아 주는 꼴이니 잘못돼도 한참 잘못된 에미가 아닌가.

앞에서도 말했지만 본래 그의 에미는 계모성격의 편인(偏印)이고, 시건방지게 유금도화(酉金桃花)가 어머니가 되었기에 꽤나 멋을 부리고 난체를 하겠다. 자식이 웃음을 팔아서 버는 돈이라는 것을 알았으면 알뜰하게 저금이라도 해주는 것이 에미의 도리이거늘, 그러지는 못할망정 자식을 수입원으로 삼아 사치품에 눈이 어두워 자기 치장에만 급급하니 이처럼 혹독한 질책을 하는 것이다.

이 사주(四柱)가 잘못된 것은 년상(年上)의 기토(己土)때문이다. 만약 목(木)이 있었더라면 수화상전(水火相戰)되지 않아 돈을 빼앗기지도 않고, 어머니는 용신(用神) 구실을 잘 해줄 수 있었을 것이다. 비록 목(木)이 없다 하더라도 기토(己土)라도 없었으면 금수청냉격(金水淸冷格) 사주(四柱)가 되어 인품이 수려했겠다.

단 시상정화(時上丁火)는 지지사화(地支巳火)가 사유(巳酉)로 합

(合)되어, 계수(癸水)가 정화(丁火)를 수극화(水剋火) 하였으므로 금수청냉격(金水淸冷格)을 이루는데 장애가 되지 않는다.

 그러나 년상(年上)에 기토(己土)가 있어 계수(癸水)를 괴롭히는 존재가 되었으니, 귀격(貴格)될 사주(四柱)가 탁격(濁格) 사주(四柱)가 되었다. 이것 역시 유금(酉金) 어머니 위에 있는 기토(己土) 때문이다. 본명(本命)의 운명은 그의 어머니로부터 잘못된 교육을 받은 결과라고 생각된다.

8장.
애란가의 사주

丁己乙己　乾
卯巳亥卯　命

정재용인격(正財用印格) 사주(四柱)이다. 10월 기토(己土)가 월상(月上)에 을목(乙木)을 개두시켜 놓고 지지(地支)에 해묘(亥卯)로 합하였으며, 시지(時支)에 묘목(卯木)이 있어 목기(木氣)가 대단히 왕성하다.

마땅히 일지사화(日支巳火)에 뿌리를 둔 시상정화(時上丁火)로서 용신(用神)을 삼는데 무리가 없다. 다만 정화(丁火)를 용신(用神) 삼는데 걱정이 된다면, 10월 을목(乙木)은 해수(亥水)로서 합(合)되어 해묘(亥卯)로 목(木)을 키우고 있으니 습한 나무가 된 것은 당연하다.

여린 정화(丁火)가 습한 나무로부터 목생화(木生火)를 받는다면 정화(丁火) 불이 꺼질까 싶어 조심스럽기 짝이 없다. 만약 본명(本命)에 정화(丁火)가 목다화식(木多火熄)이 되거나 수극화(水剋火)를 당하여 꺼진다면 큰 문제이다.

본래 한주먹의 흙에 지나지 않을 만큼 신약(身弱)하게 타고난 명이라, 기토(己土)가 살려면 오로지 화생토(火生土)받아야 조후(調候)도 되고 모진 겨울을 이겨낼 수 있어, 기토(己土)의 입장에서 보면 정화(丁火)는 신과 같은 존재이다. 정화(丁火)가 살아나려면 우선 습한 을목(乙木)을 잘 다스려 물기를 말려 주어야 하기때문에 이 사람은 본능적으로 난을 사랑하며 키우는 것이다.

여기서 을목(乙木)은 난초요, 정화(丁火)는 보온이며 온실이고 난꽃을 말한다. 사화(巳火)는 손풍(巽風)이니 바람이고 해수(亥水)는 물이다.

난을 키우기 위해서는 다음과 같이 세가지 조건이 잘 갖추어져야 한다. 첫째는 물이 잘 빠져야 하고, 둘째는 온도가 맞아야 하며, 셋째는 바람이 잘 통해야 된다.

이 사람은 위의 3대 조건을 모두 사주(四柱)로부터 자연스럽게 갖추고 태어났으니, 학문적으로는 타고난 난박사 팔자라 하겠고 전생론으로는 전생의 업이었다고 할 수 있다.

내가 본명(本命)을 만나게 된 것은 부인이 사업관계로 상담하러 왔을 때였다. 상담을 마치고 난 후 여담으로 한 말이다.

"사주(四柱)가 이렇게 생기면 난같은 초로식물을 좋아하게 되어 있는데, 도대체 댁에서는 무슨 난을 키우십니까?"

하고 정중하게 물으니 부인은 신이 난듯 입에 거품을 물기 시작했다.

"아이구 말도 마십시요. 그놈의 난하구 평생을 산다우."

시집와서 이 날 이 때까지 밤만되면 화분단지 끌어안고, 이리 옮겼다 저리 옮겼다 밤새 수선을 떨어댄다고 야단이 났다. 지금은 지쳐서 그냥 내버려 둔단다.

"그게 팔자소관이오. 누가 시킨다고 하겠습니까? 주인 양반 사주(四柱)팔자에 난이 이렇게 많고(乙卯木), 얼어죽지 말라고 난로도 피워놓았으며(丁火), 때로는 조루나 스프레이로 물을 뿌려주는데(巳亥沖), 부인께서 못마땅해 하는 것도 이해가 갑니다. 왜냐하면 부인은 해수(亥水)에 해당하는 물인데 겨울난초에 물을 자주 주면 죽겠지요. 그러니 부인께서는 난을 키울 자격도 없지만 행여 부인이 난에 물을 많이 주는 것 같은 의심이 들어, 두분께서 이렇게 사해충(巳亥沖)하여 자주 싸우게 되는 것입니다."

"그것 참 이상하다. 그것도 팔자란 말입니까?"

이 말 끝에 부인은 그제서야 고개를 갸우뚱하며, 아무리 생각해도 미친사람이 아니고는 저럴 수가 없다고 여겨, 작년에는 정신병원에라도 보내야겠다는 생각까지 했었다고 한다.

"아닙니다. 을해년(乙亥年)에 좀 심했던 모양인데 그럴만한 이유가 있지요. 을목(乙木) 난초는 물을 싫어하는데 95년 을해년(乙亥年)에는 물을 잔뜩 먹어 퉁퉁 불어터진 나무의 해가 되었으니, 혹시 얼어 죽거나 병이 들것 같아 그렇게 수선을 떨었던 것입니다.

더구나 이 사주(四柱)에는 가뜩이나 목(木)이 많은데 을해년(乙亥年)에 목년(木年)이 들어와 식구가 더 늘어난 형상입니다. 사주(四柱)에 목(木)이 지나치게 많으면 정신 이상이 생기는 법인데, 주인 양반 사주에 목(木)이 너무 많아 중화를 이루지 못하고 한쪽으로만 치우쳤기에 이상이 전혀 없는 것은 아닙니다. 그러나 입원까지 할 필요는 없고 또 입원을 한다 해도 치유가 되는 것이 아닙니다. 어쨌든 오늘부터 난박사 남편님 모시고 산다는 생각으로 앞으로는 영감님이 난을 가꾸는데 얼씬거린다거나 관여하지 마세요. 그러면 오히려 싸움을 자초하는 꼴이 되니 소가 닭보듯이 신경 끊고 사십시요."

하고 위안을 드린 기억이 있어 적어 보았다.

9장.
타이탄 운전수

癸乙丁辛　乾
未巳酉丑　命

편관용식신격(偏官用食神格) 사주(四柱)이다. 8월 을목(乙木)이 유금절지월(酉金絶地月)에 태어난 것도 서러운데, 사유축(巳酉丑)으로 지지전국(地支全局)이 금(金)밭을 이루고 있으니 태신약사주(太身弱身弱四柱)이다.

얼핏 보기에는 시상계수(時上癸水)로써 용(用)하여 생목(生木)해 주면 될 것 같고, 태신약(太身弱)하니 비겁(比劫)이 들어와 공존 공생하는 것이 본명(本命)을 살려주는 것 같지만, 을목(乙木)이 원하는 것은 수목(水木)이 아니다.

우선 급한 것이 칠살편관(七殺偏官)이다. 이놈을 제거하지 않으면 을목(乙木)의 목숨은 백척간두와 같아 언제 당할지 모를만큼 위태로움에 처해있다. 이렇게 위급한 상황인데 언제 수생목(水生木)을 받아 스스로 크길 바라며, 입지가 이 지경인데 비겁(比劫) 형제를 불러들인들 무슨 소용이 있겠는가.

그래서 지지(地支)에 있는 사미(巳未) 가운데 오화(午火)가 협공하여 들어오고 있으니, 오화(午火)를 뿌리삼은 월상정화(月上丁火)로 용신(用神)을 삼는 것이 최상이다.

이를 말하여 살거선(殺去先) 식거후(食去後)라고 하는데, 이렇게 되면 절대로 정화용신(丁火用神)이 약하지도 않고, 무례하게 깔려 있는 칠살편관(七殺偏官)도 능히 제압할 수 있는 능력을 갖춘 셈이 되어 사주(四柱)가 중화를 이룬다.

물론 이 사주(四柱)의 병은 칠살(七殺)이다. 사주(四柱)에 병이 있어야 큰 사람이라는 말도 있지만, 본명(本命)처럼 격(格) 자체가 칠살(七殺)로 태어났고 사화(巳火)가 정화(丁火)를 배신한 간신배 노릇을 하고 있어, 이미 깨진 그릇이기에 여기에는 해당하지 않는다.

또한 칠살유병(七殺有病)이면 살인상생(殺印相生)을 시켜 전화위복을 하게 하는 방법도 있으나, 여기서는 인수(印綬)되는 수(水)가 오히려 용신정화(用神丁火)를 수극화(水剋火)할까 두려워, 계수(癸水)를 보조 용신(用神)으로 삼기는 어렵다.

그래서 본명(本命)은 가세가 어려워 초등교육만 마치고 무작정 상경한 후 맨처음 들어간 곳이 알루미늄샷시 공장이다. 이것은 년월(年月)에서 진을 치듯 뿌리박혀 있는 사유축금(巳酉丑金)을 직업삼아 찾아간 것이다.

이 사람 사주(四柱)가 좋고 사유축금관(巳酉丑金官)이 기신(忌神)인데도 알루미늄샷시 공장으로 가도록 몰아부쳤던 것을 보면 운명의 장난치고는 너무 심하지 않나 생각된다.

죽어라 죽어라 하는 놈 아주 죽어버리라고 가시밭 덩굴 속에 밀어부쳐 버린 것과 같고, 수천길 되는 벼랑끝으로 떠밀은 것과 같기 때문이다. 이것은 운명이다. 언젠가는 반드시 거쳐야 되고 머무를 곳이라는 것을 사주(四柱)에서는 사유축(巳酉丑)으로 말해주고 있다.

그러나 을목(乙木)은 결코 죽지 않는다. 칼 끝에 올라선 을목(乙木)이라 하더라도 이 사주(四柱)에는 그것을 녹여버리는 정화(丁火)가 있기 때문이다.

옛글에 필생즉사(必生卽死)요, 필사즉생(必死卽生)이라는 말이 있다. 반드시 살려고 하면 죽고, 죽기를 각오하면 살아남는다는 뜻이다. 기적은 있다.

때는 경오년(庚午年)으로 이 사람의 나이 30세이다. 본인에게는 경금(庚金)이 정관(正官)되는 해였기에 10년 이상을 몸 담았던 알루미늄 공장을 그만두고 다른 직업을 선택하고자 나를 찾아왔던 것이다.

지금까지 사주(四柱)를 대략 설명했으니 독자들은 어느 정도 본명(本命)의 명조(命造)를 이해했으리라고 믿고 다음으로 넘어가기로 한다.

본명(本命)은 알루미늄샷시 공장에서 일하는 직업까지는 좋았으
나 사실은 트럭 운전사가 맞는 직업이다. 이 사주(四柱)의 생긴
모양을 보면 다음과 같다.

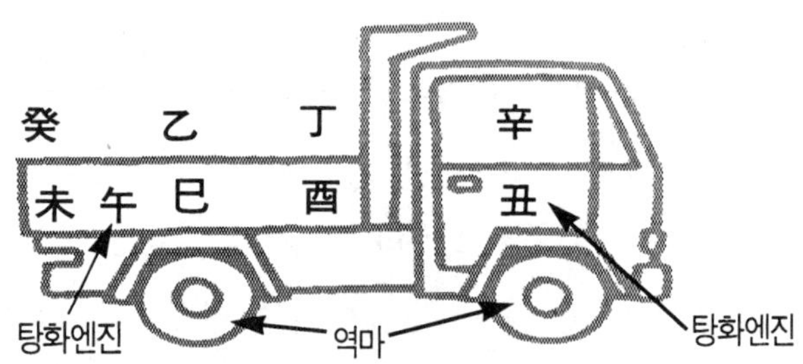

정화(丁火)를 라이트로 삼고, 축토(丑土)와 오화(午火)는 탕화살
(湯火殺) 되었으니 엔진을 폭발시키는 역할을 하며, 사화(巳火)는
바람으로 역마되고 해수(亥水)를 불러들여 사해충(巳亥沖)하므로,
역마의 작용이 더욱 강해져 돌아다니는 직업을 갖게 되었으니 이
것이 운전수이다.

지지(地支)에서 사유축(巳酉丑)으로 삼합(三合)시켜 놓고, 해수
(亥水)가 년지(年支)와 일지(日支)에서 사해충(巳亥沖)하여 일간
을목(日干乙木)을 움직이게 하였으니, 이것이 곧 자동차 바퀴 역
할을 한다.

특히 이 사주(四柱)에서는 공교롭게도 사화(巳火)가 공망(空亡)
인데, 화(火)가 공망(空亡)을 맞으면 바람이나 공기같은 기체가
된다. 그래서 화공망(火空亡)을 맞은 사람이 타이어 공장이나 빵
구 수리업을 하는 사람을 많이 볼 수 있다. 본명(本命)에서도 예

외는 아니다. 자동차 바퀴를 사화(巳火)로 지지(地支)에 달고 다니는 형상이니 틀림없는 운전수 팔자이다.

 "당신은 버스나 택시가 아닌 짐을 운반하는 타이탄 운전수 팔자요. 그러니 1종 면허나 빨리 따시요. 아마 1종 면허만 따면 앞으로 운이 좋아질 때 지금 다니고 있는 공장을 인수받든지, 아니면 공장을 직접 운영하는 사장이 될지도 모릅니다."

 이 말이 끝나기가 무섭게 샷시기술은 이미 다 배웠고, 운전 면허증은 없으나 공장에 타이탄 트럭이 있어 틈틈이 배웠으니 이제 면허만 따면 된다고 한다.

 그후 이 사람은 직장을 옮기지 않고 알루미늄 공장에 있으면서 운전면허 시험에 3번 응시했으나, 매번 학과시험에서 떨어지다가 4번째 가서야 합격을 했단다. 아마 이것도 관(官)이 사구금(四九金)이기에 4번째였나 하는 생각이 든다.

 마침 을해년(乙亥年)에는 외국에서 돈 꽤나 벌어온 친구가 할 일을 찾던 중, 이 사람이 기술이 좋다는 것을 알고 알루미늄 공장을 동업으로 시작해 지금은 평택에서 성업 중에 있다고 한다. 젊은 이의 앞날에 끝없는 발전을 기원하는 바이다.

10장.
국생도화, 나체도화

1. 남 편

己甲戊己　乾
巳子辰亥　命

　재다신약(財多身弱)으로 용겁격(用劫格) 사주(四柱)이다. 3월 진토(辰土)의 년월시간(年月時干)에 모두 토(土)가 개두되었고 목기(木氣)가 쇠하는 때이니, 갑목(甲木)이 많은 토(土)를 다스릴 능력이 못된다. 그러니 대세운(大歲運)에서 비겁운(比劫運)을 만나야 비로서 득비이재(得比理財)할 수 있다.

　마침 행운에서도 목운(木運)으로 흘러주어 의식주가 풍족했고, 부모자리에 있는 노적봉처럼 쌓아놓은 무진토재(戊辰土財)를 밑천삼아 호의호식하며 잘 나가던 사람이었다.

　물론 호의호식하는 동안에는 재살혼잡된 사주(四柱)라서 여자문제도 있었겠지만, 본명(本命)에서는 특이하게도 자도화(子桃花)라는 국생도화(國生桃花) 팔자로 태어난 것이 문제이다.

　이 사람은 묘하게도 해묘미생(亥卯未生)으로 갑자일(甲子日)에 태어나, 자(子)로서 국생도화(國牲桃花)를 만들어 놓고 있다. 자(子)의 자리는 곧 처의 자리와 같으니 그의 아내는 경국지미인(傾國之美人)이다.

　남자나 여자나 모두 국생도화(國生桃花)가 있으면 명리학(命理學)에서는 궁합을 대단히 꺼린다. 특히 여자는 한 나라의 임금을 끼고 놀아나다가 나라를 기우는 지경까지 만들어 놓는 팔자라고 한다.

　본명(本命)의 사주(四柱)는 본래 관(官)이 없어 부모 재산을 지키기 어려운 팔자이다. 처궁(妻宮) 또한 경국지미인(傾國之美人)이 아내로 배정되었기에 이런 여자를 만나 결혼을 하겠지만, 반드시 인처지패(因妻之敗)할 운명이다.

2. 아 내

甲癸乙辛　坤
寅卯未丑　命

본명(本命)은 편관용인격(偏官用印格) 사주(四柱)이다. 천간지지 (天干地支)의 만국(滿局)에 갑인을목(甲寅乙木)이 삼림을 이루듯, 빽빽하게 어우러져 있어 종아를 시켜 볼까도 생각했다.

년간신금(年干辛金)이 축토(丑土)라는 자양지토(慈養之土)에 있 어도 신금(辛金)을 용신(用神)삼는데 문제가 없는 것은 아니다. 그래도 약하나마 이로써 용신(用神)하여 식상(食傷)을 잡아주어 사주(四柱)의 균형을 맞춰야 되겠다.

그러나 거목이 된 큰 나무를 신금(辛金)이 금극목(金剋木)한다 하여 끄떡이나 할지 의심스럽다. 이렇게 큰 나무는 경금(庚金) 정 도는 되어야 금극목(金剋木)이 가능한데, 신금(辛金)같은 것은 우 습게 보기 때문에 위협적인 존재가 되지 않는다.

더구나 시상상관(時上傷官)으로 뿌리를 박았으니 그녀의 말투는 버르장머리 없고 안하무인격이다. 그러니 남편인들 눈에 차겠고 시부모인들 안중에나 있겠는가.

설상가상격으로 계묘일(癸卯日)에 태어났다. 계묘일(癸卯日)은 일명 나체도화(裸體桃花)라고 하는데, 아무데서나 옷을 훌훌 벗고 알몸으로 자태를 뽐내는 도화살(桃花殺)살을 말한다. 이것은 정조 관념이 부족하여 몸이 헤프다는 뜻이다.

 물론 요즘은 여기에 걸맞는 직업이 많다. 모델, 배우, 운동선수, 무용수 등과 같이 다양하니 이러한 것들을 직업으로 삼는다면 문제는 없으나, 본명(本命)처럼 인수(印綬)는 약한데 상관(傷官) 투성이에다 관(官)은 모두 깨져있으니 하는 말이다.

 특히 여자의 명에 식상(食傷)이 많으면 언뜻 보기에는 예쁘나 보면 볼수록 밉고 얼굴이 흐른 것이 특징이다. 그런가 하면 자신이 아주 잘생기고 똑똑한 사람으로 착각하여 잘난척을 한다.

 집에서는 상스럽게 행동하면서도 밖에서는 기가 막히게 잘하는 습성이 있어 성격이 변덕스럽기 짝이 없다. 그런가 하면 말버릇도 고약하여 아무한테나 반말과 욕설을 서슴치 않아 가정 주부로는 결격사유가 많다.

 어쨌든 사주(四柱)에 편관축미(偏官丑未)만 갖고 있던 사람이 1993년 임신년(壬申年)을 만나, 인신충(寅申沖)하는 바람에 인중 무토(寅中戊土)가 나타나 정관(正官)을 남편삼아 결혼한 것 까지는 좋았다.

 그러나 팔자는 못 속이는지 1994년 계유년(癸酉年)에 아내가 가출했다고 남편이 찾아온 것이다. 사주(四柱)로 보아 묘유충(卯酉沖)으로 일지(日支)를 충(沖)해 버렸으니, 부부이별도 되지만 생식기 자리도 되고 나체도화(裸體桃花)까지 갖추고 있는 여자이다.

 "성적 불만이 많았던 모양이군요."

하고 말문을 열었다.

"예. 그랬던가 봅니다."

하고는 몸을 움추린다. 아내가 남기고 간 메모쪽지에는 「미안합니다. 성적으로 맞지 않아 못살겠으니 나를 찾지말고 앞으로 좋은 여자 만나 잘사세요.」라고 적혀있더란다. 살림도 시집올 때 해온 것이 별로 없기에 옷가지 몇벌만 없어졌다고 한다. 이 말을 듣고 한마디 했다.

"찾지 마시요. 본래 호색하는 여자라 한 남편을 거느릴 팔자도 아니지만, 설령 같이 산다해도 당신을 평생 고질병처럼 따라다니며 속을 썩이는 여자이니, 제발로 나간 것이 오히려 잘된 일이요. 만약 자식이라도 있는데 이렇게 되었다면 어떻게 했겠소. 생각만 해도 아찔하죠."

라고 후련하게 말해주었다. 그러나 이 못생긴 남자 하는 말이 더 우습다. 앞으로 장가를 간다 하더라도 그만한 얼굴은 없을 것 같다며, 꼭 찾아서 다시 살고 싶다니 말이다.

그후 소식에 의하면 청량리에서 찾기는 했으나, 완강히 거부하는 바람에 지금까지 재결합을 하지 못하고 있단다. 국생도화(國生桃花) 팔자가 나체도화(裸體桃花) 팔자를 만나 짝을 이룬 것도 주어진 운명이다. 용하게도 이런 사람끼리 만나 일시적이나마 짝이 되었던 것도 결코 우연한 일이 아니다.

11장.
당신은 술상무요

癸甲丁辛　乾
酉子酉卯　命

55 45 35 25 15　5
辛壬癸甲乙丙　大
卯辰巳午未申　運

　이 사주(四柱)는 명리학(命理學)을 떠나 상리철학(象理哲學)으로 풀어보자. 유금(酉金)은 유리잔과 같은 투명한 물질인데, 유리잔이나 커피잔에 물을 부으면 술주(酒)자가 된다. 마침 이 사주(四柱)에는 유유(酉酉)가 있고 신금(辛金)까지 있어 술잔이 갑목(甲木) 주위에 줄지어 있는 형상이다.

　그것도 빈잔이 아니라 금생수(金生水)하여 가득 채워진 술잔이다. 월지유금(月支酉金) 옆에 있는 묘목겁재(卯木劫財)와 묘유충(卯酉沖)까지 하고 있는데, 이는 곧 술잔을 서로 부딪치며 건배하는 모습을 하고 있다. 8월 유시(酉時)는 해가 짧아 일찍 어두워졌는데도 정화(丁火) 형광등 불빛 밑에서 부어라 마셔라 하는 모습이 눈에 선하다. 그런가 하면 유금관(酉金官)이 곧 정관(正官)으로 직업을 삼았으니, 당신 직업이 술상무요? 하고 물어 볼만하지 않은가.

마침 이 사람이 찾아온 시간은 신시(申時)를 막 넘어 유시(酉時)쯤 된 것도 공교롭다. 얼굴은 주독이 들어 코끝이 빨갛고 간간히 콕콕 찌르는 술냄새까지 풍기고 있으니 더더욱 확신이 섰다. 사주(四柱)가 이렇게 생기면 사주(四柱) 여덟글자 속에서 술냄새가 풍겨 나온다.

"당신은 옛날같으면 정화(丁火)가 다 꺼질 때까지, 다시 말해서 등잔불에 기름이 다 마를 때까지 술을 마셔대는 기질이 있소. 그러나 요즘은 형광등 불빛이라, 밤새도록 술을 마신다는 말인데 도대체 무슨 일을 하고 있소."

하고 물었더니 빙그시 웃으며 알아맞춰 보라고 한다. 혹시 진로에 다니느냐고 물었더니 아니라고 한다. 곰곰히 생각해 보아도 떠오르지 않아, 그러면 술과 관계있는 일을 하느냐고 물었더니 그렇다고 할 수도 있다고 한다.

도대체 무슨 일을 하고 있을까? 단란주점, 소주방, 아니면 주류도매상이나 양조장 등등 궁상을 떨고 있는데, 웃으면서 건설회사에 다닌다고 한다.

그제서야 아! 술상무구나. 그런 직업이 있다는 것을 말로만 들었었는데 이 사람이 바로 그런 사람이구나 하는 생각이 번개처럼 뇌리를 스친다.

"결례되는 말이지만 그럼 혹시 술상무같은 일을 맡고 계십니까?"

했더니, 술상무는 사람들이 놀리느라 붙인 이름이고, 건설회사에서 섭외업무를 맡고 있다고 한다. 건설공사를 따내려면 우선 섭외를 잘 해야 되는데 손님접대도 섭외일 것이다. 손님을 접대 하는 사람이 술한잔 안먹인단 말인가. 다만 술상무란 말이 좀 그래서 떳떳하게 말을 못했을 뿐이지 역시 술상무였다.

"직업상 섭외업무를 맡고 계시다니 어쩔 수 없겠지만, 년지(年地)가 묘유충(卯酉沖)을 당하여 간이 나빠지고 있으며, 시력이 정화(丁火)인데 계수(癸水)가 수극화(水剋火)하여 불을 끄고 있으니 눈이 점점 나빠지고 있습니다. 내 비록 의사는 아니지만 의사의 진단보다도 더 정확할지 모릅니다. 병원에 가셔서 진단을 받아 보시지요."

술상무 그제서야 자기는 이런 곳에 올 일이 없는 사람이지만, 올해는 어쩐지 몇살까지나 살 수 있을까 하는 이상한 생각이 자꾸 들어 찾아왔노라고 실토한다.

물론 계유년(癸酉年)에 이처럼 불길한 생각이 드는 것도 이해가 간다. 약한 정화용신(丁火用神)을 삼은 사람이 계수(癸水)가 들어와 수극화(水剋火)를 하고 있으니, 인간이라면 누구나 갖고 있는 예감때문이다.

"아직 50도 안되었는데 벌써 수명을 알아보다니요? 수명은 60은 되어야 알아보는 것입니다. 우리도 사실 60전에는 알 수가 없습니다. 그것을 안다면 왜 이짓을 하고 있겠습니까?"

하고 딱 잡아뗐다.

독자들은 이 사람의 사대운(巳大運) 중 43살 계유년(癸酉年)에 수명론에 대한 답변을 왜 거부했는가를 이해할 것이라고 본다.

12장.
숨은 그림 속에 남편이 있을 것 같아도

壬己辛丁　坤
申酉亥酉　命

51 41 31 21 11 1
丁丙乙甲未壬　大
巳辰卯寅丑子　運

　이 사람은 현재 대학교수이자 박사인데, 사주(四柱) 어디에 결함이 있어 마흔이 다 되도록 노처녀로 있나에 대해 알아본다.
　본명(本命)은 정재용인격(正財用印格) 사주(四柱)이다. 혹자는 년상정화(年上丁火)는 뿌리가 없어 종아격(從兒格)이라고 하겠지만, 마침 태월(胎月)이 입춘을 훨씬 지나 병화사령(丙火司令) 때 포태된 즉, 정화(丁火)를 쓸만한 사주(四柱)이다.

그렇다면 비록 일지(日支)로 보아 관성(官星)되는 인묘(寅卯)가 공망(空亡)되었을 망정, 해중갑목(亥中甲木)이 있고 대운(大運)에서도 간여지동된 남편 관성(官星)이 계속 들어와, 20여년간을 머물러 있었는데도 아직 미혼이라니 믿어지지 않는다.

그렇다면 본래 무관사주(無官四柱)라서 독신주의인가? 그것도 아니다. 꼭 결혼을 하겠단다. 아니면 얼굴이 못생겨 남자들로부터 호감을 얻지 못해서일까? 그것도 아니다. 사주(四柱)에서 보듯 년상(年上)에 정화(丁火)라는 진도화(眞桃花)가 있어 미색을 갖추고 있다. 특히 눈이 더 아름답다.

물론 박사가 되기까지의 공부는 정화(丁火) 공부를 했다. 도화(桃花) 공부라면 옛말로는 기생 공부일 터이나 이 사람은 무용 공부를 했다. 이쯤되면 신분도 내놓을만 한데 결혼이 안되는 이유는 무엇일까?

혹자들은 눈이 높아서 그런 것이 아니냐고 생각할 수도 있겠지만, 내가 볼 때는 그것도 아닌 것 같다. 굳이 원인을 찾는다면 식상(食傷)되는 금(金)이 너무 많아 입관(入官)되는 목(木)을 강력히 거부하기 때문이 아닌가 하는데 이것도 석연치 않은 답이다.

해중(亥中)에 암장된 갑목(甲木)이 있어, 혹시 자신의 기준에 맞는 이상형을 만나지 못해 그러느냐고 물었더니, 특별한 기준도 이상형도 없다고 한다. 참으로 멋없는 대답이다. 이것이 아니면 저것은 되어야 가부간 대화의 끝이 있고 보람이 있는데, 이것 저것 아무것도 아니라니 그럴 수 밖에.

시간이 지루하다 싶어 몸을 뒤척이고 있을 때쯤 문득 보이는 것이 있었다. 월지해수(月支亥水)는 이 사주(四柱)에서 진역마(眞驛馬)인데, 진역마(眞驛馬) 속에 갑목(甲木)이 있다. 이 사주(四柱)에서 정관(正官) 남편이라는 것이 눈에 보이기 시작했던 것이다.

"외국사람과 결혼을 하던지 외국에서 살고 있는 교포가 남편이 되겠습니다. 혹시 그런 쪽에서 혼인 말이 들어오지 않던가요?"

"있는네요."

그녀는 싱겁게도 이렇게 대답한다.

그때가 1994년 갑술년(甲戌年)이다. 비록 갑목(甲木)은 죽은 나무였지만 그래도 나에게는 정관(正官)이다.

"금년에 들어왔습니까?"

"예."

"어디서요?"

"파키스탄에서요."

"교포랍니까?"

"예."

"파키스탄은 자연석으로 된 보석이 많이 나오는 나라 아닙니까?"

"아마 그럴꺼예요."

"아마 그 사람이 남편될 사람인지도 모릅니다. 갑술년(甲戌年)에 들어온 사람이라 모양은 볼 것 없고 그저 덥수룩한 사람이겠지만, 그래도 그 사람이 남편인 것을 어찌하겠습니까? 당신 사주(四柱)에 유금(酉金)과 신금(辛金)이 이렇게 많고 신유(辛酉)까지 있어

보석을 구슬처럼 꾀다만 것과 같은데, 마침 술년(戌年)에 찾아왔
으면서 신유술(申酉戌)로 금국(金局)까지 만들었으니, 보석을 엮
은 것과 같습니다. 해수(亥水)는 검은 곳이니 파키스탄은 본래 검
은 인종에 더운 나라 아닙니까? 사주(四柱)의 용신정화(用神丁火)
에 따라 더운 나라에 가서 사는 것도 팔자 아니겠소. 하여튼 웬만
하면 하시요."

　하고 권했다. 이후 두사람은 묘대운(卯大運)에 해(亥)로 합(合)
하여 결혼식을 올리고, 현재 파키스탄에서 보석상을 하며 잘 살고
있다.

　여담이지만 사주(四柱)보기가 참으로 어렵다는 말을 하고 싶다.
천태만상인 사주(四柱)와 사람마다 모두 개성이 다르고 직업도 다
양하여 백인백색인 것을 알아 맞춘다는 것도 어렵고, 이 사람처럼
엉뚱한 곳인 타국만리에 남편이 숨어있는데도 발 밑에서만 찾았으
니, 사주(四柱)보는 안목이 이렇게 좁아서야 되겠는가, 하는 질책
도 해보았다.
　가깝고 쉬운 곳에 정답이 있는 것처럼 명리학(命理學)을 공부하
는 데도 쉽게 이해하고 논리와 이치에 부합되는 곳에 정답이 있다
는 것을 참고하기 바란다.

13장.
그대의 운명은 석란같구려

乙乙乙乙 乾
酉酉酉酉 命

8월 을목(乙木)이 토(土)에 뿌리를 박지 못하고, 유금(酉金) 바위 위에 앉은 격이니 그대의 운명은 석란(石蘭)같구나. 막상 유금(酉金) 위에 앉아 뿌리를 내리고자 했으나, 절지(絶地)가 되어 을목(乙木)인 내가 살 곳이 못되니 종관(從官)해라.

그집 을목(乙木) 형제들 모두 사람이 유순하여 말을 잘 듣겠고, 종관(從官)했으니 직장에서도 무난한 사람들이겠다. 단 사주(四柱)가 좀 특이해 특수한 직업도 갖을 수 있다는데 초점을 맞추어 이 사주(四柱)를 풀어보자.

우선 지지(地支)에 있는 4개의 유금(酉金) 속에는 경신금(庚辛金)으로 가득 채워져 있고, 벽돌을 쌓듯 사유금(巳酉金)으로 수직과 수평을 이루며 질서를 유지한 것으로 보아 콘크리트 벽으로 가정할 수 있다.

그런가 하면 천간(天干) 4개의 을목(乙木)은 밧줄로 비유할 수도 있고, 아니면 건축할 때 얼기설기 걸쳐놓은 받침목이나 디딤목도 된다. 이 말을 종합하면 건축 공사장에서 벽돌을 쌓는 일이나 콘크리트 치는 일을 하는 사람으로 볼 수 있으나, 이 사주(四柱)를 좀더 살펴보면 그렇지 않다.

유금(酉金)은 투명한 물체이고 규격품처럼 질서있게 유유유유(酉酉酉酉)로 끼워진 것으로 보아 유리창이 되고, 을목(乙木)은 밧줄이 되므로 이 사람은 밧줄에 대롱대롱 매달려 고층건물 유리창을 닦거나 페인트칠을 하는 사람일 것이다.

또 이 사주(四柱)는 8월 철새로도 풀이할 수 있다. 이미 백로(白露)를 지나 한로(寒露)가 찾아오니, 철새가 이동하기 시작할 때가 되었다. 하늘 높이 무리지어 날으는 기러기떼를 연상하듯, 이 사람 역시 하늘 높이 새처럼 날아갈 듯 매달려 대롱대롱 춤을 추며 산다.

이렇게 사주(四柱)팔자란 자연의 형상에 따라 자연의 모습을 닮아 만들어진다. 이 사람은 창공을 날으는 새의 모습을 닮아 태어났기에 고층 빌딩 유리창을 닦으며 살아 가라고 했는가 보다.

14장.
혼기가 좋아야 한다

1. 강짜를 부리고 있는 여인

丁戊丁己　坤
巳申丑酉　命

　용인격(用印格) 사주(四柱)이다. 사유축(巳酉丑)으로 삼합(三合)을 이룬 식상(食傷)이 너무나도 태과하여 시상정화(時上丁火)로서 용신(用神)을 삼을 수 밖에 없다.

　월상정화(月上丁火)가 있으나 축토(丑土)에 설기되어 못쓰고, 비록 시상정화(時上丁火)는 사신(巳申)되고 사유축(巳酉丑)은 되었을 망정, 그래도 사중병화(巳中丙火)가 있다는 것을 믿고 이것으로 용신(用神)을 삼을 수 밖에 없다.

　무력한 용신정화(用神丁火)가 살려면 목(木)이 있어야 생조(生

助)를 받든가 식상(食傷)을 다스려 주겠다. 공교롭게도 인묘(寅卯)가 공망(空亡)되었으니 남편은 믿을 사람이 못되지만, 운명이 요구하는 것은 목(木) 남편이 있어야 용신정화(用神丁火)가 살겠기에 목(木)을 강력히 원한다.

마침 지나가는 행운이 있어 갑술년(甲戌年)에 갑목(甲木)을 만나, 남편삼고 행복을 꿈꾸며 살아왔으나 그 갑목(甲木)은 죽은 나무에 불과했다. 년간기토(年干己土)와 갑기합토(甲己合土)되어 이미 썩은 나무가 되어 버렸으니, 어찌 목생화(木生火)를 해줄 수 있겠는가.

인간은 누구나 이렇게 속으며 사는 것이다. 속고 속임을 희생으로 알고 있으니 인간의 억지도 보통이 아니다. 다른 사람과의 대인관계나 남녀의 만남이 모두 상대의 진실한 내면을 먼저 보아야 하는데도, 이 사람처럼 갑목(甲木)의 휜칠한 외모만을 보고 쉽게 결혼을 승락한 것이 경솔한 처사였다.

그 갑목(甲木)이 어떤 나무인가를 신중을 기하여 다시 한번 살펴보았더라면 아마도 오늘과 같은 일은 없었을 것이다. 갑술년(甲戌年)의 갑목(甲木)은 죽은 나무이며, 축술(丑戌)로 삼형(三刑)을 만드는 편관(偏官) 남편이었다.

그는 오히려 용신(用神)을 입묘(入墓)시키는 남자였으니 그대의 희망은 이 사람과 결혼하면서 모두 물거품이 되었다. 사술(巳戌) 귀문관살(鬼聞關殺)되어 의처증 있는 남편을 만나게 되고, 사술(巳戌) 또한 원진살(怨嗔殺)되어 원망스런 남편을 만나게 된다.

사람은 누구나 혼기와 혼질이 좋아야 되는데, 이 사람은 우선 혼기가 나쁠 때에 결혼한 것이 큰 잘못이다. 그대의 운명이 본래 공망(空亡)맞은 남편인데도 알지 못한채 나 좋은대로 만났으니 그 댓가는 받아야 한다.

지금은 이혼을 해보려고 내키지도 않는 술집에 나가 일 하면서 핑계삼아 늦게 귀가하며 강짜를 부리고 있단다. 그러나 그러면 그럴수록 더더욱 거머리처럼 달라붙어 졸졸 따라다니고, 이제는 의처증까지 생겨 미행을 한단다. 하도 따라다니기에 강아지 팔자인 모양이라고 핀잔을 준단다. 그녀는 강아지 팔자도 있느냐고 묻는다.

"물론 있구 말구요. 강아지 시간에 낳았으면 강아지 팔자죠."

"강아지 시가 언젠데요?"

"밤 7시부터 9시 사이가 술시(戌時)로 강아지 시입니다."

"어머머! 그 사람 밤 8시에 낳았대요. 영락없는 강아지 시에 낳았군요."

그래서 그런가. 음식도 조금씩 먹고 다 먹은 후에는 빈 그릇까지 맛있게 혓바닥으로 핥아먹곤 한다며 징그럽다고 몸서리까지 친다.

"전생에 강아지였는지도 모르죠."

하고 반 농담을 했더니 남편의 사주(四柱)를 봐달라고 한다.

2. 강아지 팔자

丙庚己乙　乾
戌午丑巳　命

중팔자구만.

남자가 직업이 있어야 하는데 관(官)이라는 직업이 병술백호(丙戌白虎)요, 일지(日支)에 오화(午火)를 놓고 양인(羊刃)이 되었다. 사오화(巳午火)와 오술화(午戌火)로 화국(火局)을 이뤄 기신(忌神) 노릇을 하고 있으니, 화(火)가 무서워 직장생활을 못한다.

술토화개(戌土華蓋)가 공망(空亡)을 맞아 산중에 들어가 중노릇 하는게 직업이니 중팔자라고 할 수 밖에……

아내의 말에 의하면 의처증까지 있어 강아지처럼 졸졸 따라 다닌다더니, 어쩌면 그렇게 팔자대로 똑같이 하는지 그녀의 말이 실감난다.

년상(年上)에 을목(乙木)이 정재(正財) 본처이다. 을목(乙木) 밑에 사화(巳火)와 시(時)에 있는 술토(戌土)는 서로 멀리 떨어져 귀문살(鬼聞殺)을 놓았으니, 이것이 의처증을 만들었다. 사(巳)가 술(戌)을 먼저 원진(怨嗔)했으니, 아내가 먼저 남편에게 원망의 소리를 내뱉는 것이다.

시상병화(時上丙火)는 늦은 밤을 밝혀주는 횃불과 같으니, 혹시

하는 마음에서 아내를 의심해 찾아나선 격이다. 이는 후레쉬로 비춰보는 것과 같고 눈을 크게 부릅뜨고 아내를 감시하는 형상이다.

거기다 강아지 시간에 태어나 사술(巳戌)로 원진(怨嗔)되었으니, 아내한테 핀잔을 받으면서도 졸졸 따라 다니는 것으로 강아지 팔자라는 소리 들을만도 하다.

아내가 벌어다 먹여 살리고 있으니 놀고 먹는 개팔자이다. 차라리 승이나 되었으면 개팔자는 면했으련만, 운명을 거역한 댓가로 아내한테 얻어먹고 사는 팔자가 되어 개팔자라는 소리까지 들어야 되는 것도 팔자소관이다.

15장.
당신 고향이 섬이요

甲己辛丁　乾
子亥亥亥　命

이 사주(四柱)를 보는 순간 기토(己土)의 발 밑에서 물결이 찰랑
대고 만경창해가 펼쳐지는 모습이 그려진다. 기토(己土)는 한줌의
흙으로 외롭게 떠있으니 섬과 같고, 저 멀리 년상(年上)에서 정화
(丁火)가 깊은 밤 홀로 빤짝이고 있으니, 이는 필경 등대와 같다.
  년월(年月)에서 해해(亥亥)로 바닷물을 만들어, 일주기토(日柱己
土) 나에게로 밀려와 기어코 해자(亥子)로 만수를 이루었으니, 그
대의 고향은 분명 섬이로구나. 그것도 조상대대로 살아온 곳으로
거기서 살아야 될 사람이 어쩌자고 뭍에 올라와 이렇게 나를 만나
고 있는지 의아하다.
  더구나 정화(丁火)라는 부모가 해수(亥水)에 있어서 확신을 갖고

고향부터 물었다. 우리나라에서 큰 섬이라면 우선 제주도나 울릉도 혹산도 등을 손꼽을 수 있기에, 혹시 이곳이 고향이냐고 물었더니 아니란다.

내친김에 그러면 어디냐고 물으니 일본이란다. 아! 그랬구나. 내 스스로 놀랐다. 그것도 그럴만한 것이 일본이라는 말을 듣기 전에는 발 아래 철렁거리는 물만 보였기에 섬사람이라고 했지만, 막상 일본이라는 말을 들으니 해해해자(亥亥亥子)가 검푸른 현해탄으로 보였기 때문이다.

그러나 저러나 섬사람도 좋고 일본사람도 좋다. 하지만 신약(身弱)한 기토(己土)가 저 많은 수(水)를 어떻게 감당할 것인지가 문제이다. 아무리 보아도 우군은 없고 적군만 구름떼처럼 몰려들고 있으니, 이를 어찌 당해낼 수 있다는 말인가.

년상(年上)의 정화(丁火)와 무토(戊土)를 불러냈으나 모두 반응이 없다. 차라리 수(水)로 따라가 종재(從財)나 해볼까 했으나, 시상갑목(時上甲木)이 한사코 말리며 갑기합토(甲己合土) 되어 나와 같이 살아보자고 애걸한다.

이 말따라 기토갑목(己土甲木) 정관(正官) 남편을 만난 격이니 나쁠 것은 없다. 오히려 기토(己土)한테는 힘이 되어 좋지만 그래도 신약(身弱)한 사주(四柱)이다.

해수(亥水)는 정재(正財)이고 본처이다. 그러나 해해(亥亥)로 자형(自刑)되어 첫부인과는 사별했다. 그후로 재혼을 해야 겠는데 좋은 여자가 없는 것이 문제이다. 해자축(亥子丑), 해자축(亥子

丑) 하여 여자는 줄줄이 들어오나, 월상(月上)에 신금(辛金)이 있고 신금(辛金) 옆에 정화(丁火)가 있어, 모두 술집에서 사귀는 여자이거나 아니면 전직이 술집 여자들 하고만 인연이 된다. 한마디로 지저분한 인연이요, 지저분한 사주(四柱)이다.

그렇다면 초록은 동색이라는 말이 있듯이 직업이 시원치 않아서 그런것 아니냐고 하겠지만 그것은 결코 아니다. 현재 산부인과 의사로 서울에 병원을 갖고 있는 병원장이다.

갑목(甲木)이 정관(正官)되어 직업이 분명하고, 해해(亥亥)로 정재(正財)가 자형(自刑)되었으니 산부인과 전문의가 된 것도 천직이다. 해자축(亥子丑), 해자축(亥子丑)으로 국(局)을 이루어 재(財)가 되었으므로 여자가 줄을 잇는 것도 당연하다.

하지만 이 사람의 신분에 맞지 않게 술집 출신들만 끼어드는 것도 문제이지만, 이 여자들 역시 길어야 6개월을 넘기지 못하고 헤어지는 명이다. 이것은 일육수(一六水) 탓이요, 해수(亥水) 여자를 볼 때마다 여보라고 호칭하는 것 또한 정재(正財) 탓이다.

왜냐하면 보는 여자마다 아내같이 보이기 때문인데, 아마도 해자축(亥子丑)은 밤이어서 밤만 되면 더더욱 그렇게 불러지고 아내로 둔갑되는 것이다. 그럼 여기서 잠시 해수(亥水)에 대해 알아보자.

※ 해수(亥水)의 일생

사주(四柱)에 해해해(亥亥亥)가 있으면 바닷물이 만조된 것과 같다. 특히 해(亥)는 밤으로 바닷물도 낮보다 밤물이 훨씬 많이 들어온다. 이때 만조가 되어 해수(亥水)가 차면 바다 가운데에서는 바람이 일어나 파도를 일으키게 된다. 이것은 해수(亥水) 형제들이 모여 다같이 수극화(水剋火)하려고 결의했기 때문이다.

 자연의 원리에서는 반드시 물이 불을 이기게 되어 있는데, 사해충(巳亥沖)으로 오히려 사화(巳火)한테 얻어맞고 있으니, 잘못된 것이 아니냐고 맏형이 동생들을 불러놓고 울분을 토한다.

 이 말을 듣고 있던 동생들은 형님의 말씀이 백번 옳다고 생각한다. 사화(巳火)한테 질 까닭이 없다. 기회는 이때이다. 늦은 밤 해수(亥水)가 천리만리에서 이 말에 동참한 듯 모여들었다. 그놈의 사화(巳火)를 불러놓고 우리 한번 수극화(水剋火)시켜 본보기를 보여주자고 제안하니, 와! 하는 함성과 함께 모두 동의한다.

 해수(亥水)가 사화(巳火)한테 하는 말이, 우리가 지금 해중갑목(亥中甲木)을 잡아서 진수성찬을 차려놓았는데, 모두들 너를 초청해 같이 먹자고 기다리고 있으니 빨리오라고 한다.

 이 말을 들은 사화(巳火)는 싫지가 않다. 그렇지 않아도 출출하던 차에 갑목(甲木)을 잡아다 놓았다니, 갑목(甲木)이라면 나를 목생화(木生火)시켜 주는 보양제이다. 본래 사화(巳火)는 양기 좋기로 소문난 놈이지만 아무리 양기가 좋다해도 먹어야 힘을 쓸 것이 아닌가.

 해수(亥水)의 말이 떨어지기가 무섭게 바람처럼 달려와 보니, 갑목(甲木)은 갑목(甲木)인데 물에 퉁퉁 불어터진 갑목(甲木)이다.

이놈을 잘못 먹으면 목생화(木生火)는 커녕 오히려 수극화(水剋火)를 당하여 죽을 처지이다. 눈치빠른 사화(巳火)는 그때서야 속은 것을 알고 화가 머리끝까지 치밀어 올라, 뱀눈을 치켜 뜨더니 그때부터 사해충(巳亥沖)으로 일진광풍을 일으키며 해수(亥水)를 갈겨대기 시작한다.

해수(亥水)들은 사화(巳火)를 초대할 때만 해도 그렇게도 단단히 결의했건만, 사해충(巳亥沖) 한 방에 부서지고 깨지고 으스러지고 난리가 났다.

광풍을 일으킨 사화(巳火)는 내친김에 죽어라 하고 더욱 세차게 몰아부치니, 흰거품을 물고 나가 자빠지는 놈, 바위에 부서지는 놈, 저희들끼리 부딪쳐서 갈피를 못잡고 흐느적 거리는 놈, 저 만치 밀려갔다 힘없이 밀려오는 놈, 한마디로 난장판이다.

이런 난장판 속에서도 해수(亥水)는 숫적으로 많아 남은 놈들 끼리 힘을 합쳐, 거칠고 사나운 파도를 일으켜 저항하지만 저항하면 할 수록 매질은 더욱 혹독하여 견디지 못하고 끝내 물러가고 만다. 이것이 밤마다 일어나는 해수(亥水)의 일과요, 해수(亥水)의 일생이다. 이와같이 이 사람은 밤마다 여자문제로 어지럽고 복잡하다.

"해수(亥水) 여자들의 간교함에 넘어가지 마십시요. 그들은 모두 하나같이 해중무토(亥中戊土)를 물고 있어 추잡한 여자들일 뿐, 당신을 진정으로 사랑할 사람은 아니요. 늦게 자수(子水)가 있습니다. 그녀는 해수(亥水)같은 신분도 아니며, 도화(桃花)가 있어 얼굴도 예쁘고 나이도 어리겠으니 좀 기다려 봅시다.”

 성질 급한 의사 선생님, 그러면 언제쯤이나 그런 사람이 들어오겠느냐고 묻는다.

 “병자년(丙子年)을 기다려 봅시다. 병자년(丙子年)에는 어머니처럼 심성이 착한 여자가 들어올 수 있는 해가 되니까요.”

 하고 상담을 마쳤다.

 그후 병자년(丙子年)이 되어 피서겸 이 원고를 쓰고 있는데 한 사람이 찾아왔다. 낯이 많이 익은 사람인데 도무지 생각이 나지 않았다. 머뭇거리고 있는 사이 그가 먼저 알아보겠느냐고 묻는다.

 “글쎄요. 낯은 많이 익었는데……”

 “작년 봄쯤 왔었는데 기억이 안나십니까?”

 “글쎄요. 손님들이 자주 드나드는 곳이라 기억을 못하는 경우도 많지요.”

 “작년에 결혼문제로 찾아왔을 때, 바닷물하고 바람이 싸운 얘기까지 해주시고는 그렇게도 몰라보십니까?”

 하고는 생긴대로 시원스럽게 웃는다.

 “아! 의사 선생님! 아이구 미안합니다. 내가 사람보는 눈이 어두워서. 죄송합니다. 그래 어쩐 일이십니까?”

 “선생님이 1996년도에 좋은 여자가 들어온다더니, 마침 올 봄에 이 사람과 결혼하여 잘 살고 있습니다.”

 라고 하며, 인사차 왔노라고 같이 들어온 여자를 소개한다. 그녀

역시 같은 의사로 결혼에 한번 실패한 경험이 있고, 외모로 보아 천상 여자요 참한 숙녀의 상이었다.

마침 글을 쓰고 있던 중이라 잊었던 기록을 꺼내어 이 글을 쓰게 되었다. 두 분의 앞날에 행운과 축복이 늘 함께 하기를 기원한다.

16장.
외할머니가 물에 빠져 죽었다

甲甲辛壬　乾
子子亥子　命

　지지(地支)에 자해자자(子亥子子)를 놓은 것을 보고, 앞 사주(四柱)와 다를 것이 없다고 생각할 수도 있으나 판이하게 다르다.
　본명(本命)은 얼핏보면 수목상생(水木相生)으로 종강격(從强格)같이 보이지만 절대로 종강(從强)될 수 없는 사주(四柱)이다. 이렇게 임수(壬水)가 개두한 가운데 해자수(亥子水)가 많으면, 입동대설(立冬大雪) 물로 빙수된 얼음물이니 얼음물이 어떻게 갑목(甲木)을 키울 수 있겠는가.
　그러므로 본명(本命)은 수목응결(水木凝結)된 사주(四柱)이다. 수목응결(水木凝結)이란 물과 나무가 얼었다는 뜻인데 이렇게 되면 만권정지(萬權停止)이다. 혹자는 본명(本命)을 보고 물에 둥둥

떠다니는 부목(浮木)이라고도 하겠지만, 부목(浮木) 이전에 먼저 응결했다는 것을 참고하기 바란다.

왜냐하면 월령(月令)으로는 10월 동지달 나무라고 하지만, 지지(地支)로 보아 삼자수(三子水)에 임수(壬水)가 개두하여 자수(子水)로서 삼양인(三羊刃)을 만들어 대설물이 되었고, 소설(小雪)을 훨씬 지났으므로 축토(丑土)까지 불러들여 해자축수국(亥子丑水局)을 놓아, 만국(萬局)이 빙판처럼 얼어붙었기 때문이다.

그렇다면 본명(本命)이 원하는 것은 무엇일까? 비견겁재(比肩劫財)도 아니다. 수(水)가 많으니 급한대로 토(土)를 불러들여 토극수(土剋水)시켜 주어서, 갑목(甲木)을 착근시켜 살리는 방법도 있으나 그것도 아니다.

오직 급한 것은 화(火)이다. 천하대지가 모두 얼음판이 되었는데 토(土)를 불러들인들 무슨 약이 되겠는가. 빨리 조후(調候)시켜 얼어붙은 갑목(甲木)을 녹여 주는 것이 급하고, 다음으로 토(土)를 쓰는 것이 묘약이다.

그러나 저러나 본명(本命)에는 꼭 필요한 화(火)도 없고 토(土)도 없다. 용신(用神)없는 사주(四柱)가 있다더니 바로 이 사주(四柱)가 대표적인 예이다.

방법은 행운용신(行運用神)이라 하여 대세운(大歲運)에서 지나가는 화운(火運)을 만나야겠는데, 지금은 전혀 도움이 되지 않는 인수운(印綬運)을 지나, 비겁운(比劫運)을 지나가고 있으니 큰 문제이다.

이 사주(四柱)는 올해 25세의 청년이다. 혈기왕성하게 태산도 뽑았다 박았다 할 형기왕성한 나이에 와병 중이다. 13세부터 시작되는 계축대운(癸丑大運)에서 중학교 2학년 때 허리가 아프기 시작한 것이, 지금까지 회복이 불가능한 것처럼 되어 버렸다.

이는 인수기신계축백호(印綬忌神癸丑白虎) 대운(大運)에서 축(丑)은 금(金)의 고(庫)가 되었으니 얼어붙은 형상이라, 척추가 힘을 못쓰는 것이다. 운명적으로 용신(用神)될 화(火)를 그렇게도 열망하건만, 미지근한 불기조차 들어와 주지 않으니 이것이 곧 한이 되어 눈만 감으면 불꿈을 꾼단다.

불꿈은 영화(靈火)라 해서 신(神)이다. 불은 어두운 곳을 밝혀주며 색을 나타내 주기도 하니, 이 사람은 총천연색으로 꿈을 꾸고 횃불로 환하게 밝혀주고 있으니, 가본 듯 만난 듯 정확하게 꿈을 꾸겠다.

"지금 접신(接神)되어 있으니 다른 길을 찾지 말고 빨리 용한 무당을 찾아 신(神)풀이를 해주면 병도 낫고, 과거 현재 미래를 꿰뚫어 볼만큼 용한 사람이 되겠습니다."

라고 했더니, 그 어머니 눈이 휘둥그래진다.

"저는 무당이 아니라서 그쪽 세계에 대해서는 잘 모르겠으나, 운명학적으로는 틀림없는 영신(靈神)입니다. 그래, 병원은 어디 어디를 가보셨습니까?"

"안 다닌 병원이 없지요. 돈 버린 것만 해도 집 몇채 값은 될 겁니다. 이 애는 외아들인데다 집안을 통털어 아들이라고는 이 애하나지요. 더구나 종손노릇까지 해야 될 아이인데, 무슨 짓인들 하지 않았겠습니까."

"병원은 무슨 과를 가보셨나요?"

"외과, 신경과, 디스크 전문이라고 하는데는 다 가보았습니다."

"정신신경과는 가보셨어요?"

"아뇨."

"병원에 가면 신경성이니 뭐니 하며, 신경성이라는 말을 많이들 붙이는데, 이 아이도 신경성 뭐라고 붙였겠지요."

"신경성 퇴행이라던가 뭐라고 합디다."

"예. 신경성이란 말은 즉 귀신신(神)자를 써서 신경성이라고 하는데, 병원에서 확실하게 집어내기 어려워 이것인지 저것인지 모를 때 붙이죠. 왜냐하면 귀신이란 놈이 장난치는 병인데, 귀신이라면 3차원 4차원을 넘나드는 기(氣)와 같아, 볼 수도 없고 손으로 만져볼 수도 없는 것 아닙니까? 그런데 3차원에 불과한 의학이 한차원 높은 4차원의 병을 고친다는 것은 우스운 얘기지요. 요즘 병원에 가면 신경성 어쩌고 하는 진단들을 많이 받고 나오는데, 이것도 한번 생각해 볼 문제입니다. 역학(易學)으로 보아 지금은 하원갑자(下元甲子)로 음(陰)의 시대입니다. 음(陰)이란 양기(陽氣)는 퇴하고 음기(陰氣)가 성하는 때를 말하는 것입니다. 음기(陰氣)가 성하면 정신계를 장악하는 기(氣)가 판을 쳐 어디가 아픈지도 모르게 시름시름 아픈 사람이 많고, 병원에 가도 도대체 이놈의 병이 무엇인지 종잡지를 못하니, 신경성이라고 하는 병명

이 많이 나도는 것입니다. 그러니 종교가 번창하고 무당을 따르는
사람이 많아지며, 이런 철학이나 단(丹)과 선(仙)을 하는 사람들
이 많아지는 것이지요.”

장광설을 늘어놓으며 어머니를 이해시켰다. 시간은 흘러 청년이
갑인대운(甲寅大運)으로 가고 있다. 인중병화(寅中丙火)가 있어
입김같은 화기(火氣)로 다행히 죽지는 않겠지만, 일간갑목(日干甲
木)이 원하는 만큼은 어림도 없다.

마침 상담을 하고 있던 때가 병자년(丙子年)이어서 올해를 넘기
지 말고 병화(丙火)가 들어왔을 때, 신(神)의 인도를 받아보라고
다시 한번 권했더니, 신(神)이라면 누구를 말하느냐고 묻는다.

“저는 신(神)들린 사람이 아니라 잘 모르겠지만, 아마 그집 조상
중에 물에 빠져 죽은 조상이 그 아이를 붙들고 한을 풀어보려고
괴롭히는 것 같습니다. 혹시 이 아이의 외할머니가 돌아가셨다면
어떻게 돌아가셨는지 알고 계십니까?”

“예. 돌아가셨어요. 제가 초등학교 3학년 때인가 장마철이었는
데, 장날 시장에 갔다 오시다가 냇물이 넘치는 바람에 물에 떠내
려가 돌아가셨어요.”

이 말에 독자들은 어느 정도 이해가 되었으리라고 믿는다. 사주
(四柱)에 해자(亥子)가 방국(方局)을 이루고 있는데, 여기서 축토
(丑土)가 자연스럽게 협공으로 따라 들어와 해자축(亥子丑)으로
합(合)을 이루고 있다.

보이지 않는 축중신금(丑中辛金)은 해자수(亥子水) 어머니로 입

묘(入墓)되어 있고, 해자수(亥子水) 큰 강물이 흐르는 것에 지류
(支流)가 합(合)하였다. 큰 강물에 휩싸이듯 축토(丑土)는 지류
(支流)에 불과했으나, 해자수(亥子水)에 휩쓸려 해자축(亥子丑)
큰 물결 속으로 빨려 들어간 격이니, 이 사주(四柱)의 외할머니가
물에 빠져 죽은 것이다.

 이후 본명(本命)은 신굿을 했다. 보행조차 힘들던 사람이 지금은
산책을 하기도 하고 수원에서 손님을 보고 있다는데, 모쪼록 건장
한 청년으로 새 삶을 찾게 되기를 기원한다.

17장.
곰보와 악처

乙己乙己 乾
丑亥亥亥 命

재다신약(財多身弱) 사주(四柱)이다. 해해해(亥亥亥)가 자(子)를
협공하여 불러들여 놓고 축(丑)으로 마무리를 했으니, 지지전국
(地支全局))에 해자축수국(亥子丑水局)을 이루었다.

천간(天干)에는 양을목(兩乙木)이 힘없는 기토(己土)를 목극토
(木剋土)하여 쪼고 있으니, 차라리 종재(從財)하면 살기가 편할
것을. 년간(年干)에 기토(己土)가 개두되었고 시지(時支)에 축토
(丑土)가 있는 것을 보면, 뿌리로 알아 종(從)을 하지 않으려고
고집을 부린다.

그대의 고집스러움은 알겠다. 음팔통(陰八通) 사주(四柱)에 을목
편관(乙木偏官)이 개두하여 코는 뾰족하고 얼굴은 얼금얼금한 놈

이 성깔 꽤나 있겠다마는, 결국은 내 살 내가 파먹는 꼴이 되어 파경을 면치 못하리라.

그대의 아내는 독살스러워 이길 수가 없다. 오죽해야 사주(四柱)에서도 차라리 종재(從財)하여 살라고 했던가. 그런데도 고집을 부리고 맞대응 해서 싸우고 있으니, 끝내는 아내로부터 이혼하자는 선전포고를 당하리라.

본명(本命)은 을해년(乙亥年)에 기어코 이혼할 사주(四柱)이다. 재다신약(財多身弱)한 꼴에 협공된 자수(子水) 여자와 밀애를 즐기다 꼬리가 잡혀, 집도 재산도 모두 아내한테 몰수 당하고 쫓겨 나다시피 하며 이혼을 당했다.

내가 본명(本命)을 만난 것은 갑술년(甲戌年)으로, 그때도 부부 문제로 상담하면서 종재(從財)하라고 타이른 일이 있다. 아내가 독살스럽다고 한 것은 해자축(亥子丑)에 해해자형(亥亥自刑) 때문이며, 얼굴이 얼금얼금 하다고 한 것은 을목(乙木)이 기토(己土)를 양쪽에서 쪼면, 곱게 다져놓은 흙에 새가 발자국을 콕콕 찍어 놓은 형상이니, 곰보같이 얼것다는 뜻이다.

아내가 먼저 이혼하자고 하는 것은 해자축(亥子丑)의 위세가 강하기 때문이다. 을목편관(乙木偏官) 자식이 두 형제나 되면서도 모두 빼앗긴 채 이혼 당하고 그의 자식은 장모가 키우고 있다.

그것은 월상을목(月上乙木)은 해자축(亥子丑)하여 부목(浮木)처럼 떠돌아 다니는 나무였으나, 끝내는 시지축토(時支丑土)에 앉아 머물렀다. 이곳은 축중신금(丑中辛金)이 있어 신금(辛金)은 식신

(食神)으로 장모가 되니, 아내는 자식을 데려다 친정 어머니한테 키워 달라고 맡긴 것이다.

사람은 타고난 운명대로 산다. 이 사람은 비록 인수(印綬)가 없어 많이 배우지는 못했지만, 그래서 서러움을 당하는 것은 아니다. 이미 이 사람의 운명 속에는 인생의 흐름이 이렇게 살도록 예정되어 있기에 피할 수 없는 것이다.

더구나 이 사주(四柱)만 보더라도 해수(亥水)가 되는 아내는 을목(乙木)의 인수(印綬)로 내 자식의 에미가 되는데, 부인 역시 자식을 빼앗았으면 자기가 키워야 하는데도 운명을 어떻게 알았는지, 친정 어머니한테 맡긴 것도 결코 우연이 아니다.

을목(乙木)의 입장에서 보면 해수(亥水) 어머니는 염분이 있는 바닷물인데, 바닷물이 어찌 나무를 키울 수 있겠는가. 어린나무 을목(乙木)이 바닷물을 먹으면 당연히 죽지만, 자수(子水) 즉, 민물을 먹으면 생육되는 법. 그래서 남편은 자식을 생각하여 협공된 자수(子水)인 어머니한테 맡기려고 하는 것이다.

그러나 안하무인인 악처를 만나 운명적으로 실패했고, 악처는 악처대로 자기가 해수(亥水) 바닷물이라는 것을 알고, 친정 어머니한테 양육을 위탁한 것도 운명이었다. 운명의 장난이라는 말도 있지만 장난치고는 너무 심하지 않았나 생각된다.

다만 그의 에미 해수(亥水)가 을목(乙木) 자식을 키우지 않는 것은 참으로 잘한 노릇이다. 여기서 해수(亥水)가 을목(乙木)을 키우면 을목(乙木)은 모자멸자(母慈滅子)되어, 쓸모없는 자식이 되고 에미의 치마폭에서 자란 마마보이가 될 것이다.

　또한 앞으로 자식의 진로문제나 결혼 및 학업에 대해서도 일체 간여해서는 안되며, 애들이 아파도 에미가 약을 지어오거나 먹이면 안된다는 것을 첨언해 둔다.

18장.
기분나쁜 훗날

1. 신들린 남편만 되었더라도

乙庚丙庚　坤
酉寅戌寅　命

　편관용겁격(偏官用劫格) 사주(四柱)로 보아야겠는데, 용겁(用劫)을 한다 해도 수(水)가 없어 신통치 않은 사주(四柱)이다.

　월상(月上)에서 병화(丙火)가 투출되었고, 지지(地支)에는 인술(寅戌) 인술(寅戌)하여 오화(午火)를 협공했으니, 지지전국(地支全局)은 인오술(寅午戌)로 화(火)가 되어 불바다를 만들었다.

　이렇게 되면 당연히 종살(從殺)하여 사는 것이 질서이거늘, 마침 시지(時支)에 유금(酉金) 양인(羊刃)을 놓아 부종(不從)하는 것이 문제이다.

살왕태과(殺旺太過)면 양도굴복(陽倒屈服)이라, 사주(四柱)에 살(殺)이 지나치게 많으면, 아무리 양간(陽干)이라 하더라도 복종하지 않으면 안된다는 뜻이다.

본명(本命)은 년월일(年月日)에서 이미 살(殺)에 복종하고자 마음을 굳혔건만, 뜻하지 않게 시(時)에서 양인(羊刃)을 얻는 바람에 칠살신약격(七殺身弱格)으로 살게 되었으니, 그의 장도(莊道)는 험난하게 펼쳐지리라는 것을 운명은 이렇게 말하고 있다.

대운(大運)에서조차 식상운(食傷運)을 만나지 못하고, 뜨거운 여름밭에서 발을 동동거리며 살아야 되는 인생이니, 일간경금(日干庚金)의 심정이야 어떠하겠는가.

더구나 오도화(午桃花)가 협공되어 관살혼잡(官殺混雜)을 만들었으니, 주위 남자들로부터 유혹은 얼마나 많겠고, 유도화(酉桃花)까지 있어 을경금(乙庚金)으로 묶이는 바람에 나를 더욱 혼란스럽게 한다.

도화(桃花) 때문에 멋은 부려야 되겠고, 인목재(寅木財)는 기신(忌神)되어 이미 불타고 있다. 이것을 건져내 먹고 살아야 되겠는데 화(火)가 많아 성질은 화드닥거리고, 발바닥은 뜨거워 동동거리며 팔딱팔딱 뛰는 형상이다. 그러니 그대의 직업은 분명 보험회사나 외판원이 분명하다.

그것도 그럴 것이 사주(四柱)가 신약(身弱)하여 유금겁재(酉金劫財)를 용신(用神)삼아 득비이재(得比理財)로 살아갈 명이라는 것을 을유시(乙酉時)에서 말해주고 있으니 말이다.

유금겁재(酉金劫財)가 갖고 있는 을목재(乙木財)를 일간경금(日干庚金)이 을경금(乙庚金)으로 묶어, 을목재(乙木財)를 먹고 있는 것으로 보아 이것이 곧 대인관계로 얻어지는 섭외의 재물이므로, 보험회사나 외판원을 하도록 운명에서 만들어진 것이다.

만나는 남자들에게 상품권유를 많이 해보겠지만, 득은 없고 오직 유혹만 있을 뿐이다. 차라리 겁재동성(劫財同性)을 찾아가 판매고를 높이도록 해라. 유금겁재(酉金劫財)는 나의 용신(用神)이 되기 때문이다.

현재 본명(本命)은 보험회사에 다니고 있으나, 머지않아 요구르트 배달을 하게 될 것으로 본다. 요구르트는 내용이 수(水)가 되어 기신(忌神)인 화(火)를 다스려 주기 때문이다.

어쨌든 직업도 잘못 잡았고 남편도 잘못 잡았다. 직업은 바꾸면 되지만 남편을 바꿀 수 없는 것은 내 사주(四柱) 탓일세.

그런가 하면 이 사주(四柱)는 꿈이 잘 맞는 사주(四柱)이다. 사주(四柱)에 인술(寅戌)이 이렇게 있으면 오화(午火)를 협공하여 인오술화(寅午戌火)를 만드는데, 이것은 화신(火神) 즉, 꿈이 되기 때문이다.

화신(火神)은 신기(神氣)로도 보며 만약 이 사주(四柱)의 본인이 신기(神氣)가 없다면, 그의 남편은 틀림없이 신기(神氣)가 있는 사람이다. 남편의 사주(四柱)를 한번 보자.

2. 얼빠진 남편

丁辛辛丁 乾
酉丑亥亥 命

10월 신금(辛金)으로 출생하여 신약사주(身弱四柱)이나, 시(時)에서 유축(酉丑)으로 합금(合金)되어 약변강(弱變强) 사주(四柱)가 되었다. 또한 시(時)에서 유금건록(酉金建綠)을 얻었으므로 시록격(時祿格)이라고도 한다.

시득록(時得祿)이면 귀록용관(貴祿用官)이라, 시(時)에서 록(祿)을 얻었으면 관(官)으로 용신(用神)하여 큰 벼슬로 귀한 몸이 된다는 말인데, 본명(本命)에서는 어쩐지 용이 되려다 이무기도 못 된 사주(四柱)와 같아 서운하기 이를데 없다.

명의 격조로 보아서는 나무랄데가 없다. 시록격(時祿格) 사주(四柱)에 시상편관귀일격(時上偏官貴日格)되어 요대금방(腰帶金榜)하고 도처유권(到處有權)하니, 금옥만당(金玉萬堂)이라 하여 뭐하나 부러울 것이 없는 사주(四柱)이다.

더구나 년상정화(年上丁火)는 해중임수(亥中壬水)와 암합(暗合)되어 정임합(丁壬合)으로 묶였으니, 시상정화(時上丁火)는 일장당권(一掌堂權)까지 하여 천하를 호령하는 편관(偏官)이 되었으니 무엇이 두려운가.

　여기에 설상가상으로 사화겁재(巳火劫財)가 사유축(巳酉丑)으로 삼합(三合)을 이루며, 나도 감투 한번 써보자고 들어오는데 이거 큰 일이다.

　지켜보고만 있던 신금(辛金)이 참다 못해 해수상관(亥水傷官) 아랫 것들을 시켜, 저놈 사화(巳火)가 쟁관(爭官)하려고 달려드니 매우 쳐서 보내라는 추상같은 호령 한마디에, 사해충(巳亥沖)하여 쫓아버려 쟁관(爭官)을 막는다.

　남은 것은 시상정화(時上丁火) 뿐, 이것은 내것이 되어 독관독식(獨官獨食)한다. 사실 이처럼 사주(四柱)가 좋게 만들어지기도 쉽지 않다.

　그러나 이 세상에 보석만 있다면 보석으로의 가치가 없고, 모든 사람이 효자 효녀라면 그 효심이 빛날리 없으며, 모든 사람이 영웅호걸이라면 오래도록 역사에 남을리가 없다. 그래서 충신열사나 효자 효녀가 많지 않은 법이며, 걸출한 인물이 많지 않아 이들은 모두 귀한 존재들이다.

　이와같이 사주(四柱)의 짜임만 좋다고 해서 모든 것이 좋은 것은 아니다. 사주(四柱)의 조직을 이루고 있는 구성원이 좋아야 하고, 구성된 오행(五行) 하나 하나에는 서로간에 생극제화(生剋制化)하여, 통기(通氣)가 되어야 하는 것이 우선이다.

　본명(本命)에서는 용사(用事)해야 될 정화(丁火)에 문제가 있다. 정화(丁火)가 앉은 자리에 유금(酉金)이 있으니 화(火)의 뿌리가 없는 것은 물론이지만, 화(火)에서 유(酉)는 사궁(死宮)이 되어 불로써의 생명을 다했으니 정화(丁火)는 허화(虛火)일 뿐이다.

정화(丁火)를 생(生)하여 주는 목(木)은 해중(亥中)에서 물에 퉁퉁 불어터진 습목이 되고, 해해자형(亥亥自刑)되어 목화통명(木火通明)은 고사하고 등잔불에 기름이 말라 꺼진 불과 같이 되고 말았는데도, 신금(辛金)인 나는 결코 그렇게 생각하지 않는다.

나를 중심으로 좌우에 쌍정화(雙丁火)가 있어 주야로 불을 밝혀 주고 있으니, 고관대작 집에 방범등을 켜서 도둑을 지켜 주는 줄로만 알고 위세당당하며, 해중갑목(亥中甲木)이 있어 생화(生火)를 계속 받는 줄로만 알고 있으니 큰 일이다. 이것이 그를 정신이상으로 만든 원인이 된다.

그래서 이날 이때까지 환상에 사로잡혀 직업도 가져보지 못하고, 나는 위대한 사람으로 큰 일을 할 것이라는 헛꿈만 가진 채, 주위 사람들을 얕보고 시시하게 여겨 친구도 없단다.

그저 하루종일 집구석에 틀어박혀 혼자 중얼대면서, 어쩌다 유금(酉金) 술을 먹으면 더욱 극성을 피우며 마누라를 두들겨 팬다고 하니, 이놈 미친놈이 아닌가.

사주(四柱)가 이렇게 미친놈을 만들었다. 정화(丁火) 헛것을 보고 헛소리나 퉁퉁 해댄다. 이러는 사이에 해중갑목(亥中甲木) 마누라는 역마직성을 띠고 들어와, 발길 닿는 곳마다 유축금관(酉丑金官)이 많아 이놈 저놈 어울려 술마시고 차마시며 놀아난다.

미친놈이어서 그런지 사주(四柱)가 그래서 그런지, 마누라가 이렇게 놀아나는 것도 모르고 있다. 아마도 그것은 사주(四柱)에 해중갑목(亥中甲木) 아내가 명암부집(明暗夫集)된 관살혼잡(官殺混雜)때문인가 한다.

여기서 신들린 사람과 미친사람의 차이는 확연히 다르다. 다만 정신계를 지배하고 있는 기(氣)는 같으나, 혼 또는 얼이라고 하는 기(氣)의 작용이 올바른 정기냐 아니냐에 따라 달라진다.

다시 말하면 신들린 사람은 보이지 않는 것을 보거나 모르는 것을 알고 말하는 섯처럼 보이나, 그의 말 속에는 4차원의 생기를 받은 혼의 정신이 들어있어 말하지만, 미친사람은 허상을 보고 말하므로 얼과 혼이 빠진 상태이기 때문에 헛소리에 불과하여 미친 말이 되는 것이다.

사주명리학(四柱命理學)에서는 목(木)이 태과하면 정신관계에 질환이 있고, 이 사주(四柱)처럼 목(木)이 전혀 없어도 정신관계에 이상이 있다고 본다. 마침 본명(本命)에서는 인수(印綬)가 없는 허화(虛火)가 되기 때문에 문제가 되는 것이다.

앞에서 용이 되려다 이무기도 못된 사주(四柱)라고 표현한 것도 유축(酉丑)된 지지(地支)에 사(巳) 즉, 뱀이 삼합(三合)을 하려고 달려들어 한 말이다.

년간(年干)과 시간(時干)에서 쌍정화(雙丁火)가 주야로 불을 밝히고 있는 것은, 이 사람에게는 기분나쁜 훗날이 기다리고 있다는 예고이며 이것은 운명과의 약속인 것이다.

보라! 이 사람은 유시(酉時)에 태어나 이미 해가 떨어진 후인데도 쌍정화(雙丁火)가 대낮처럼 불을 밝히고 있다는 것은, 교도소

철조망 위에 켜놓은 전등불이요, 높은 망루에서 감시하는 편관(偏官) 즉, 교도관의 매서운 눈초리와 같지 않은가.

그런가 하면 편관(偏官)은 경찰관서에서 요주의 인물로 낙인찍혀 항상 감시의 대상이 된 몸이라는 것도 이렇게 말해주고 있다. 제아무리 날고 뛰어 보아야 이 손안에 있소이다, 라고 한 옛 선인의 말씀이 그렇게 옳을 수가 없다.

이 말을 확증해 주듯 자연의 오행(五行)은 충(沖)하고 파(破)하는 것보다 먼저 합(合)을 원한다. 이 사주(四柱)에서도 유축(酉丑)으로 삼합(三合)된 것을 보고 시샘이 난듯 묘(卯)와 해묘(亥卯)로 삼합(三合)을 이루고 싶어, 정화(丁火)를 살려보려고 신금(辛金)은 무진애를 써보나, 유금(酉金)이 묘목(卯木)을 충거(沖去)시켜 합(合)을 이루지 못하게 하니, 신금(辛金)은 성질이 난폭해질 수 밖에 없다.

여기서 묘목(卯木)을 아내라고 가정해 보자. 유금(酉金)이 목(木)을 후려친다면 아내를 쇠몽둥이로 때리는 격이다. 아내가 죽으면 살인죄요, 요행히 살아나면 살인 미수죄이다.

묘유(卯酉)는 수옥살(囚獄殺)도 되어 이러나 저러나 이 사람 징역살이 할 것은 뻔하다. 만약 징역살이가 아니라면 어떤 일이 생길까?

묘목(卯木)은 이 사람의 아내가 분명하지만, 묘목(卯木)과 유금(酉金)은 서로 장성(將星)되어 결코 만만치 않은 상대이다. 장군과 장군이 서로 맞부딪쳤으니 누구든 피를 보아야 승부가 난다.

토끼처럼 약삭빠른 묘목(卯木) 아내가 살짝 들어와 엿보니, 유금(酉金)의 기세가 만만치 않다. 잘못하면 묘유충(卯酉沖)되어 결과적으로 묘목(卯木)이 단칼에 날아갈 것을 알고, 묘목(卯木)에서 정화(丁火)를 보면 식신(食神)으로 꾀가 되는데, 이것이 곧 자기가 살 수 있는 꾀다 싶어 묘유(卯酉)로 싸움을 걸어놓고, 유금(酉金) 흉기를 들고 달려드는 남편을 정화편관(丁火偏官)한테 고자질하여 수옥(囚獄)시킨다.

싸움의 대상이 부부인지라, 좀 지나치기는 했지만 어디까지나 부부문제가 되므로 관(官)에서도 정상 참작은 되겠지만, 묘목(卯木) 아내는 편하게 살아 보려는 요량으로 정신요양원같은 곳에 수용시키지 않을까 하는 예측도 가능하다.

왜냐하면 교도소의 철창신세나 정신요양원에서 감시의 눈초리에 갇혀 살거나, 어쨌든 감옥살이는 모두 수옥살(囚獄殺)로 작용하기 때문이다.

19장.
이거 함부로 쓸게 못되는데

乙壬丁庚　乾
巳戌亥寅　命

　건록격(建綠格)을 놓고도 신약사주(身弱四柱)이다. 격이자용(格
而者用)이라도 하고 싶어 해(亥)를 용신삼고자 하나 인해합목(寅
亥合木)되었고, 경금용(庚金用)을 하고자 하나 역시 인목절지(寅
木絶地) 위에 있어 용사(用事)가 어렵게 되었다. 그래도 어쩔 수
없이 경금(庚金)을 쓸 수 밖에 없다.

　그런데 이렇게 신약(身弱)한 사주(四柱)가 어쩌자고 정임합(丁壬
合)을 그렇게도 원하며, 인오술합(寅午戌合)을 원한단 말이냐. 여
기서 오화(午火)는 정화(丁火)가 개두하여 협공으로까지 불러들여
놓았다.

　그렇다면 영양가도 없는 금생수(金生水)를 받아, 얻어 먹지도 못

한 처지에 무슨 양기가 그리 좋아 정임합(丁壬合)되고 인오술삼합(寅午戌三合)시켜, 여자를 이렇게 불러들이고 있으니 바람둥이라고 소문이 대단하겠다.

여자들을 유혹하는데는 일가견이 있으며 모두가 연상의 여인이다. 본처는 정화(丁火)였으나 부부자리가 사술원진(巳戌怨嗔)되어 삼십육계 부른지 이미 오래 되었겠다.

이웃 사람들 홀아비가 된 걸 알고서야 술중정화(戌中丁火)와 슬며시 정임합(丁壬合)으로 암합(暗合)까지 했으니, 아마도 그게 동기가 되어 정력대왕이라고 소문난 모양이다. 이것은 정화(丁火)가 투간되어 애정지합된 것을 공개적으로 나타내고 있기 때문이다.

물론 정에 굶주리고 색에 굶주린 남녀가 서로 만나 회포를 푼다면, 그것도 좋게 보아 보시하는 것이라 생각하면 죄가 될 것도 없지만, 술중정화(戌中丁火) 여자는 아무래도 의심스러운 여자이다.

굳이 여기서 도둑같은 여자의 신분을 찾아내려면 찾아내기도 하겠다마는, 손바닥만한 동네에서 그녀의 남편 윤곽과 특징만 말해도 누구라는 것을 알만할 터인데 차마 신분을 밝히지는 않겠다.

본래 임술백호(壬戌白虎)는 화(火)를 입묘(入墓)시켰기에 개고기를 많이 먹은 것 같아 정력이 세다고도 하며, 신강신약(身强身弱)을 불론하고 수일주(水日柱)에 자수(子水)가 있으면 역시 정력가라고 한다.

그런데 본명(本命)에서는 공교롭게도 술해자(戌亥子)로 순행시켜 자(子)를 협공으로 불러들이고 있다. 자수(子水)는 생식기와 같다. 특히 자수(子水)는 지하수를 만드는 수원지와 같고 땅 밑을 요리조리 파고들어 물골을 만들어 놓는 첨단수(尖端水)와 같다. 여기서 첨(尖)은 끝첨(尖)자로 끝부분인 생식기를 말한다.

그러므로 자수(子水)를 함부로 쓰면 묘(卯)와 형(刑)이 되어 법적으로는 형벌을 받아야 되고, 신체적으로는 성병이라는 가혹한 병을 얻으니 이는 결코 함부로 쓸 것이 못된다.

그럼에도 불구하고 이 사람은 이런 것 쯤은 아랑곳하지 않고 얼굴이 숯검병처럼 되었는데도 이 짓이나 하고 있으니, 어찌 호된 질책을 하지 않을 수 있겠는가.

정축년(丁丑年)에는 난리가 난다. 정임합(丁壬合)으로 투합(鬪合)되면서 축술(丑戌)로 삼형(三刑)을 만들어, 사랑싸움에 코피 터지게 생겼으니 운명이라면 기꺼이 받아들여 감수하겠느냐, 아니면 슬기로운 지혜로 대처하여 여마(女魔)로부터 벗어나겠느냐 하고, 병자년(丙子年)의 천기(天機)가 그대에게 묻고 있다.

병화편재(丙火偏財)는 인수경금(印綬庚金)을 화극금(火剋金)하면서 일간임수(日干壬水)와 병임충(丙壬沖)하여 나를 건드리고 있으니, 빨리 이사를 하거나 도망가라는 하늘의 예시이다.

마침 자수(子水)가 신약(身弱)한 사주(四柱)에 들어와 행실은 밉다마는 물을 보태주어 다른 곳으로 흘러가라는 하늘의 명령이니 이를 어찌 거역할소냐.

병자년(丙子年)이 가면 반드시 정축년(丁丑年)이 올 터인데 정축(丁丑)은 백호(白虎)가 되어 무섭다. 더구나 축토(丑土)는 탕화

(湯火)되어 죽네 사네 할 판인데, 감당도 못할 주제에 어쩌자고 이렇게 태연하다는 말인가.

물론 모른다면 편하겠지만 이 사람에게 큰 화근이 닥치고 있으니 재촉하지 않을 수 없다. 서둘러 이사를 가라고 했더니 돈이 없단다. 그렇지 않아도 집세를 올려 달라고 해서 이사는 가야겠는데 지금 살고 있는 돈으로는 갈데가 없단다.

빌어 쳐먹을 놈! 계집놀음에 세월 가는 것도 모르고 놀아나더니, 발등에 불이 떨어지고서야 허둥댄들 무슨 소용이 있겠는가. 물론 대운(大運)이 나빠 악운 속에서 헤어나지 못해 그랬다지만, 당할 놈은 이래도 저래도 기어코 당하는 모양이다.

하늘의 벌은 엄하고 운명은 매정한 것. 다만 하늘을 우러러 부끄럼이 없도록 살면서, 이게 내 복이다 생각하고 행복을 느끼면 되련만 모두들 욕심을 부린다. 욕심은 곧 화가 되어 마음을 괴롭히고 있는데도……

20장.
현찰부자

丁丁乙乙　乾
未丑酉巳　命

54 44 34 24 14　4
己庚辛壬癸甲
卯辰巳午未申

　8월 정화(丁火)가 대낮 미(未)시에 낳았다 하여 겁도 없이 사유축(巳酉丑)으로 재국(財局)을 놓았으니, 이 사람 정화(丁火) 간덩어리 한번 크게 생겼다.

　사람이 눈이 작으면 반대로 목간(木肝)이 큰 법이고, 눈이 크면 목간(木肝)이 작아 겁쟁이라고 하는데, 이 사람은 을목(乙木)이 두개씩이나 있고 미토(未土)에 입묘(入墓)되어 그런지, 간덩어리가 큰 것 같지는 않은데 어쩌자고 이렇게 큰 황금 덩어리를 끌어 안고 산단 말이냐. 그것도 금맥을 이루 듯 삼합(三合)으로 엮어놓고, 뒤에서는 축미충(丑未沖)하여 축재된 돈을 야금야금 꺼내 쓰고 있는 형상이니, 어쨌든 팔자 한번 잘 타고 났다.

득비이재격(得比理財格)이라, 사주(四柱)가 좀 신약(身弱)하니, 비겁(比劫)을 불러들여 재물을 다스려 주고 있어 결코 손해보는 쟁새(爭財)는 낭하지 않겠다. 병정화(丙丁火)의 일주(日柱)에 재(財)가 투간되면 소문난 부자요, 재(財)를 지지(地支)에 깔면 알부자라고 하는데, 이 사람 알부자 소리 듣겠구나.

만약 이 사주(四柱)가 여자라면 할 말이 없다. 돈많은 축중계수(丑中癸水) 영감을 밑에 깔아놓고, 축미충(丑未沖)으로 옹알거리며 갖은 기교와 애교를 다부려 돈을 빼돌리는데 명수요, 빼돌린 돈은 을목(乙木) 친정으로 보내 돈놀이 시키는 재주를 가졌으니 말이다.

더구나 오도화(午桃花)로 태어나 눈웃음 살살치는 미모에 음팔통(陰八通)으로 뽑아올린 자태하며, 군살 한점 붙지 않고 어느것 하나 흠집난데 없으니, 홍알거리고 치근대는데야 돌부처인들 동하지 않을 수 있겠는가. 야박스럽지 못한 계수(癸水) 남편 열이면 열 모두 들어줄 수 밖에 없다.

또한 이렇게 재다신약(財多身弱)된 여자의 명은 간단하고 편한 것만 좋아하지는 않는다. 돈이 되는 일이라면 후처도 불사할 만큼 집착이 강해, 간혹 복있는 사람도 있으나 음란한 것은 면할 수 없다. 흔히들 복있는 여자라는 말을 하는데 도대체 무엇을 보고 복 있는 여자라고 하는지 모르겠다.

물론 돈이 많고 남편덕이 있으며 자식을 잘둔 여자를 복있는 여 자라고 하겠지만, 남편과 자식이 좋아야 복있는 여자의 자격을 갖 추는 것이다.

또한 재(財)는 곧 아내가 되니 남자는 아내를 잘 얻어야 인생의 승부가 나는 법이다. 이 말은 남자의 입장에서 보아 재(財)는 여 자가 되니, 복이 많은 여자가 들어오면 자연히 재물이 굴러 들어 온 것과 같으므로 사실 남자에게는 복이 그렇게 필요한 것은 아니 다. 재복(財福)이라는 것은 곧 아내의 복이란 말로 처복이란 뜻이 기도 하다.

어쨌든 이 사람은 다행스럽게도 대운(大運)까지 화목운(火木運) 으로 흘러주어, 그 많은 돈을 모두 현찰로만 모으고 쌓는데는 거 침이 없으며, 재복(財福)을 타고난 사람이 거기다 처가집까지 유 복하여 걱정이 없다.

그런가 하면 식신유기(食神有氣)하여 공부도 잘 했다. 서울 상대 를 나와 현재 대기업 주식동향분석 자문역을 맡고 있는데, 병자년 (丙子年)같은 불황에도 득비이재(得比理財)하여 많은 돈을 벌었을 것이다.

단 아쉬운 것이 있다면 재물이 쌓이는 만큼 사주(四柱)가 신약 (身弱)해지는 것이 문제이다. 인수(印綬)로서 보충해라. 배움의 길이 곧 재물의 길이다.

21장.
소운이 대운을 당해 낼 수 있나

丙辛辛癸　乾
申卯酉未　命

58 48 38 28 18 8
乙丙丁戊己庚　大
卯辰巳午未申　運

앞에서 도화(桃花)에 대한 설명을 했다. 본명(本命) 역시 계수(癸水)가 진도화(眞桃花)이다. 유금(酉金)과 묘목(卯木)도 도화(桃花)가 되어 사주(四柱) 전체가 도화(桃花) 일색이다. 8월 신금(辛金)이 유금건록(酉金建綠)을 놓아 건록용관격(建綠用官格)으로 삼으면 좋겠다.

시상병화(時上丙火)는 왕성한 비겁(比劫)을 다스리고 쟁재쟁관

(爭財爭官)도 막아주며, 금(金)을 분산해 소통시켜 주기도 한다. 8월에는 냉기가 많아 병화(丙火)로써 조후(調候)시켜 일간(日干)을 도우니, 이만하면 쓸만한 사주(四柱) 아닌가.

그러나 용(用)해야 될 병화(丙火)의 힘이 약한 것이 흠이다. 신금(申金) 위에 병화(丙火)가 병궁(病宮)되어 앉았으니 죽은 불과 다름없다. 비겁(比劫)들이 판을 치며 내 집 드나들 듯 쟁관쟁재(爭官爭財)를 서슴치 않아 큰 문제이다.

다행히 사오미화운(巳午未火運)을 만나 그동안은 아쉬운 것 없이 호의호식하며 살아왔겠다마는 진대운(辰大運)부터는 골육상쟁하고 군겁쟁재(群劫爭財)하겠다.

물론 호의호식하는 동안에는 묘목(卯木) 처궁(妻宮)이 좋지 않아서 바꿔치기도 했고, 뜻대로 이 여자 저 여자 데리고 놀아 보기도 했지만 이제는 지나간 추억일 뿐이다.

한참 잘 나가던 시절은 무오대운(戊午大運)인 28세 때이다. 신유금(辛酉金)은 재봉틀, 바늘, 가위이고 묘목(卯木)은 옷감이니 병화(丙火)가 밤 늦도록 불을 켜놓고, 묘유충(卯酉沖), 묘유충(卯酉沖) 하여 달달달 재봉틀 소리 그칠 줄 모르게 잘 돌아갔다.

기성복 재단사로 일하면서 묘목(卯木) 아가씨들 데리고 묘목재(卯木財)를 벌어들였다. 이것이 곧 본명(本命)의 천직이니 직업에 권태를 느껴본 적도 없고 업종을 바꿀 이유도 없다. 재단사로 있은지 불과 5년만인 오대운(午大運)에 남자 기성복을 만들기 시작하여 떼돈도 벌어보았다.

그러나 대기업들이 기성복 시장을 잠식해 버리는 바람에 곤두박질쳐, 1992년 임신년(壬申年)에는 빚만 지고 물러섰으니 이것 또한 운명으로 받아들일 수 밖에 없다. 시대가 운명을 앗아간 꼴이니 소운(小運)이 대운(大運)을 당할 수 있나.

임신년(壬申年)은 임수상관(壬水傷官)이 신금겁재(申金劫財)를 데리고 들어와 병화(丙火)를 수극화(水剋火)시킨 해가 되어 천하장사도 버텨낼 수가 없다. 시금은 실식되어 허송세월 한지도 벌써 수년째가 되어 견디다 못해 찾아온 사람이었다.

운을 다한 이 사람에게는 할 말이 없어 입을 다물고 있으니 초조한 모양이다. 참다못해 사오화운(巳午火運)을 가르키며 이렇게 잘 나갈 때도 있었는데, 그때 정신 좀 차려 모아두지 그랬느냐고 질책했더니 그때가 좋았다고 한다.

그런데 지금도 아가씨들이 들러붙어 떨어지지 않으려고 하는데 왜 그러느냐고 엉뚱한 질문을 한다.

"그것은 우선 당신 사주(四柱)에 금(金)이 많은데다 병화(丙火)가 있으니 얼굴의 찰색이 좋아 나이보다 젊어 보이고, 앞꼭지와 뒤꼭지에 도화살(桃花殺)이 이렇게 주렁주렁 매달려 있으니 벌나비가 덤벼들 수 밖에 더 있나요. 지난 일이겠습니다만 아내와 생이별한 것은 잘못했습니다. 그분의 사주(四柱)를 몰라 자세한 사연은 잘 모르겠으나, 당신 사주(四柱)로 보아서는 당신이 잘못한 것 같소. 당신에게 본처가 있었다면 이렇게까지는 되지 않았을 것입니다. 왜냐하면 당신의 아내는 묘미(卯未)로 합(合)을 놓아 어떻게든 돈을 움켜쥐고 허튼 지출을 막았을 것이며, 특히 재고(財庫)까지 갖춘 여자였기 때문에 비상수단을 써서라도 돈을 감춰 놓았을 것이요. 그런데 그 여자를 버렸으니 돈이 남아있을 턱이 있나요."

"예. 그렇지 않아도 많이 후회하고 있습니다."

※ 아극자(我剋者)는 재(財)라.
· 금(金)이 목(木)을 아내로 삼으면 그의 처는 현처이다.
· 수(水)가 화(火)를 아내로 삼으면 그의 아내는 화끈한 여자다.
· 목(木)이 토(土)를 아내로 삼으면 그의 아내는 푸대한 여자다.
· 토(土)가 수(水)를 아내로 삼으면 그의 아내는 음탕하다.
· 화(火)가 금(金)을 아내로 삼으면 그의 아내는 기질이 강한 법이다.

본명(本命)의 아내는 목(木)의 아내가 되어 어질고 착한 부인이 있는데도, 비겁(比劫)이 왕(旺)한 사주(四柱) 밑에서는 도저히 살 수가 없었던지, 서로 헤어진 것을 보면 아마도 부인 역시 이혼할 명이었나 보다.

22장.
이 사람의 직업은 무엇일까?

丁甲丙壬　乾
卯申午子　命

임자(壬子), 병오(丙午), 갑묘(甲卯)로 보기 드물게 삼양인(三羊刃)을 갖춘 사주(四柱)이다.

5월 갑목(甲木)이 병오상관(丙午傷官)의 양인(羊刃)을 놓아 성질이 화닥거리는 불같겠는데, 임자양인(壬子羊刃)까지 가세하여 사나운 병오화(丙午火) 아래에서 임자수(壬子水)로 서로 충(沖)하여 건드리고 있으니, 그놈 성질 한번 지랄스럽겠다.

병오화(丙午火)는 심장이 되어 지글지글 끓어오르는 불덩어리를 가슴에 묻고 다니는 사람이니, 눈에 보이면 보이는 대로 좋고 나쁜 것을 말하지 않고는 못배기는 성미에, 마음 먹으면 먹는 대로 후다닥 해치우는 성깔이니 그대의 별명을 휘발유라고 합시다.

양인(羊刃)이 좋으면 차라리 편관(偏官)을 써서 등관했으면 좋으련만, 5월의 신금(辛金)이라 무능해 못쓰겠고 임자수(壬子水) 인수(印綬)를 써서 용하고자 하나 이렇게 사나운 인수(印綬)가 되었으니, 공부를 한다 해도 양인(羊刃) 공부 밖에는 할 것이 없다.

양인(羊刃) 공부라면 옛말로는 백정 공부이지만 요즘은 의사, 법관, 군경이 되는 공부를 말하는데, 이 사람 신금관(申金官)으로 보아서는 이런 공부를 할 사람이 못된다.

더구나 유월(酉月)이 태월(胎月)인데 묘목양인(卯木羊刃)을 태월 유금관(胎月酉金官)이 들어와 묘유(卯酉)로 싸우고 있어 어림없는 소리이다. 어쨌거나 안하무인격 사주(四柱)이다. 사주(四柱) 어디를 보아도 성한 곳 하나없고 모두 상처 투성이다.

이렇게 되면 사람이 질서와 두서가 없어 걸핏하면 소리나 벅벅 지르고 싸울 듯이 삿대질을 하며 말하는 기질이 있다. 말 끝마다 죽인다, 죽여버리겠다, 죽어라, 너 죽고 나 죽자, 약이라도 먹여 죽이겠다, 칼로 찔러 죽이겠다 등과 같이 흉악한 말을 서슴없이 하는데, 이것은 단지 습관이지 자신은 느끼지 못하면서 하는 말투이다.

마침 1993년 계유년(癸酉年) 동짓달 어느날 저녁, 친구들과 술을 한잔 먹고 밤 2시경 귀가하다가 길가는 여인에게 칼을 들이대며, 돈을 내놓으라고 장난삼아 위협한 것이 살인 미수죄가 되어 옥살이를 한다.

계유년(癸酉年) 신수가 좋지 않다. 비록 계수(癸水)는 인수(印

綬)라고는 하지만 유금(酉金)은 묘목양인(卯木羊刃)을 건드려 수옥(囚獄)하고, 지지(地支)가 모두 자오묘유(子午卯酉)되어 자오상충(子午相沖), 묘유상충(卯酉相沖), 자유파(子酉破), 오묘파(午卯破)로 시끄럽고 어지러운 해였다.

유금(酉金)은 칼도 되고 술도 되는데 그대는 어쩌자고 이런 짓을 했는가. 들어오는 운이 사주팔자에 딱 맞아 떨어져 한치도 벗어나지 못했기에 그랬더냐.

서울 근교에 사는 사람인데 5대 독자임을 내세워 동네사람 100명의 진정으로 풀려난 후 그를 만났다. 구고일탁(九顧一啄)이라, 꿩이 모이를 하나 쪼아 먹기 위해서는 아홉번을 생각한 다음에 비로서 먹는다는 글귀 하나를 써주며, 이를 좌우명으로 삼고 살아가라고 충고했다.

고개를 숙인채 이 글을 받아들고는 훌쩍거리는 젊은이의 모습을 보고 있자니 안스러웠다. 같이 차를 마시면서 앞으로 무엇을 하겠느냐고 물었더니, 이름있는 제화점에 들어가 판매원으로 일을 하기로 하고 그곳에서 지금 왔단다.

나는 속으로 옳지 됐다 싶었다. 사주(四柱)에 양인(羊刃)이 그렇게도 많아 살생을 본업으로 삼아야될 놈이더니, 그래도 피를 보는 것은 싫었던지 칼은 칼이로되 피를 흘리지 않는 구두칼로 직업을 삼게 되었다니 참 잘했다며 극찬을 아끼지 않았다.

자기 병을 자기가 알아서 고친 격이다. 명의가 따로 있는 것이 아니라 자신이 명의이다. 독자들은 이 사람이 선택한 직업을 우연

이라고 하겠는가. 아니면 운명이 요구하는 직업을 본능적으로 찾
아냈다고 하겠는가.

23장.
변강쇠와 옹녀

1. 일부양처(一夫兩妻)

壬癸辛丙　乾
戌巳卯戌　命

55 45 35 25 15　5
丁丙乙甲癸壬　大
酉申未午巳辰　運

　얼핏 보기에는 종재사주(從財四柱)같으나 그동안 살아온 것을 보면 종재(從財)를 못했다. 만약 종재(從財)같았으면 사오미대운(巳午未大運)에 발복(發福)하여 좋았겠지만, 45세인 병신대운(丙申大

運)부터 생활이 좀 나아진다는 것으로 보아 부종(不從)한 사주(四柱)이다.

신금(辛金)이 있으나 무력하고 임수겁재(壬水劫財)가 있으나 역시 무력하며, 지지(地支) 어디를 보아도 수원(水源)이 될만한 곳이 한군데도 없다.

마침 대운(大運)도 화운(火運)이었기에 혹 실수를 하는 것이 아닌가 해서 화운(火運)에 잘 살았느냐고 물어보았다. 보통 감정자가 손님에게 묻는 것을 꺼려하고 싫어하는데 그럴 필요가 없다. 특히 이런 사주(四柱)는 순종했는지 부종(不從)했는지가 애매모호하여 자칫하면 큰 실수를 범하게 된다.

사주(四柱)를 감정하다 보면 참으로 어려운 사주(四柱)가 많다. 129,600종의 격국(格局) 가운데 하나를 골라서 보는 것도 어렵지만, 천변만화하고 천태만상한 자연의 일부를 여덟글자의 사주(四柱)로 축소하여, 운명의 전체를 본다는 것은 어떻게 보면 불가능한 일이다. 그런데도 겁없이 달려들어 이렇게 남의 운명을 감정하고 있으니 건방지다는 생각이 들고 한편으로는 부끄럽기도 하다.

그러니 알쏭달쏭한 사주(四柱)를 만났을 때는 두려워하지 말고 물어야 되며, 손님 역시 여기에 대해서는 가부간의 성실한 답변이 있어야 다음 문제를 풀 수 있다는 것을 이해하기 바란다.

본명(本命)은 신금인수(辛金印綬)와 임수겁재(壬水劫財)가 있으나, 사주(四柱) 전국에 병화(丙火)가 나타나면서 묘술화(卯戌火), 묘술화(卯戌火)하여 재다신약(財多身弱)되고 말았다.

사실 묘술합화(卯戌合火)는 뜨뜨미지근한 불이었으나 병화(丙火)가 개두하는 바람에 불꽃을 일으켜 불바다가 된 꼴이다.

그런가 하면 신금(辛金)을 용신(用神)삼아야 될 사람이 병신합(丙辛合)으로 묶여 쓰지 못하게 되었다. 이렇게 되면 만권정지(萬權停止)라 집안에서 무위도식하는 수 밖에 없는데, 어찌된 일인지 이 사람은 월지(月支)에 묘(卯)가 양쪽으로 술토(戌土)를 끌어들여 묘술합화(卯戌合火)로 재(財)를 만드는 재주를 가졌으니, 이것이 바로 편재(偏財)가 된 이웃동네 여자들이 아닌가.

보는 여자마다 병화정재(丙火正財)가 나타나는 바람에 모두 하나같이 정재(正財)로 보여 여보! 여보! 하며 말을 터놓고 지내는 사이가 되었다.

술토(戌土) 속에 숨어있는 정화편재(丁火偏財) 여자들은 술(戌) 속에 신금(辛金)이 있어 재물로 이 사람을 도와주니, 이 사람은 신금(辛金)이 용신(用神)인지라 싫을 수가 없다.

신금(辛金)이라면 젖줄이요 생명줄이다. 이를 거부한다는 것은 생명줄을 끊어버리는 것과 같으니 어찌 싫다고 할 수 있겠는가. 사람은 다 살게 되어 있다. 이렇게 살건 저렇게 살건 사는 방법만 다를 뿐이지 산다는 것은 모두 똑같다.

"당신 여자 복은 타고난 사람이요. 도대체 직업도 변변치 못한 사람이 양쪽에서 여자들이 달려들어 팔장을 끼고 있는 형상이니 아마도 타고난 정력가인가 싶소. 더구나 옆에 있는 임수겁재(壬水劫財)인 친구한테도 슬슬 넘겨주면서까지 꽃밭에서 놀고 있으니 팔자 한번 좋시다."

하고는, 병술백호(丙戌白虎)같은 아내가 있는데도 무섭지 않느냐
고 했더니 부인한테도 잘 해준다고 한다.

"그것을 잘 해준다는 말이요?"

"아뇨. 비록 돈은 못벌어다 줘도 속은 안 썩입니다."

그 말에 하도 어이가 없고 부인의 사주(四柱)가 궁금해서 물어보
았다.

2. 본 처

丁癸戊癸　坤
巳卯午巳　命

이 사주(四柱)야말로 종재(從財)로 시작해 종관(從官)으로 마무
리 지은 사주(四柱)이다.

격국(格局)을 보면 이만한 사주(四柱)도 없는데 대운(大運)이 틀
려 먹었다. 이미 계수(癸水)가 나를 버리고 재관(財官)을 따라 부
잣집으로 시집간지가 오래 되었는데, 어쩌자고 대운(大運)에서 인
수(印綬)인 친정 어머니가 따라 들어와 금생수(金生水)를 해주겠
다고 한단 말이냐. 금생수(金生水)를 해주겠다면 차라리 시집오기

전에나 공부시켜 보내주지. 이제와서 금생수(金生水)로 공부하라면 어쩌란 말인가.

아무리 뿌리치고 용트림해도 대운(大運)에서 들어온 인수(印綬) 어머니와 비견(比肩) 형제들은 놓아주지 않는다. 이러기를 무려 60여년이나 하겠으니 끔찍한 노릇이다. 아마 모르면 몰라도 남편의 사주(四柱)에서 병술백호(丙戌白虎)로 아내가 되었지만 마누라의 운로가 이 지경이 되어 똑똑한 아내 구실을 못하는 것 같다.

그런데 본명(本命)의 사주(四柱)에 눈이 휘둥그레지도록 돋보이는 것이 있다. 바로 무오양인(戊午羊刃) 남편이다. 지지(地支)에 사오화(巳午火)와 정사화(丁巳火)가 있어, 화생토(火生土)로 실컷 얻어 먹은 무오양인(戊午羊刃) 남편은 정력을 주체할 길 없어, 좌우에 계수(癸水) 하나씩을 끼고 있으니 계수(癸水)가 바로 여보라고 부르는 세컨드이다.

5월 한여름 독이 바짝오른 사화(巳火) 뱀을 두 마리씩이나 사주(四柱)에서 잡아먹으니, 이것이 약이 되어 정력이 강한 모양이다.

그런가 하면 오(午)는 생식기가 되는데, 남근 오(午) 옆에는 정력을 대표하는 사(巳) 뱀이 두 마리나 붙어 있으니 좌우로 혹을 달아 붙인 것이 눈에 보인다.

순간 나는 웃음을 참지 못해 빙긋이 웃으며, 자지도 말자지처럼 길죽하게 생긴놈이 혹까지 붙어버렸으니 그 물건 한번 쓸만하겠다고 했더니, 마침 같이 동행했던 친구 와! 박장대소를 하며 야단이 났다. 옆에 동행한 친구는 정말 그러냐고 묻고 당사자는 그렇다고 하며, 눈물까지 흘리며 웃느라 난리가 난 것이다.

여기서 한마디 더 한다면 이 사주(四柱)에 일지(日支) 묘(卯)를 중심으로 해서 묘진사오(卯辰巳午)로 순행되는 것을 알 수 있다. 이때 진토(辰土)는 대목지토(帶木之土)되어 자연스럽게 따라 들어온 토(土)요 이 여자의 남편이다.

그러나 사주(四柱)에서 처럼 보이지 않게 따라 들어온 토(土)이기에 보이지는 않는다. 그러니 내 남편 진토(辰土)가 분명 묘진사(卯辰巳), 묘진사(卯辰巳)하여 어디로 가기는 갔는데, 어디로 갔는지를 몰라 이리저리 찾으러 다니는 형상이라고 했더니, 더더욱 야단들이 났다.

사실이 그렇단다. 혹시 우리집 양반 거기에 있느냐고 묻기를 잘한단다. 결국은 찾지도 못하면서 그런다고 하면서 눈물로 얼굴이 뒤범벅이 되도록 웃었다. 이쯤 되었으니 숨기고 말고 할 것도 없다고 생각했는지 또 하나의 사주(四柱)를 봐달라고 한다.

3. 세컨드

丙辛己丁　坤
申丑酉酉　命

이 사주(四柱) 역시 혁격(革格)되었으면 좋았을 것을 병정화(丙

丁火)가 개두하여 쓸모없는 사주(四柱)가 되었다. 본명(本命)을 다스리지 못할 정화(丁火)이면서 주제넘게 년상(年上)으로 들어와 남편 구실을 해보겠다고 하나, 어디 감히 혁격(革格)을 놓아 구색을 갖춘 사주(四柱)에 덤벼든단 말인가.

 1993년 계유년(癸酉年)에 식신계수(食神癸水)로 정화(丁火)를 후려쳐 버렸으니 이것이 이혼이다. 이듬해인 갑술년(甲戌年)에 술중정화(戌中丁火) 즉, 아내가 있는 유부남이 신금겁재(辛金劫財) 위에 올라앉아 병화정관(丙火正官) 남편처럼 행세할 사람을 만난다.

 그러나 본래 신유(辛酉)를 놓아 깔끔을 떠는 여자이다. 나같이 잘 생긴 사람있으면 나와 보라고 할만큼 도도한 성격이다. 사람의 자존심에 관계되는 일이라 남자가 있으면서도 병신합(丙辛合)시키고는 없다고 시치미를 딱 뗐다.

 그러니 누가 보아도 남자가 없다고 하는데야 없는 줄 알지. 얼마나 깐깐하고 칼칼한 사람인데. 그리고 재(財)가 보이지 않아 무재사주(無財四柱)이나 사실은 무자다자(無者多者)되어 돈이 많은 여자이다.

 "저 사람 병화(丙火) 남편같은 애인의 사주(四柱)로 보아 신금(辛金)을 절대적으로 필요로 했던 사람인데, 당신같이 이렇게 신유금(辛酉金)이 많은 사람을 만나 운이 좋아지더니, 아마도 당신을 만나면서부터 좋아지는가 봅니다. 만나고 헤어지는 것도 운 따라 좋게 만나고 헤어지는 것이니, 모든 것을 인연으로 알고 지내시요. 그 양반의 부인 사주(四柱)에도 동서가 있는 팔자요, 남편

좌우에 두 여자를 끼고 있는 팔자이니 어쩌겠소. 운명으로 받아들
일 수 밖에.”
“야! 이것이 운명이라는데 으쪄것냐!”
순간을 놓칠세라 친구가 진한 전라도 사투리로 부추긴다.
그후 여자가 송파에 커피숍을 차려서 남자네 식구들을 먹여 살린
다는 말을 들었다.

24장.
잘하면 그 부자 4대까지는 가겠다

1. 복은 타고 났는데

庚壬甲戊　乾
戌戌寅戌　命

　겉으로 보기에는 시간경금(時干庚金)이 발원하여 경, 임, 갑, 무 (庚, 壬, 甲, 戊)로 이어져 금, 수, 목, 화, 토(金, 水, 木, 火, 土)를 해주고 있다. 시(時)로부터 천간순식(天干順食)되어 년상 (年上)에서 토(土)에 머물러 재(財)를 만든 것이 기특하다.

　지지(地支)에서는 월지(月支) 인(寅)을 중심으로 술토(戌土)를 좌우동형에 앉혀놓고, 오화(午火)를 협공시켜 인오술화(寅午戌火) 재국삼합(財局三合)을 만들었으니, 그대의 아버지는 훌륭하구려. 할아버지 때부터 모아둔 재산을 하나도 까먹지 않고 오히려 더 크게 불려놓았으니 말이다.

더군다나 월(月)에서 일(日)로 인오술합(寅午戌合)되어 아버지 재산이 몽땅 내게로 넘어오고, 내가 쓰고 남은 재산도 또 일(日)에서 시(時)로 인오술(寅午戌) 삼합(三合)되어 넘어가니, 그대의 자식까지도 엄청난 상속을 받겠다. 부자가 3대를 못간다는 옛말이 있는데 4대까지도 거뜬히 넘어가겠으니 타고난 복인이다.

본명(本命)은 완전한 종재사주(從財四柱)이다. 말로는 시간경금(時干庚金)이 있어 금생수(金生水)를 하는 것 같이 보이지만, 인오술화(寅午戌火) 불밭에 앉아 지글지글 끓는 쇳덩어리가 되었는데 무슨 금생수(金生水)를 한단 말인가.

이미 금(金)은 병궁(病宮)이 있어 생수(生水)가 불가하다. 일간임수(日干壬水)는 비록 양간(陽干)의 몸이지만 나를 버리고 재(財)를 따라 간지가 벌써 오래 되었다.

지금 화(火)마을 대운(大運)에 들어있어 금광 속에 들어가 황금알을 희롱하고 있으니 조상의 덕인가, 아니면 나의 복인가. 물론 삼박자가 모두 맞아 형수(亨水)를 누리고 있는 것이겠지만, 이것도 내가 복이 있어야 내것이 되지, 그릇도 안되는 놈이 이런 복을 받는다면 아마도 죽게 될 것이다.

재다신약(財多身弱) 사주(四柱)가 재(財)운을 만나면 죽게 된다. 하루에 세끼도 못먹어 쫄쫄 굶던 놈이 느닷없이 소나기 밥을 먹으면 배가 터져 죽는 것과 마찬가지이다.

부귀쌍전(富貴雙全)이 아무리 좋다해도 우선 내 사주(四柱)의 그릇에 따라 여기에 맞는 부(富)가 되어야 한다. 흐르고 넘치도록 들어와 봐야 남좋은 일만 시키고 오히려 재앙을 불러들인다. 그런데도 사람들은 돈만 원하고 있으니 분수를 몰라도 한참 모르는 사람들이다.

그런가 하면 부(富)와 귀(貴) 가운데 어느 것이 먼저냐고 묻는다면, 선부후귀(先富後貴)라 하여 단연코 부(富)가 먼저이다. 돈없고 귀한 것은 쓸모가 작은데 비하여 귀는 작으나 돈이 많으면 쓸모가 큰 법이기 때문이다.

공자께서도 귀는 갖추었으나 부(富)를 갖추지 못했지만, 자공이라는 돈이 많은 제자가 보필했기에 공자의 이름이 천추만대까지 빛나고 있는 것이다. 만일 그렇지 못했다면 오늘의 공자가 있을 수 있었겠나. 아마 그도 먹을 것을 보면 걸걸대는 추잡한 사람이 되었을지도 모른다.

이렇게 부(富)는 소중한 것이다. 거듭 말하지만 공자도 재력이 뒷받침 되었기에 가능했던 것처럼, 예나 지금이나 부(富)가 먼저인 것은 조금도 달라질 수가 없다.

요즘 재력가들이 순서에 따라 국회의원이 되는 것도, 돈많은 사람이 정부의 요직이나 지방관서의 유지로 대접받고 있는 것도 모두가 부(富)가 귀(貴)를 앞서기 때문이다. 이것은 먼 훗날 지구의 종말이 올 때까지도 불변의 진리로 남을 것이다.

기왕에 돈 얘기가 나왔으니 한마디 더 하겠다. 사주(四柱)에서도 인수(印綬)를 공부와 선생님, 그리고 정편재(正偏財)를 돈으로 보고 있듯이 우리가 사는 것도 여기에 따라 살고 있는 것이다.

선생님은 학생들에게는 제왕의 존재요, 일벌들에게는 여왕벌의 존재와 같아 천상천하 이보다 더 존귀하고 높은 사람이 어디에 있단 말인가. 선생님의 그림자는 밟아서도 안되고 그 말씀은 모두 진리가 되어 육신의 살이 되고 뼈가 된다.

그러나 선생님이 가정으로 돌아가면 모두 헛일이다. 왜냐하면 재극인(財剋印) 당하여 돈과 아내는 귀한 선생님을 무시하고, 이겨 버리는 성질이 있기 때문에 선생님의 아내는 엄처요 선생님은 공처가이다.

이것은 자연의 진리가 그러하거늘 만약 여기서 벗어나려고 몸부림치는 선생님이 있다면 스스로 다시 한번 생각해 볼 문제이다. 지금까지 재(財)가 귀(貴)보다 우선이라는 말을 했으니 다시 본론으로 들어가 보자.

그렇다면 종재격사주(從財格四柱)는 모두 공처가란 말인가? 그것은 아니다. 다만 외격 사주(四柱)로 분류되어 종재(從財)가 되었을 뿐이다. 공교롭게도 종재격사주(從財格四柱)에서 공처가가 많이 나오는 것을 보면 전혀 아니라고 할 수도 없다.

물론 이 사람도 예외는 아니다. 아내가 좌지우지하며 오라면 오고 가라면 갈만큼 순종하며, 그 잘 버는 돈은 몽땅 아내의 손아귀에 들어가 희롱을 당하고 있으니, 이쯤되면 공처가의 자격이 충분히 있는 사람이다. 아마 이 사람 대운(大運)으로 보아 기미대운(己未大運)까지는 종횡무진하며 명진사해 하리라고 본다.

그러나 57세부터 경신대운(庚申大運)이 찾아온다. 그때 가서는 기둥뿌리 하나 남기지 말고 있는 것은 모두 자식에게 급히 넘기라고 호통치듯 일렀다.

경신대운(庚申大運)이 오면 월간(月干)에서 통근(通根)된 왕(旺)한 갑인식신(甲寅食神)이 경신(庚申)으로 천충지충(天沖地沖)하여, 왕충(旺沖)으로 때리는데 견딜 장사가 없다.

쇠신(衰神)이 왕충(旺沖)이면 왕신발(旺神發)이라, 반드시 생사의 문제에 걸려들어 단명하게 되는데 이것이 이 사람에게는 큰 흠이다. 목숨이 아니면 있는 재산을 모두 내놓으라는 운이니 항우장사인들 배겨 내겠는가.

앞으로 20여년은 호황이다. 10년 후인 기미대운(己未大運)은 지금만은 못하겠지만 그래도 좋다. 그는 오늘도 잘 돌아간다. 모두들 죽겠다는 올해같은 병자년(丙子年)에도 사업을 확장하는데 매진하고 있다.

먼 훗날 20여년 후에 경신대운(庚申大運)이 오는 것쯤은 굳이 알 필요도 없단다. 그저 돌아라 물레야이다. 이러는 사이에 그의 아내는 어떠한지 살펴보자.

2. 천방지축이로구나.

辛壬庚戊　坤
亥寅申戌　命

신왕재왕(身旺財旺) 사주(四柱)이다. 월령(月令)을 얻은 임수(壬水)가 통근(通根)된 신금장생지(申金長生地)에 있어 수원(水源)이 마를리 없고, 시지(時支)에 해수록(亥水祿)을 놓아 뿌리가 단단하다. 건록용재격(建祿用財格)을 놓아 이미 부(富)는 타고날 때부터 갖추고 태어난 사람이라는 것을 한 눈에 알아보겠다.

남편과 똑같이 인술(寅戌) 가운데 오화(午火)를 협공시켜 인오술(寅午戌) 재국(財局)을 놓았으니, 소문나지 않은 알부자가 틀림없겠다.

거기다 술토재고(戌土財庫)까지 있어 꼬부쳐 놓은 비상상금 꽤나 있겠고, 인신(寅申)으로 역마를 놓아 천방지축 돈을 쓰러 다니는지, 아니면 술중정화(戌中丁火)와 암합(暗合)되어 정임합(丁壬合)으로 님이 그리워 나도는지 그저 바쁘기만 하다.

그런가 하면 역마 가운데 명암부집(明暗夫集)된 관살(官殺)이 시시때때로 돌출하고 있어 치근덕 거리는 놈이 많겠고, 오화(午火)가 협공되어 눈이 반짝반짝 빛나고 있으니 생쥐처럼 눈치 한번 빠르겠다.

거기다 임계수일주(壬癸水日柱)에 수(水)가 이렇게 왕(旺)하면 남한테 지고는 못살고, 호색녀로 이름이 있어 감히 어느 오행(五行)도 따라올 자가 없으니, 불타듯 끓어오르는 정력을 주체하지 못하는 여자이다.

남편은 결코 아내를 다스리는데 소홀 할 수 없어 신경을 써야 하는데도 우리 남편은 정력이 없단다. 사람이란 등 따습고 배부르면 생각나는 것은 그것 밖에 없다지만, 제발 도덕성만은 잃지 말았으면 한다. 가정으로 돌아가라. 본명(本命)에 해수겁살(亥水劫殺)이 있는데다, 재사화(財巳火)가 망신되어 겁살망신(劫殺亡身)이 인신사해(寅申巳亥)를 일으킬까 두렵다.

앞으로 설명이 되겠지만 인신사해(寅申巳亥)를 어린애같은 천방지축이라고 말했다. 이 사주(四柱)가 바로 천방지축의 대표적인 예이다. 나이 40이 다 되었는데도 배꼽티에 엉덩이까지 올라간 미니를 입고 다니지 않나, 운동모자를 거꾸로 쓰고 다니지를 않나, 아무리 좋게 봐주려고 해도 좋게 보아줄 데가 한군데도 없다. 나이를 잊었는지 아니면 나이를 생각하고 싶지 않은지, 하여튼 나이에 어울리지 않는 치장이 귀부인답지 못하다.

아마도 인신사해(寅申巳亥)로 인한 천방지축 탓인가 하는데, 정력도 쓸 곳과 쓸 때와 쓸 횟수가 있는 법이다. 남편은 정력이 없다는데 알고 하는 소리인지 모르겠다.

섹스는 남녀 공히 20대는 20세×9=10의 8이 되어 10일에 8번이 정상이고, 30대는 30×9=20의 7이 되므로 20일에 7번이 정상이며, 40대는 40×9=30의 6이 되므로 30일에 6번이 정상이고, 50대는 50=9×40의 5가 되므로 40일에 5번이 정상이며, 60대는 60×9=50의 4가 되므로 50일에 4번이 정상이고, 70대는 70×9=60의 3이 되므로 60일에 3번이 정상이며, 80대는 80×9=70의 2가 되므로 70일에 2번이 정상이고, 90대는 90×9=80의 1이 되므로 80일에 1번이 정상이다.

만약 당신 남편이 이것을 지키지 못하고 지나치다면 그것도 병이요, 모자라도 병이니 대책을 서둘러야 한다. 특히 남자가 이렇게 정상적인 횟수에 못 미친다면 반드시 뇌졸증 증세가 있는 사람이라고 알면 된다.

뇌졸증은 어느날 갑자기 뇌 속의 혈관이 멈추면서 고목나무처럼 쓰러지는 것을 말하는데, 정력이 약하기 때문에 그렇다. 남편이 비실대며 자기 밥그릇도 못찾아 먹을만큼 주어진 섹스도 못하는 사람이라면, 우선 뇌졸증 증세가 있는 것으로 알고 보신보양시키는데 힘쓰기 바란다.

25장.
내곁에 있어주

壬壬甲戊　坤
寅戊寅戊　命

54 44 34 24 14 4
戊己庚辛壬癸　大
申酉戌亥子丑　運

　앞에서 본 여자의 남편 사주(四柱)와 똑같다. 남자와 여자라는 것과 시(時)만 다를 뿐, 태어난 년월일(年月日)이 모두 같은 사주(四柱)이다. 앞 사주(四柱)도 종재격사주(從財格四柱)요, 이 사주(四柱)도 종재격사주(從財格四柱)이다.

　정월 임수(壬水)가 인오술화국(寅午戌火局)에 앉아 양임(兩壬)이 모두 증발된 물과 같아 순종하지 않으면 안된다. 이것은 운명이

요구한 순종이라 부종(不從)할 수 없는데도, 대운(大運)에서는 수금운(水金運)이 들어와 순종하지 말고 차라리 신약(身弱)되어 살라고 하는 것이 문제이다.

명을 따르자니 대운(大運)이 말을 안듣고, 대운(大運)을 따르자니 명이 노하여 나를 어렵게 만들겠으니 보통일이 아니다. 일간임수(日干壬水) 생각다 못해 마지막으로 선택한 길이, 그래도 해자축(亥子丑) 형제가 있고 신유술(辛酉戌) 부모가 있는 동네로 들어가 같이 사는게 났다 싶어 대운(大運)을 따르기로 했다.

운이 없어 죽어라 죽어라 하는 놈은 죽을 꾀만 낸다고, 이렇게 종재(從財)된 사주(四柱)가 운이 나쁠라니까 대운(大運)을 선택했다. 차라리 대운(大運)은 나쁘더라도 나 죽었습니다. 하고 종재(從財)되어 인오술화국(寅午戌火局) 시어머니한테 복종하고 무술토(戊戌土) 남편한테 굴복하며 살았더라면, 순종한 명이 되어 그나마 나았을 걸.

굳이 명을 뿌리치고 대운(大運)을 따랐으니 그 순간부터 고생길이다. 지금은 오도가도 못할 처지가 되었다. 가는데까지 갈 수 밖에 없는데 가면 갈수록 험준한 태산 뿐이다.

하나 넘으면 또 한고개, 또 한고개 넘으면 또 다른 태산이 겹겹이 가로막혀 있어, 이제는 지칠대로 지쳐 기진맥진한 지경까지 이르렀다.

그런데 사주(四柱)에 어쩌면 이렇게도 무술토(戊戌土)가 많아 첩첩산중이며, 거기다 아름드리 갑인목(甲寅木)까지 이렇게 많아 울창한 숲만 이루었단 말이냐. 앞이 보이지 않아 깜깜하니 그대의 삶 또한 이와같아 하는 일마다 답답한 일만 있겠구나.

본명(本命)은 종재(從財)로 잘 타고 났으나 대운(大運)이 잘못되어 삶이 이 지경이 되었으니, 자연히 사는 것도 초라할 수 밖에 없고, 생활이 초라하니 천격(賤格)을 벗어나지 못해 얼굴 또한 궁색한 티가 가득하다.

마침 이 여인이 찾아온 때는 계유년(癸酉年). 보나마나 갑인목(甲寅木) 식상(食傷)이 이렇게도 태강(太强)하니 무술토(戊戌土) 남편은 벌써 파극(破剋)시켜 버렸을 것이고, 인오술(寅午戌)로 삼합(三合)되는 사이에 재(財)를 달고 협공되어 들어온 오화(午火) 속에는 기토정관(己土正官)이 숨어 있었기에 그녀의 마음 상태가 보인다.

틀림없이 계유년(癸酉年)에는 무계합화(戊癸合火)되어 무토편관(戊土偏官) 남자가 돈이 되는 사람이다. 유금인수(酉金印綬)는 신유술(申酉戌)로 합(合)되어 금생수(金生水)해 좋게 해주겠다고 찰싹 들러붙어 있으니, 나 인수(印綬)는 결코 싫지 않으며 그럴 까닭도 없다.

살 길이 막막하던 차에 계유년(癸酉年) 구세주가 들어왔으니, 만약 이것을 싫다고 한다면 굴러 들어온 복을 차버리는 꼴이 되어 운명적으로나 여건상으로나 받아들일 수 밖에 없다.

이 여자 말은 안해도 이것 때문에 찾아온 것이다.

"받으시요."

다짜고짜 이렇게 말했다. 왜냐하면 이 살(殺)은 어짜피 계유년 (癸酉年) 천기(天機)가 이렇게라도 해서 꿩먹고 알먹으며 살아보라고 보낸 사람이기 때문이다.

"그렇지만 오래도록 살려는 생각은 하지 마시요. 변덕이 나면 언제 훌쩍 떠날지 모르는 사람이니 내곁에 있어주 소리만 하지 말고, 그저 머무는 동안만이라도 호강할 수 있다면 하시요. 당신 팔자가 임술괴강 팔자로 태어나 본래 과부팔자인데 어찌 해로할 남편이 있겠소. 남의 남편을 빼앗아 산다고 욕도 먹겠지만 이것도 마음대로 안되는 일. 누가 뭐라고 하거든 도인처럼 계유년(癸酉年) 천기(天機)가 그렇게 시키더라고만 하시요."

하고 일러 보냈다. 그것도 나름대로 그럴만한 이유가 있었다. 유금(酉金)은 본명(本命) 임수(壬水)한테는 어머니인데, 돌아가신 어머니가 딸이 못사는 꼴을 보다 못해 하늘에서 내려와 돕고자 한 것이다.

비록 천을귀인(天乙貴人)은 아니지만, 생각은 천을귀인(天乙貴人)같은 어머니였기에 받으라고 한 것이다. 마침 여기서 천을귀인 (天乙貴人)이란 말이 나왔으니 짚고 넘어가 보자.

천을귀인(天乙貴人)이라고 무조건 좋은 것은 아니다. 흔히 천을귀인(天乙貴人)을 귀인봉래(貴人逢來)라 하여 무조건 귀성(貴星)으로만 따지는 역술인들이 많은데, 이에 대해 반론을 제기한다.

시중에 발매되고 있는 역서(易書) 천을귀인(天乙貴人)을 보면,

갑무경(甲戊庚:丑未), 을기(乙己:子申), 병정(丙丁:亥酉), 임계(壬癸:巳卯), 신(辛:寅午)이라 하여 천간(天干)마다 지지(地支)를 두 개씩 짝지어 놓고 이것을 천을귀인(天乙貴人)이라고 하는데, 이 가운데는 의문스러운 점도 있으나 이에 대해서는 이후에 남는 지면이 있으면 자세한 이유를 밝히기로 하고, 지금은 귀성(貴星)이냐 아니냐만 설명하겠다.

물론 천을귀인(天乙貴人)은 귀성(貴星)이다. 특히 천을(天乙)이 용신(用神)이나 희신(喜神)일 때는 두말할 것도 없고, 대세운(大歲運)에서 들어만 와도 금방 발복(發福)되어 그의 효능이 직효가 될만큼 신선명약과 같아 좋아하는 것이다.

그러나 좋은 것만은 아니다. 예를 들어 관살혼잡(官殺混雜)된 여자의 사주(四柱)에 천을귀인(天乙貴人)이 편관(偏官)에 해당하면 어찌 되겠는가. 그녀는 아마 지금 살고 있는 정관(正官) 남편을 팽개치고 더 좋은 천을편관(天乙偏官) 남자를 따라서 줄행랑 칠 것이다.

그렇지 않으면 천을편관(偏官) 남자를 만나는 순간부터 정관(正官) 남편과는 점점 정이 떨어져 질타나 멸시를 하는 경우도 있을 수 있겠고, 갈쿠리처럼 얽히고 설킨 삼각관계에 빠져들어 헤어나오지 못하는 경우도 있겠다. 이래도 천을귀인(天乙貴人)을 무조건 좋다고 하겠는가.

이렇게 되면 귀성(貴星)이 아니라 귀신귀(鬼)자를 쓴 귀성(鬼星)이다. 좋은 일을 할 때 희신(喜神)으로 귀인(貴人)되고 귀성(貴

星)되는 것이지, 나쁜 일을 할 때는 악신(惡神)으로 천인(賤人)
되고 귀성(鬼星)이 되는 것이므로 다시 한번 생각해 보기 바란다.

26장.
송곳니 두개로 기억에 남는 여인

甲丁辛丁　坤

辰酉亥酉　命

　재다신약(財多身弱) 사주(四柱)이다. 비록 시상갑목(時上甲木)이 있으나 약한 정화(丁火)한테는 그림의 떡일 뿐, 갑목생화(甲木生火) 받기는 어렵다.

　경금(庚金)이 있으면 벽갑(劈甲)시켜 생화(生火)를 받는다지만, 신금(辛金)으로는 불가하고 오히려 목다화식(木多火熄)이 될까 두렵다. 이럴 때 화식(火熄)되어 정화(丁火)가 꺼졌느냐 아니냐를 아는 방법으로는 실존 인물을 보고 판단해도 좋다.

　이 사람은 쌍정화(雙丁火)가 있으나 시력이 약해 안경쓴 것을 보면 화식(火熄)된 것을 알 수 있다. 만약 화식(火熄)되지 않았다면 안경을 쓰지 않았을 것이며, 이렇게 되면 신금재(辛金財)도 능히 다스릴만 하여 좋은 사주(四柱)가 된다.

본래 정화일주(丁火日柱)가 유금(酉金)을 놓으면, 유금(酉金)이라는 거울에 얼굴이 반사되는 것 같아 예뻐 보인다. 더구나 이 여자는 유금도화(酉金桃花)가 쌍쌍으로 엮여 있어 애교있는 송곳니 두개가 매력있고, 쌍정화(雙丁火)로 눈웃음을 살살 치는데도 매력을 더해 준다.

하여튼 누가 보아도 한번 보고 두번 볼 인물이지, 그냥 지나치기에는 아쉬운 얼굴이다. 거기에다 치장까지 멋드러지게 한 것을 보면, 일단 여자로서는 합격이다.

또한 인물과 차림새 만큼이나 품위를 갖추려는 듯 자세가 흐트러짐이 없이 꼿꼿하다. 시종일관 차분한 자세로 또박또박 할말만 하는 것을 보아도 역시 귀티가 줄줄 흐른다.

그러나 갑목인수(甲木印授)를 쓰지 못했고, 대운(大運) 역시 학령기에 계축운(癸丑運)을 만나 고등학교가 최종 학력임을 알겠다.

그런가 하면 성격도 겉으로는 숙기가 없는 듯 하여 속을 모르겠고, 자기의 이익에는 철저하게 계산이 빠르다. 아니라고 생각하면 냉정한 사람으로 돌변해 돌아서 버리는 여인이며, 다투어서라도 길고 짧은 것을 비교해야 직성이 풀리고, 여왕처럼 호위를 받아야 비로서 웃는 까다로운 여자이다.

하지만 사주(四柱)의 구성으로 보아 해수(亥水) 남편이 진해(辰亥)로 귀문(鬼門)을 놓고 원진(怨嗔)되어 살게 되었으니, 어디 그대 성미에 맞는 사람이 첫남편이었겠느냐.

그래서 일찍 헤어지고는 임신년(壬申年)에 정임합(丁壬合)되어 정관(正官)이 찾아들었으니, 같이 살자고 들어온 남편감으로는 틀림없는데, 진해귀문(辰亥鬼門)이 의심스러워 여기를 찾아왔구나.

자라보고 놀란 가슴 솥뚜껑 보고도 놀랜다지만, 이 사람은 본래 귀문살(鬼門殺)이 있어 의심하는 버릇이 있으니 이것도 큰 병이다. 그렇다면 그런 줄 아는 긍정적인 생각이 자신을 건전하게 만드는 인격수양인데도, 매사를 부정적으로 생각하는 것도 일종의 정신질환이다.

이것이 심하면 의부증이 되어 치유가 불가능한 살(殺)이 되는데 이것이 귀문살(鬼門殺)이다. 이 병은 약도 없고 의사도 없는 고질병이다.

그러니 고급 공무원이 재혼을 하자는데도 의심스러워 못하겠다고 이렇게 안달이 나서 나를 찾아온 것이다. 이럴 때는 손님이 얄밉다. 그 사람의 신분으로 보나 뭐로 보나 이 여자하고는 비교가 안될만큼 우월한데도 이러니 미울 수 밖에.

사주(四柱)로 보아 이 여자는 가정적인 환경도 좋지 않다. 신금편재(辛金偏財) 아버지가 가로막고 있다. 그 아버지는 분명 문 밖에서 자식 하나를 낳았으나 유유자형(酉酉自刑)되어 서로 왕래가 없다. 사실이냐고 물었더니 그렇다고 한다. 누가 위냐고 물었더니 그 사람이 언니란다.

그렇다면 해중갑목(亥中甲木) 아버지로 볼 때 그 언니의 어머니가 본처이고, 이 사람은 시간(時干)에서 투출된 갑목(甲木)의 자식이니 후처의 몸에서 낳았다는 뜻이다. 이것만 보더라도 나름대로 사연이야 있겠지만 내세울만한 가문이 아니다.

앞으로 대운(大運)이 좋아지는 것을 보면, 틀림없이 호강하고 잘 살터이니 운이 좋아질 때 결혼하라고 호통을 쳤다. 결론을 내리지 못하고 있는 사이에 호출이 들어와 통화하는 것을 들으니 그 남자인 것 같다.

혹시 급할 때 전화하겠노라며 명함을 주는데 이름이 × 酉 ×이다. 사주(四柱)에 신유금(辛酉金)이 그렇게 많은데, 이것도 모자라 또 유금(酉金)인가 해서 혼자 픽 웃고 말았다.

27장.
눈없는 사주가 무슨놈의
운동을 하나

癸甲甲庚　乾
酉子申申　命

　사주(四柱)로 보아서는 편관칠살(偏官七殺)이 중중하니, 차라리 종살격(從殺格)이 되었으면 좋았을 걸. 계자수(癸子水)가 신자(申子)를 이루어 살인상생격(殺印相生格)을 이루고 있으니 문제이다.

　물론 관살혼잡격(官殺混雜格)에 살인상생(殺印相生)이면 전화위복(轉禍爲福)이라 하여 관명(官命)이 높아지는 법인데, 본명(本命)에서는 어쩌자고 이렇게 계자수(癸子水)만 자꾸 만들어 놓는지 알다가도 모를 일이다. 수(水)가 이렇게 범람하듯 넘치면 갑목(甲木)은 7월 나무가 되어, 부목(浮木)될까 두렵고 뿌리가 썩을까 두렵다.

　더구나 7월 입추가 지나면 논에 물을 빼는 법이고 밭고랑에도 물이 찰까봐 뚝을 터놓는 법인데, 이것은 청개구리 마냥 오히려 물을 이렇게 대주고 있으니 자연의 질서를 거역하는 것이 아닌가. 갑목(甲木)이 계자수(癸子水)를 보면 욕패수(浴敗水)가 되어 못쓰는데도, 그 어머니는 우리 아들, 우리 아들 하며 안달이 났다. 이런 원리에 따라 아들에게 신경을 뚝 끊으라고 그렇게도 일렀건만 들은체 만체 그저 우리 아들 뿐이란다.

본명(本命)은 지금 고등학생이다. 본래 계자수(癸子水) 인수(印綬)는 동짓달 물과 같아 빙수를 먹고는 갑목(甲木)이 공부를 못한다. 거기다 경금칠살(庚金七殺)이 있어 머리를 쇠몽둥이로 찍은 것과 같아, 본래 타고난 지능이 낮은데다가 공교롭게 병정화(丙丁火) 한점 없어 식상(食傷)이 막혔으니 더더욱 석두(石頭)이다.

보기에는 훤칠하게 큰 갑목(甲木)이라 계자수(癸子水) 선생님이 중학생인 이 아이를 보고는 유도 재목감을 찾아냈다며 좋아했다. 그렇지 않아도 공부가 죽기보다 싫던 차에 잘 되었다 싶어, 옆에 있는 갑목(甲木)과 매트 위에서 이리 메치고 저리 메치는 것이 그렇게 신이 날 수가 없었다.

그러나 경금(庚金)이 갑목(甲木)을 때리고 있어 유난히 부러지고 삐기를 잘 한다. 몸 구석구석에 파스를 안붙인데가 없고, 멍들고 저리고 시큰거리는데가 한두군데가 아니다.

이러기를 3년여! 갈고 닦은 실력도 있고 하여 시합이 있을 때마다 매번 출전을 하나 입상을 못한다. 사주(四柱)가 이렇게 생겼으니 구기종목의 운동은 어짜피 안되는 것이고, 굳이 한다면 투기종목 뿐이다. 투기종목이라면 1:1로 맞붙어 싸우는 권투나 레슬링, 유도, 태권도 밖에는 없으니 그나마 이 중에서 택한 것은 잘한 일이다.

그러나 결과는 메달인데 이것을 따지 못한다니 계자수(癸子水) 선생님이나 어머니가 안달할 수 밖에. 헛고생 시키지 말라는 말이 목구멍까지 올라왔으나 차마 못한 것이 지금도 마음에 걸린다.

왜냐하면 어머니가 지극 정성으로 뒷바라지를 해주는 것에 감동을 받기도 했지만, 기어이 유도인으로 만들겠다는 극성스러움 때문에 차마 말을 할 수가 없었다. 내가 오죽하면 아주머니는 전생에 유도에 한맺혀 죽은 넋이 환생한 모양이라고 까지 했을까.

"아주머니 이 아이가 입상하지 못하는 것은 꾀가 없어서 그렇습니다. 어느 운동이고 꾀가 있어야 하는데 이 놈은 선생님이 시키는 대로만 따라하고 있으니, 한마디로 미련한 놈 아니겠소. 이것은 사주(四柱)에 화(火)가 없어서 그렇습니다. 불은 어두운 밤을 밝혀주는 눈과 같은데, 이놈에게는 불이 없으니 눈이 없는 것과 같습니다. 뭐가 보여야 싸울 것이 아닙니까. 상대방이 달려들면 피하든가 급소를 낚아채든가 머리를 써서 대처를 해야 하는데도, 그냥 선생님이 코치하는 대로만 하고 있으니 그게 어디 되겠습니까. 무대 위에서는 자신이 선생님이 되어야지요. 기왕에 시작한 일이니 열심히 하면 병자년(丙子年)에는 입상 하나 하겠소."

갑목(甲木)이 병화(丙火)를 보면 꽃을 피우는 형상이 되어 한 말이다. 그후 지역의 학생 유도대회에서 2위로 입상하여 잘 하면 전국학생 유도대회에 나갈 수 있는 1차 관문은 통과했다는 소식을 들었다.

 그러나 사주전국(四柱全局)으로 보아 유도로 대성할 재목이 못되거니와, 화(火)가 없어 결과도 없을테니 헛고생만 하는 것 같아 안타깝다. 선생님도 어머니도 사주(四柱)를 좀 알았더라면 하는 생각을 해보았다.

28장.
낙향하시요

乙乙癸丁　乾
酉酉卯酉　命

53 43 33 23 13 3
丁戊己庚辛壬　大
酉戌亥子丑寅　運

　2월은 목왕절(木旺節)이면서 월지묘목(月支卯木)이 뿌리가 되어 건록격(建綠格) 사주(四柱)가 되었다. 녹격필관(綠格必官)이라 건록(建綠)을 놓고 관(官)을 용(用)하면 거관대인(巨官大人)의 명조(命造)라 하여 좋은 것인데, 본명(本命)은 유금관(酉金官)이 있으나 너무나도 살왕(殺旺)하여 쓰지 못하게 되었다.

　그러나 여기서 의문이 생긴다. 아무리 유금칠살(酉金七殺)이 살왕(殺旺)하기로 묘목(卯木)은 본절(本節)의 목(木)이 되어 바위도 뚫고 나오는 강인함이 있고, 아스팔트나 콘크리트도 떠받치고 나오는 묘목(卯木)인데 절궁(絶宮)에 든 그까짓 유금(酉金)이 무서워 묘목(卯木)이 힘을 못쓴다는 말인가.

더구나 유금(酉金)은 유유(酉酉)로 자형(自刑)되어 저희들끼리 서로 부딪히고 깨져 쓸모없는 금(金)이 되었는데, 설마 묘목(卯木)의 싹을 잘라버렸을까 하는 의문이 생기니, 우선 신약(身弱)이냐 아니냐 하는 문제부터 풀어야 답이 나오게 되었다.

물론 이런 의문은 모두 타당하다. 우선 계절론으로 들어가 보자. 춘분(春分)을 며칠 앞둔 묘목(卯木)이지만 월간(月干)에 계수(癸水)가 투간되어 비가 부슬부슬 내리는 때요, 지지(地支)에서는 다금(多金)하여 아직도 냉기가 가득한 때이다.

그러니 자연히 을목(乙木)의 뿌리는 양유금(兩酉金)의 바위틈에 끼어 꽁꽁 얼어붙은 모습이다. 이것은 도봉산의 인수봉 꼭대기에 하얗게 내린 눈비에 얼어붙고 그 틈새에 나도 끼어 꼼짝달싹 못하게 얼어붙은 나무라고 생각하면 된다.

년상(年上)에 정화(丁火)가 있어 다행히 얼어죽지는 않았으나, 정화(丁火) 역시 계수(癸水)한테 수극화(水剋火) 당하여 죽을 지경이다. 그래도 을목(乙木)은 덕분에 목숨은 부지했으니 당연히 조후용신(調候用神)으로 볼 수 밖에 없다.

금수(金水)가 병이다. 병이 있으면 약이 있어야 한다. 명조유병(命造有病)이면 행운유약(行運有藥)일 때 대명발(大命發)이라, 사주(四柱)에 병이 있으면 행운에서 그 병을 다스려줄 때 크게 발전한다는 뜻이다.

그래서 유병(有病)이면 대인(大人)이라 해서 사주(四柱)에 병이 있어야 큰 사람이 된다는 뜻이다. 반대로 사주(四柱)에 병이 없는 사람은 평인이라 하여 좋게 보지 않는다.

흔히들 형충파해(刑沖破害)나 잡살(雜殺)을 보고 사주(四柱)가 나쁘다고 하는데, 이는 크게 잘못된 감정이다. 형충파해(刑沖破害)가 있어야 기신(忌神)을 제(除)하고 희용신(喜用神)을 보(補)하는 법이다.

그뿐 아니라 대세운(大歲運)에서도 형충(刑沖)이 들어와 기신(忌神)을 쳐줄 때 대발(大發)하는 법이지, 사주(四柱)에 이런 것이 없으면 겉으로 보기에는 좋아보일지 몰라도 무덤덤하여 그날이 그날같아 평생 발전을 못하는 사람이다.

본명(本命)도 비록 정화(丁火)는 약하지만 그래도 용신(用神)이라는 확실한 약이 있기 때문에 좋다. 또 사주(四柱)에 어느 것이 용신(用神)인지 분명하지 않은 사람도 사는 것 자체가 좋은지 나쁜지 모를만큼 흐리멍텅 한데 비해, 이렇게 용신(用神)이 분명한 사람은 용신운(用神運)을 만나기가 무섭게 불꽃처럼 일어나 운수 대통하게 된다.

그것이 어느 시기인가 하는 것은 대운(大運)에서 물어보자. 이 사람은 용신(用神)이 분명해서 좋으나 대운(大運)에서는 깜깜 무소식이다. 세월은 오늘도 계속 흘러가고 있건만 불씨는 보이지 않으니 큰 문제이다. 오늘 내일 얼어 죽기 직전에 있는데도 대운(大運)에서는 아직도 겨울 눈밭 속을 벗어나지 못한 채 허우적 거리고만 있으니 죽을 지경이다.

이렇게 되면 찬바람은 스산하고 칠살(七殺)은 위협하는 꼴이니, 사는 것 자체가 항상 불안하고 초조해 쫓기는 마음으로 살아야 되고, 가기는 가야겠는데 발걸음은 떨어지지를 않고 이것이 반복되는 것을 번뇌라고 한다.

석가는 번뇌 속에서 나를 깨우치라고 가르쳤지만 그게 어디 쉬운 일이가. 오죽했으면 혜가스님은 달마선사를 찾아가 번뇌로부터 벗어나게 해달라고 부탁 했겠는가. 달마는 혜가의 부탁을 받고 네가 갖고 있는 모든 번뇌를 하나도 빠트리지 말고 몽땅 쓸어담아 오라고 했다.

혜가는 이 말을 듣고 번뇌를 끌어모아 주섬주섬 챙기려는데, 가만히 생각해 보니 어느 것 하나 번뇌 아닌 것이 없었다. 눈에 보이는 것이든 아니든 모두가 번뇌 뿐인데, 그렇다고 특별히 꼬집어 이것이다 하고 내놓을 만한 것도 없다.

그래서 혜가는 다시 곰곰히 생각해 본다. 거칠고 사납게 파도치는 물을 모두 건져낸다는 것은 호수의 물을 모두 퍼내는 것과 같지 않은가.

이때 달마가 이렇게 말했다.

"혜가야, 너의 번뇌는 그것으로 이미 다 소멸되었느니라."

이렇게 하여 혜가는 번뇌 덩어리를 있는 그대로 봄으로써 그제서야 번뇌의 굴레에서 벗어날 수 있었다고 하는 말이 불가(佛家)에서 전해지고 있다.

이 사주(四柱)를 자연의 풍광에 비유한다면 바위에 붙어 기생하는 풍란(風蘭)과 같고 비틀리고 꼬부라진 괴목(槐木)과도 같다. 차라리 풍란(風蘭)이라도 되었으면 애란가(愛蘭家)의 손에 뽑혀 따뜻한 온실에서 대접받고, 때때로 향기를 뿜어내 고고함을 자랑히며 살았으면 좋으련만 운이 없어 그것도 안된다.

아니면 괴목(槐木)이 되어 신목(神木)처럼 대접받으며 사는 성황신(城隍神)의 당목(堂木)이라도 되었으면 뭇사람들한테 절을 받는 팔자라도 될 터인데, 화개공망도 안되어 그것도 못하게 되었으니 이 또한 팔자요 운수소관 아니겠는가.

나는 여기서 망설이다 못해 물어 보았다.

"혹시 난이나 관상수 키워 보았소?"

"아니요."

"고향은 어디요?"

"전라도 영광입니다."

"특용작물에 취미가 있나요?"

"농업 고등학교를 나왔으니까요."

"그럼 두말하지 말고 고향으로 내려가 특용작물이나 한번 키워보시요. 어짜피 이 사주(四柱)는 겨울에 햇빛을 받아야 연약한 덩쿨식물같은 을목(乙木)이 사는데 비닐하우스는 햇빛을 모아두는 집이요. 을목(乙木)은 오이나 참외같은 덩쿨식물로 2월이면 온상 속에서 크는 것 아니겠소. 이 사주(四柱)는 이런 일에 깍아 맞췄으니 아마 얼어죽지 않고 유금(酉金) 열매가 주렁주렁 매달려 잘 될 것이요. 지금 나이를 보니 어머니며 애들도 있을 터인데, 이렇게 허송세월할 때가 아닙니다. 이 사주(四柱)로는 취직은 틀렸고, 설령 취직을 한다 해도 좋은 직장이 없으니 서두르시요."

하고 감정을 끝냈다.

그후의 안부는 알 수 없으나 구사일생으로 살려면 이 말을 듣고 낙향했을 것이며, 아니면 운이 없어 이 말을 거역했다면 지금 어디선가 고생하고 있을 것이다.

29장.
복불복

1. 누가 이 사람을 이렇게 살라했나.

戊庚辛辛　坤
寅午丑巳　命

이 사람은 잡격사주(雜格四柱)이다. 사축(巳丑)이 있는 가운데
신금(辛金)이 투간되어 있으므로, 유금(酉金)을 불러들여 사유축
(巳酉丑) 삼합(三合)을 만들었다. 혹자는 사유축(巳酉丑)으로 삼
합(三合)된 뿌리를 갖고 있으니, 경금(庚金)은 신강(身强)되어 손
안대고 코푸는 격이라고 좋아하겠지만 오히려 이것이 병이 된다.
　이렇게 되면 년월(年月)에 있던 겁재(劫財)의 무리들이 인목재
(寅木財) 하나를 보고 달려들어, 군겁쟁재(群劫爭財)를 일으키는
난장판이 벌어지고, 오화관(午火官)을 보고도 군겁쟁관(群劫爭官)

하는 꼴이 되어, 경금(庚金)은 항상 이들과 밥그릇 싸움이나 하며 살아야 되니 삶이 고달플 수 밖에 없다.

물론 인오재관(寅午財官)을 용(用)하는 것은 좋다. 우선 사주(四柱)가 신강(身强)하니 재관(財官)을 써야겠고, 똘똘뭉친 사유축금(巳酉丑金)을 분산시키는데도 관(官)이 필요하며, 조후(調候)로 보아도 화(火)가 필요하기 때문이다.

하지만 조금 전에 말한대로 쟁재쟁관(爭財爭官)을 당하지 않고는 살 수 없는 팔자가 되었으니, 자연 경금(庚金)은 사납지 않으면 살아 남을 수가 없게 되었다.

인목재(寅木財) 먹이사슬 하나를 놓고 서로 으르렁거리며 달려들어 싸우고 있는 사주(四柱)요, 오화관(午火官) 남자 하나를 놓고 서로 내것이라고 싸우는 사주(四柱)가 되었으니, 이 사람이 무엇을 하는 사람인가는 독자들이 판단하기 바란다.

이 정도 힌트를 주었으면 여러가지로 생각이 떠오를 것이다. 우선 세일즈맨일 수도 있고 민방위 교육장에서 완장이나 모자를 서로 팔려고 뛰어다니는 사람일 수도 있으며, 관악산같은 등산로에서 호객하는 일을 할 수도 있는 사주(四柱)로 만들어졌다.

이 사람은 이 많은 일 가운데 하필이면 후자를 택했다. 이것도 피할 수 없는 운명이었다. 아마도 이 여인의 생활환경과 주변의 여건이 자신도 모르게 이 길로 빠져들게 만들어져 있었을 뿐이지 계획적인 것은 아니었을 것이다.

사유축(巳酉丑) 비견겁재(比肩劫財)들은 같은 무리로 이 사람들

역시 오화(午火) 남자 하나를 놓고 달려드는 형상이요, 인목재(寅木財) 하나를 보고 달려드는 형상이니, 이들은 모두 친구이면서 서로 경쟁자들이다.

더구나 인오(寅午)로 합(合)되어 돈과 남자로 합(合)된 것이니, 돈을 벌기 위해 남자를 상대하고 있다. 그렇다면 왜 하필이면 산을 택했을까 하는 것이 숙제로 남는다.

무토(戊土)는 인수(印綬)되어 집으로 보이지만, 이미 인목(寅木) 위에 있어 파극(破剋)을 당한 인수(印綬)가 되니 내 집이 없는 팔자이다.

그러므로 인목(寅木)은 숲이고 숲은 무토산중(戊土山中)에만 있는 것이니, 무토산(戊土山)을 그나마 집으로 삼고 인(寅)은 역시 역마의 재(財)가 되어 뛰어야 먹는 재물이다.

거기다 겁살재(劫殺財)가 되어 항상 본인인 신금(申金)과는 망신(亡身)으로 충동질 하고 있으니, 이 여자는 비위가 좋아 돈이 되는 일이라면 무슨 일이든 아무데서나 부끄럽지 않게 행동할 사람이다.

여기서 다시 한번 이 사주(四柱)를 검토해 보자. 운명적으로 먹고 살기 위해 선택한 길이라면 무턱대고 호객질이나 하는 사람이 되었겠느냐 하는 것이다.

물론 그렇지는 않다. 축중계수(丑中癸水)는 바위 틈에서 솟아나는 약수이고 얼마되지 않는 적은 물이다. 마침 인(寅)과 오(午)라는 탕화(湯火)가 인오화(寅午火)되어 불길을 내고 있으니, 이 위에 계수(癸水)를 올려 놓으면 한약처럼 거무스름한 물이 되는데 이것이 곧 커피이다.

이렇게 해서 이 사람은 12월 추운 겨울 따근따끈한 커피를 친구들과 함께 팔기 시작한 것이 동기가 되었다. 그러니 비겁(比劫) 친구들보다 더 많이 팔기 위해서 이리 뛰고 저리 뛰지 않으면 안되게 되는데, 이를 말하여 복불복(福不福)이라고 한다.

복불복(福不福)이라고 하면 낯설고 생소하겠지만 우리가 흔히 사용하는 복걸복이라는 말이다. 본래는 복불복(福不福)인데 복걸복이나 복골복으로 잘못 알고 있는 것이다.

이 말의 본뜻은 자신에게 돌아오는 복이 좋거나 나쁠 때의 정도를 가르키는 말로 성사여부가 불투명할 때 사용한다. 어떤 결과를 기다릴 때나, 되면 좋고 안돼도 할 수 없다고 생각할 때도 사용한다. 마침 잘못된 말이 잘된 말로 둔갑해 사용되고 있어 바로 잡자는 뜻에서 설명했다.

나는 이런 사람들이 있다는 말은 들어 보았으나 막상 이 사주(四柱)를 대하면서 아! 이런 사주(四柱)가 바로 그런 사람이구나, 하고는 깜짝 놀랐다.

그것도 본인을 직접 만난 것이 아니라, 어느 남자가 이 여자의 생년월일을 갖고와 상담을 하던 차에 알게 되었다. 독자들이 공부하는데 참고가 될 것 같아 기록했다.

2. 모전자전

甲辛己己 坤
午丑巳酉 命

본명(本命) 역시 앞의 사주(四柱)와 같다. 같은 금일주(金日柱)에 사유축금(巳酉丑金)을 깔았고, 갑목(甲木)을 재(財)로 삼아 군겁쟁재(群劫爭財) 하고 있으며, 오화(午火)를 관(官)으로 남자삼아 군겁쟁관(群劫爭官)하고 있으니 어쩌면 이렇게도 에미와 똑같단 말이냐.

이 사주(四柱)는 앞 사주(四柱)의 친딸이다. 앞에서 본 여자와 재혼을 하려는데 이 딸과도 궁합이 맞는지 알고 싶단다.

피는 진하다는 말은 혈육의 끈끈함을 말할 때 쓰는 말이지만, 이 사주(四柱)로 보아서는 어머니의 피가 진하기로 이렇게 진할 수 있다는 말인가. 모전자전이다.

얼굴은 보지 못해 모르겠지만 아마도 생김새나 목소리, 걸음걸이. 생각하고 행동하는 것 까지 똑같을 것 같아 물어 보았더니 그렇단다.

내 할 말이 없어 축중계수(丑中癸水)를 용신(用神)삼아야 되겠기에 다방이나 찻집을 운영하면 돈 잘 벌겠다고 했더니, 자기가 지금 쌍화탕집을 운영하고 있다고 한다. 이 말을 듣고 무조건 좋다고 했다.

"신분의 귀천을 떠나 모두들 팔자가 그래서 이렇게 사는 것이지 본성이 나쁜 사람이 어디 있겠소. 이 아가씨 사주(四柱)에 편재(偏財) 즉, 아버지는 없고 갑목정재(甲木正財)라고 하는 의붓 아버지가 있소. 마침 늦게 시(時)에서 들어와 아버지 노릇을 하고 있으며, 그 아버지는 축오(丑午) 탕화살(湯火殺) 위에 있고 탕화살(湯火殺)은 약탕기에 약을 넣고 부글부글 끓이는 살인데, 마침 쌍화탕집을 하신다니 세 사람은 천생연분입니다.

특히 이 아가씨는 한약을 잘 끓입니다. 선천적으로 타고난 약장사와 똑같으니 손님들한테 끓여주는 약발도 잘 받고, 성격도 깔끔하니 서둘러 재혼하십시요."

하고 재촉했다.

단 이 사주(四柱)에서 주의해야 될 것은 사화정관(巳火正官) 남자한테 속아서 결혼할까 걱정이 되고, 오화(午火) 남자와 깊은 연애에 빠지는 것도 조심해야 된다.

오화(午火) 남자는 죽기 살기로 달려 드는데 그 남자로 인하여 본인이 음독을 하던지, 아니면 그 남자가 사화(巳火)한테 빼앗겼다 하여 오화(午火) 남자는 원망스러운 나머지 음독할까 두렵다.

30장.
사주는 별것 아닌데

甲己戊乙　乾
子未子未　命

56 46 36 26 16　6
壬癸甲乙丙丁　大
午未申酉戌亥　運

　동짓달 자수(子水)에 싹을 트니 기토신약(己土身弱)이 되어 살아 가기 어렵게 되었다. 더구나 을목(乙木)과 갑목(甲木)은 동토(凍 土)위에 동목(凍木)되어 직업이 부실하고, 처궁(妻宮) 역시 자미 (子未)로 원진(怨嗔)되고 빙수(氷水)된 재(財)라, 식근(食根)을 걱 정할 만큼 빈천한 사주(四柱)로 태어났으니 요즘같은 시대에도 밥 먹는 것을 걱정하는 사람이 있느냐고 물을 정도이다.

그러나 이 사주(四柱)를 가만히 들여다 보면 볼수록 기특한데가 있다. 우선 뿌리없는 기토(己土)가 되어 신약(身弱)하지만, 이것을 알고 그랬던 것처럼 기미(己未)로 통근(通根)시켜 간여지동을 만들었고, 월지자수(月支子水)는 내가 감당을 못하겠으니 월간무토(月干戊土)가 정재(正財)삼아 내가 신경쓸 문제가 아니다.

그래도 스스로 신약(身弱)한 것 같아 시간갑목(時干甲木)을 끌어들여, 갑기합(甲己合)으로 자신을 보강했으니 이것도 잘한 짓이고, 비록 비견(比肩)과 겁재(劫財)가 혼잡되어 있다 하더라도 그 형제들은 나에게 피해를 주기는 커녕 오히려 도움을 주고 있으니, 돈 버는 일에는 생쥐처럼 약은 사람이다.

거기다 마침 16세부터 병술대운(丙戌大運)이 시작되어, 인생의 가장 중요한 학령기에 인수운(印綬運)을 만나 명문 대학교 재학 중에 고시까지 합격하는 영광을 안게 된다.

사람이 운이 좋다고 해서 모두 잘 되는 것은 아니다. 노력도 반드시 있어야 하고 이 사람처럼 요행스럽게도 반짝 들어오는 운을 놓치지 않고 100% 받아들이는 것도 결코 쉬운일이 아니다.

병술대운(丙戌大運) 당시 어디서 학교를 다녔느냐고 물었더니, 고향은 섬이었으나 대학을 가기 위해서 중학교 2학년 때부터 자취를 하면서 고등학교와 대학을 모두 광주에서 마쳤다고 한다.

화(火) 즉, 인수(印綬)가 없어 공부를 못할 사주(四柱)가 빛광(光)자 광주를 찾아 온 것은 선생님을 찾아온 것과 같으며, 또 이 곳으로 왔기에 공부를 할 수 있었던 것이다. 그리고 병술대운(丙

戌大運)이 찾아오고 있었기에 해역마(亥驛馬) 대운(大運)이 마지막을 놓치지 않고 광주로 오게 되어 삼박자가 맞았기에 가능했던 것이다.

만약 이 사람이 고향인 섬에 그대로 머물러 있었다고 가정해 보자. 아마도 앞에서 말했던 것처럼 식근(食根)을 걱정할 만큼 궁핍함을 면치 못하고 있었을 것이다.

이래서 사주(四柱)만 좋아서도 안되고 운만 좋아서도 안되며, 태지(胎地)나 태월(胎月)도 좋아야 되고 머무는 곳의 지명도 좋아야 된다. 앞으로 이 사람은 46세 대운(大運)부터는 화운(火運)이 들어와 이름 꽤나 알려지리라고 본다.

31장.
누구 그릇이 더 큰가?

1. 고생을 모르고 산 사람

己辛甲癸　乾
丑酉寅亥　命

　월령(月令)을 얻지 못하여 비록 신약사주(身弱四柱)로 태어났지만, 유축(酉丑)을 놓아 약변강(弱變强)이 되었으니 신왕전록격(身旺專祿格) 사주(四柱)요, 정재용관격(正財用官格) 사주(四柱)이다.

　계해갑인(癸亥甲寅)으로 월년(月年)에서 재국(財局)을 놓아 신왕재왕(身旺財旺)으로 손색이 없는 사주(四柱)요, 인중병화(寅中丙火)까지 있어 조후(調候)를 스스로 갖추었으니 대대로 가문있는 집안의 출생이다.

더욱 특이한 것은 정재정관(正財正官)이 통근(通根)된 가운데 병화(丙火)가 인목장생궁(寅木長生宮)에 있으니, 틀림없이 한 나라의 예산과 살림을 좌지우지 할만한 그릇으로 태어났다.

현재 방년 14세의 소년인 그는 여느 아이들과 똑같이 개구장이처럼 놀고 있지만, 먼 훗날 나라의 동량되어 한 나라의 예산을 손안에 넣고 주무를 거목이라는 것을 아는지 모르는지, 지금 상도동에서 커가고 있다.

본명(本命)은 족보있는 집에서 출생하여 앞으로도 부귀쌍전(富貴雙全)을 이루며 살게 되어 있으니 이만한 사주(四柱)도 흔치 않다. 더구나 정재정관(正財正官)이 용신(用神)되어 심성이 바르고 행동에 흐트러짐이 없을 것이요, 절도와 규범이 있어 남에게 표본이 될만한 걸죽한 인물이라는 것도 약속받고 있다.

사주(四柱)가 이렇게 되면 설령 운이 좀 나쁘더라도 그 값을 한다. 예를 들어 스스로 독학을 한다던가 아르바이트를 해서라도 목적한 일을 달성하고 만다. 단 그 시기가 이르냐 늦느냐 하는 차이가 있을 뿐이지 결과는 같다.

명조(命造)로 보아 서울상대를 나와 경제학 박사가 될 것이다. 하여튼 갑인목(甲寅木) 부모 잘 만나 고생 모르고 사는 것도 내 복이요, 최고학부인 명문대를 나와 국가의 동량감 재목(材木)이 되는 것도 내 복이다.

다만 평생 주의할 것은 계해갑인(癸亥甲寅)으로 큰 재국(財局)을 놓았으니, 이는 국가의 공재(公財)일 뿐 사재(私財)는 아니라는 것이다. 만약 공재(公財)를 사재(私財)로 삼고자 욕심을 부린다면, 묘목(卯木)이 들어와 해묘(亥卯)되어 재(財)가 되고 인묘(寅卯)도 재(財)가 되어 욕심껏 챙길 수는 있으나 묘목(卯木)과 유금(酉金)은 당장 수옥(囚獄)되어 끝내는 인목재망신(寅木財亡身)으로 인생을 망치게 된다.

금전 보기를 돌같이 하라는 최영 장군의 말씀을 좌우명으로 삼아라. 그러나 이런 일은 없으리라고 믿는다. 우선 사주(四柱)가 신약(身弱)하기는 하나, 기토인수(己土寅水) 공부를 해서 신강사주(身强四柱)로 만들었기 때문에 교양과 인격을 갖춘 사람이 되었고, 월(月)에 정재정관(正財正官)이 있어 가정에서부터 엄하고 질서있는 교육을 받았으며, 돈에 대한 고통을 모르고 자랐기에 재물에 대한 집착이 그렇게 많지는 않을 것이기 때문이다.

아무튼 사주(四柱)의 격(格)이 깨끗하고 귀(貴)가 있어 추한 짓이나 시비 대상이 되는 일은 거들떠 보지도 않는 명이라, 지나친 염려는 안해도 좋을 사람이다. 오직 갑인목(甲寅木)처럼 곧고 바르게만 커 주기를 바란다.

2. 고생을 알고 산 사람

乙庚甲癸　乾
酉申寅亥　命

　앞 사주(四柱)와 년월(年月)은 같고 일시(日時)만 다르다. 본명(本命)은 앞 사주(四柱)보다 하루 먼저 태어난 사람으로 혹시 쌍동이가 아닌가 하고 의심할 만큼 닮았다. 앞 사주(四柱)가 정재용관격(正財用官格)이라면 본명(本命)은 편재용관격(偏財用官格)이라는 것이 다를 뿐이지 둘다 신왕재왕(身旺財旺) 사주(四柱)로 잘 태어난 사람들이다.

　그러나 자세히 보면 다른 것이 많다.

　① 앞 사주(四柱)는 갑인목(甲寅木)으로 정재격(正財格)을 놓았지만, 본명(本命)은 갑인목편재(甲寅木偏財)에 시상을목(時上乙木)이 있어 정편재(正偏財) 혼잡을 만들었다.

　② 앞 사주(四柱)는 용신인목(用神寅木)을 다치지 않았으나, 본명(本命)은 인신(寅申)으로 깨트렸으니 파격사주(破格四柱)가 되었다.

　③ 앞 사주(四柱)는 기토인수(己土印綬)로 신강사주(身强四柱)를 만들었으나, 본명(本命)은 유금겁재(酉金劫財)를 놓아 신강사주(身强四柱)를 만들었다.

④ 앞 사주(四柱)는 가문있는 집안 출생으로 고생을 모르고 부유하게 살았지만, 본명(本命)은 월파(月破)를 당해 명문가문 출생도 아니고 부유하지도 않아 고생하면서 자랐다.

⑤ 앞 사주(四柱)는 부모의 재산을 건드릴 사주(四柱)가 아니지만, 본명(本命)은 부모 재산이나 또는 자기 집을 한번 들어먹을 사주(四柱)이다.

⑥ 앞 사주(四柱)가 관록(官祿)을 먹을 사주(四柱)라면 본명(本命)은 사업을 할 사주(四柱)이다.

⑦ 앞 사주(四柱)는 아내와 백년해로할 사주(四柱)이나, 본명(本命)은 본처와 실패를 한번 하던지 아니면 반드시 소첩이라도 둘 사주(四柱)이다.

⑧ 앞 사주(四柱)는 부모 유산이 있지만, 본명(本命)은 부모 유산이 없고 자수성가할 명이다.

⑨ 앞 사주(四柱)는 말씨에 교양이 있으나, 본명(本命)은 거칠고 욕을 잘한다.

⑩ 앞 사주(四柱)는 자제력이 있으나, 본명(本命)은 성질이 급하다.

지금까지 두 사람의 사주(四柱)를 살펴 보았다. 그렇다면 사주(四柱)의 그릇은 누가 더 클까. 물론 본명(本命)이다.

앞 사주(四柱)는 정재정관(正財正官)으로만 구성되어 사람이 소심하지만, 본명(本命)은 편재편관(偏財偏官)으로 되어 있어 돈은 써야 생긴다는 철학을 갖고 있다.

 결정적인 것은 앞 사주(四柱)는 고생을 모르고 컸지만, 본명(本命)은 고생이 뭔지를 아는 사람이라는데 큰 차이가 난다. 고생한 사람과 안한 사람의 차이는 엄청나다.

 고생한 사람은 눈비와 매서운 설한풍을 맞으며 강하게 컸기에 웬만한 고통은 거뜬히 이겨낼 수 있지만, 고생을 모르고 산 사람은 온실의 화초와 같아 금방 죽어버리는 격이니 감히 비교가 안된다.

 그뿐만이 아니라 앞 사주(四柱)는 인수(印綬)가 있어 신강(身强)을 만들었지만, 본명(本命)은 비록 인수(印綬)가 없어 공부는 못했지만, 일지전록(日支專祿)과 시지양인(時支羊刃)을 놓아 비겁(比劫)과 교류하면서 살아온 사주(四柱)이다.

 그래서 세상이 넓다는 것도 알고 사람의 심성도 알아 아랫사람을 달래고 움직여, 편재(偏財)를 겁없이 먹을 수 있으니 아무것도 두려울 것이 없는 사람이다.

 앞 사주(四柱)가 소심한 꽁생원이라면 본명(本命)은 상관생재(傷官生財)되어 돈을 쉽게 벌고 기분도 팍팍 낼 줄 아는 사람이다. 그러니 그릇의 크기로 말한다면 앞 사주(四柱)를 공기라고 할 때 본명(本命)은 소래기라고 하겠다.

 단 본명(本命)의 결점이라면, 첫째는 자수성가할 사람인데 사업을 하다보면 반드시 한번 실패가 있을 것이고, 둘째는 공부를 못했다. 계해인수(癸亥印綬) 공부를 많이 한 갑인목(甲寅木) 아내가 똑똑하여 늘 콤플렉스가 있어 좋지 않고, 셋째는 처가의 득세가 심한데도 배우지 못했다는 이유 하나로 항상 기가 눌린 삶을 살아야 되며, 넷째는 늦게 유금도화(酉金桃花) 위에 앉은 을목(乙木) 애인과 깊은 연애에 빠져 들거나, 아니면 두 집 살림을 면치 못한다는 것이다.

 이렇게 사람들은 모두 좋은 것과 나쁜 것이 반반으로 되어 있어, 좋으면 좋은대로 나쁘면 나쁜대로 살게 되어 있는 법이다.

32장.
잉어와 붕어

壬丙丙甲　乾
辰寅子申　命

　본래는 정관격(正官格)이었으나 임수투간(壬水透干)으로 격변되어 편관격(偏官格)이 되었고, 신자진수왕절(申子辰水旺節)되어 토(土)를 우선으로 용(用)하고 싶으나, 토(土)는 없고 병화(丙火)는 생조(生助)가 시급하게 되었으니 편관용인격(偏官用印格) 사주(四柱)로 보는 것이 타당하다.

　태왕(太旺)한 편관(偏官)을 다스리려면 갑인편인목(甲寅偏印木) 인수(印綬) 공부를 많이 해야겠다. 본명(本命)은 공부를 게을리하면 운명을 거역하는 것과 같아 고생 꽤나 하겠고, 운명이 요구하는 대로 공부를 한다면 거기에 상당하는 보상을 받겠다.

　오직 책 속에 길이 있다. 임수편관(壬水偏官)은 신자진수국(申子

辰水局)을 놓았으니 법관이 내 길이요, 인신삼형(寅申三刑)으로 인수(印綬)되어 법 공부가 내 공부이다.

아니면 살인상생격(殺印相生格)을 놓아 위에서 명령받아 아래로 내릴 때 중간에서 타협하고 조정하는 행정사무관이 내 길이다.


```
53 43 33 23 13  3
壬辛庚己戊丁  大
午巳辰卯寅丑  運
```


이 사람은 운명이 요구하는 대로 열심히 공부를 해서 기묘대운(己卯大運) 중인 30세에 사법, 행정 양과에 넌년걸이로 합격하고 현재 정부 요직에 있는 사람이다.

인목(寅木)인 그의 어머니는 역마(驛馬)에 있어, 떡장사도 해보고 보따리 장사도 해보며, 인역마(寅驛馬) 삼거리 길목에서 신금(申金) 술장사까지 해가며 아들을 공부시켰다는데, 사주(四柱)를 보면 충분히 이해가 간다. 병자(丙子) 아들도 옆에 있지만 인목(寅木) 어머니는 오직 병인(丙寅) 아들 하나만을 위하여 헌신한 것을 보면, 그 어머니가 같은 아들이더라도 사람을 보긴 잘 본 것 같다.

왜냐하면 월간병화(月干丙火)는 신자수국(申子水局) 위에 있어 공부하고는 담을 쌓은 아들이지만, 이 아들은 일지(日支)에 인목(寅木) 책을 펴놓고 있어 싹수가 있는 것을 알고 투자했으니, 투자 이상을 벌어들였으면 성공한 것이 아닌가.

본명(本命)은 자연의 형상으로 보면 설중매화격(雪中梅花格)이다. 동짓달 사주(四柱)가 갑인목(甲寅木)이 있어 쌍병화(雙丙火)로 목화통명(木火通命) 했으니 겨울나무에 꽃이 핀 격이다. 겨울에 핀 꽃이라면 동백꽃이다.

저 멀리 부산이 고향이라는데 태지(胎地)도 좋고 태월(胎月)도 묘월(卯月)되어 좋았다 오래도록 동백섬을 시켜라. 고향을 배신하면 갑인목(甲寅木)을 버린 것 같아 평범한 삶을 면치 못하리라.

신금재(申金財)가 기신(忌神)되어 사업도 불가하고 돈을 많이 벌어도 문제이다. 돈이 많으면 인목(寅木)이 극(剋)되어 어머니가 단명하고 아내한테 구박받을까 두렵다.

아내에게 경제권을 맡기지 말고 재물관리는 자신이 하던지 아니면 어머니한테 맡겨라. 그래야 용신(用神) 어머니 힘이 펄펄 넘쳐 장수하고 장수해야 자신도 좋아진다.

사주(四柱)는 속이고 어길 수 없는 것인지 그렇게 하고 있단다. 이 사주(四柱)에서 토식상(土食傷)이 보이지 않는 것을 보면 이해가 간다. 진토(辰土)는 있으나 신자진수(申子辰水)되어 못쓰기 때문이다.

마침 이것들이 모여 살인상생(殺印相生)으로 수생목(水生木)하고 목생화(木生火)한 것 까지는 좋았으나, 화생토(火生土)를 못하였으니 주는 것을 받아만 먹고 살았지 남에게 주는 것을 모르기에 아내에게 돈을 맡길만한 사람이 못된다.

심하면 아침에 나올 때 콩나물값 따로 두부값 따로 주는 사람이 될까 싶다고 했더니 그 정도는 아니란다. 물론 신분도 그만한 사람이 그러면 안되겠지만 그것은 모르는 일, 아내한테 물어보면 역시 할 말이 많을 것이다.

누구의 것이든 사주(四柱)는 이렇게 기신(忌神)이 있어 쫓기고 쫓겨야 촉매제가 되어 발전하는 법이다. 앞에서도 설명하기를 사주(四柱)에 병이 있어야 크게 된다고 말했듯이, 반드시 천적같은 기신병(忌神病)이 있어야 생기발랄한 경쟁력이 생겨, 남을 능가할 수 있는 것이지 경쟁상대가 없다면 결코 발전하지 못한다.

사람에게도 혼이 있고 생명력이 강해야 똘똘한 인물이 되는 것처럼, 사주(四柱)팔자에도 혼이 살아있어야 활력이 넘치고 탄력이 붙어 악운(惡運)도 거뜬히 박차고 일어서는 힘을 발휘할 수 있다는 것을 잊어서는 안된다.

여기에 적당한 예로 내가 경험한 일을 한가지 소개한다. 나의 사주(四柱)에 수(水)가 용신(用神)이라 용신(用神)도 보강할 겸 아파트의 베란다에 공간도 활용할 겸, 겸사 겸사해서 수족관을 만들고 분수대를 올려 잉어와 금붕어를 함께 넣어 키우고 있다.

어린 것들이 이제는 제법 자라서 장정 손바닥보다 커졌다. 이렇게 키우는 사이에 가끔 금붕어의 꼬리가 잘려나가 비실 거리다가는 죽는 것을 발견했다.

그래서 이상하다 싶어 관심있게 살펴보니, 잉어란 놈이 금붕어의 꼬리를 뜯어 먹고 있는 것이었다. 측은한 생각이 들어 금붕어를 따로 키우기로 하고 잉어만 키우는데 이상한 일이 벌어졌다.

그렇게도 팔팔하던 잉어가 수족관 바닥에 엎드린 채 움직이지도 않고 먹이를 주어도 떠오르지를 않는 것이다. 예전같으면 톡톡 어항을 두드리기만 해도 물 위로 떠올라 장관을 이루던 놈들인데, 죽은 듯이 반응이 없었다. 배가 불러 그러겠지, 하고는 이틀 사흘을 지나도 역시 마찬가지였다. 이렇게 기다리기를 무려 한달 이상을 했지만 결과는 같았다.

이때 느낀 것이 아! 이놈들이 붕어가 있을 때는 잡아먹을 수 있는 사냥감도 있고, 이길 수 있는 상대가 있었기에 신나게 살았지만, 지금은 그런 낙이 없으니 풀이 죽어 그렇구나, 하는 생각이 번쩍 떠올랐다.

이것은 사주(四柱)의 상생상극(相生相剋) 원리와 같다. 우주의 크고 작은 세계에는 먹이사슬이 있어 서로 먹고 먹히는 약육강식의 조건이 갖추어져야 생물이 살 수 있는 것이지, 서로 비견(比肩)의 관계라면 생의 의욕도 없는 것이다.

그후 붕어 몇마리를 넣어주었다. 설마했던 일이 약이 될 줄은 몰랐다. 처음 2~3일은 몰랐는데 그 후부터는 다시 예전처럼 쭉쭉 헤엄질을 하고 푸드덕거리며 노는 모습을 보고 신비함을 느꼈다.

이같이 사주(四柱)에서도 내가 먹고 다스릴 수 있는 재(財)가 있어야 살맛이 나고 생기가 넘치는 법인데, 이것을 격발이라고 한다. 그런가 하면 칠살(七殺)같은 흉살(凶殺)도 있어야 긴장하고 위험을 느껴 무모한 짓을 하지 않는다.

만일 이런 것이 없다면 나사가 풀린 것 같아 발전은 고사하고 쓸
모없는 사람이 되기 쉽다는 것을 일러두고 싶어 이 글을 썼다.

33장.
이런 사람이 귀공자 팔자이다

甲丙辛戊　乾
午寅酉辰　命

신왕재왕(身旺財旺)으로 사주(四柱)가 좋아졌다. 처음에는 약했으나 병인(丙寅)이 갑오시(甲午時)를 얻어 신왕(身旺)되었다. 무진토(辰土)에서 토생금(土生金)을 받은 신유재(辛酉財)를 마음대로 다스릴 수 있는 명이 되어, 이만하면 살만한 재력가로 소문난 부자도 되고 알부자 소리도 들을만 하니 태어난 보람이 있겠다.

더구나 무진식신(戊辰食神)은 년에서 간여지동으로 재(財)를 떠받치고 있어, 신유재(辛酉財)가 든든하기 이를데 없으니 써도 써도 마르지 않는 재물이다.

또 말만하면 생기는 재물이니 돈을 쉽게 버는 팔자이다. 쓰는 것도 통이 큰 팔자라서 인심도 얻고 생색도 난다.

거기다 식신용재격(食神用財格)을 놓아 격이자용(格而者用)이 용신(用神)인지라, 사람 또한 착하고 후하며 부모덕이 무궁하니 귀공자 팔자가 틀림없다.

금년에 9세로 초등학교 2학년이다. 월근도화(月根桃花)이면 어머니가 재취팔자가 되어 서출이라는데, 요놈 마침 운명이 그랬던지 아들 못둔 부잣집에 그 어머니가 재취로 들어가 씨받이로 태어나, 금이야 옥이야 하며 손바닥 안에서 공기돌이 되어 살고 있으니, 이러면 귀공자이지 귀공자가 따로 있나. 월상신금재(月上辛金財)와 병신합(丙辛合)되어 그 많은 유산을 혼자서 다 받겠다.

"받아도 까먹지 않으니 마음놓고 주시요."

라고 큰 소리를 쳤던 기억이 아직도 생생하다.

만약 본명(本命)이 신약(身弱)하다면 받고 돌아서기가 무섭게 까먹을 것이다. 그러나 시지오화양인(時支午火羊刃)이 있어 결코 허둥댈 정도로 연약하지는 않아 큰 소리를 쳤던 것이다.

그런가 하면 자신이 원하는 유금도화(酉金桃花) 각시도 정재(正財)되어, 천성이 착하고 예쁜 명문가 규수가 들어와 가문을 더욱 빛내겠으니, 이보다 더 좋은 경사가 어디 또 있겠는가.

이것 뿐만이 아니라 꽃핀 뒤에 열매를 맺는 자연의 질서처럼, 이 사주(四柱) 역시 자연에 순응한 대로 갑인목(甲寅木)에 병오화(丙午火)로 8월에 꽃을 만발시켜 놓고, 토금재(土金財)로 열매를 주렁주렁 맺게 하였으니 금상첨화가 아닐 수 없다.

그러나 부(富)는 많으나 귀(貴)가 되는 수관(水官)이 진토(辰土)

에 입묘(入墓)되어, 귀(貴)가 작은 것이 서운하긴 하지만 크게 마음쓸 일은 못된다. 부(富)란 재(財)가 되므로 반드시 재생관(財生官)을 일으켜 귀(貴)를 만들어 주는 이치를 갖고 있기 때문이다.

이렇게 격(格)과 용(用)이 하나되어 뿌리깊게 박히기도 어렵고, 그렇다고 일부러 만들어지는 것도 아니다. 그 엄마에 그 아들이 이렇게 만나 살아가라는 하늘의 명령으로 알고 감사하며 살아라.

다만 묘운(卯運)은 좋지 않다. 묘월묘시(卯月卯時)를 만나거든 살피고 또 살펴라. 묘유(卯酉)로 격충(格沖)되면 하시하처(何時何處)를 불문하고 귀명(貴命)을 다칠까 염려된다.

월성(月星) 달님은 그대의 명줄을 쥐고 있는 12대왕 중 한 대왕이니, 평생을 우러러 받들고 빌며 살아라.

34장.
마음부터 다스려라

戊戊辛辛　乾
午申卯卯　命

이 사주(四柱) 참으로 묘하게 생겼다. 분명 격국(格局)으로는 묘목월(卯木月)에 본기사령(本氣司令)하여 정관격(正官格)이 분명한데, 정관(正官) 위에 신금상관(辛金傷官)이 개두하여 올라 앉아. 정관(正官)은 이미 파격되어 버리고 상관작용(傷官作用)만 하겠으니, 그놈의 심뽀 알다가도 모르겠다.

아니나 다를까, 정관(正官) 마음을 쓰는 것 같으면서도 상관(傷官) 성질을 부려, 말씨부터 고약하겠다 했더니 첫마디부터 반말이다. 듬성듬성 욕지거리까지 섞어가며 잘난척 하는데 입맛이 가시기 시작한다.

꼴에 꼴값 한다고 말할 때마다 눈썹은 올라갔다 내려갔다 지랄같고, 눈썹머리까지 노투(怒鬪)되어 씰룩거리고 있으니, 네놈의 형제들은 만나면 싸움질이나 한다는 것을 사주(四柱)를 보지 않아도 알만하다.

상(相)이 이 지경인데 사주(四柱)까지 이렇게 만들어졌으니 할 말이 없다. 굳이 용신(用神)을 정한다면 식상(食傷)을 다스릴 시지오화(時支午火)를 써야겠는데, 오화(午火)는 이미 무오(戊午)가 독식해 버렸고 묘(卯)와는 파(破)가 되어 그나마 약해졌다.

어찌 되었건 상관용인격(傷官用印格)으로 격을 잡아놓고 대운(大運)을 보니, 화운(火運)은 그림자도 비치지 않으니 큰 일 났다. 이놈 성질에 되는 일보다 안되는 일이 더 많으니 이를 어찌할꼬.

무조건 질서있는 인목정관(寅木正官) 밑에서는 직장생활을 못할 위인이라는 것을 이미 사주(四柱)에서 말해주고 있다. 할 일이라고는 오직 신금상관(辛金傷官)이 생재(生財)하게 하는 장사 밖에는 없는데, 장사를 하더라도 본래 신약사주(身弱四柱)가 되어 재(財)를 관리할 능력도 못된다. 게다가 지랄스런 성깔에 비해 외상값도 제대로 못받는 위인이니 장사도 신통치 않겠다.

그런가 하면 설령 돈을 많이 번다고 해도 문제이다. 이렇게 되면 탐재파인(貪財破印)되어 오화용신(午火用神)을 수재(水財)가 극화(剋火)시켜 죽는 경우도 있다. 마치 고생하던 사람이 먹고 살만해지니까 죽는 것과 같은 일이 생긴다.

이뿐만이 아니라 묘목도화(卯木桃花) 위에 유금도화(酉金桃花)가 옥상옥(屋上屋)으로 앉아 있는데다 또 올라 앉았으니, 눈에 드는 계집이라면 갖고도 또 갖고 싶어하는 놀부 심보요, 고급스럽고 좋은 것만 눈에 띄는데 주머니는 따라 주지를 않으니 심통이 날 수밖에 없다. 이것은 이 사람이 이렇게 하고 싶어 이러는 것이 아니라, 사주(四柱)가 그렇게 생겨 먹었기에 그런 걸 어쩔 수 없는 노릇 아닌가.

때로는 신중임수(申中壬水) 아내도 싫고 묘목(卯木) 자식도 싫다. 이들 모두는 기신(忌神)된 탓이다. 더구나 그런 것은 신금식신(申金食神)이 일지(日支) 밑에 신자(申子)로 항상 합(合)을 원한다. 이것은 신중임수(壬水)는 편재(偏財)이지만 불러들이는 자수(子水)는 정재(正財)가 되기 때문이다.

하여튼 관상(觀相)과 사주(四柱)를 떠나 심상이 으뜸이다. 좋고 나쁜 것은 마음에서 일어나는 것. 나쁜 것도 좋게 이해하면 마음이 편한 법이다. 우선 마음 씀씀이부터 다스리고 그 마음을 가정으로 돌려 가정부터 화평하게 만들어라.

아무리 나쁜 사주(四柱)라 하더라도 긍정과 화합을 바탕으로한 합(合)이 우선인데, 이 사람은 공교롭게도 사주전국(四柱全局)에 합(合)이 하나도 없으니 이상하다. 합(合)을 원한다면 오직 신자(申子) 하나 밖에 없으니, 자수(子水)가 들어온들 무슨 좋은 일이 있겠다고 그러는지 모르겠다.

이 글을 읽는 독자들께서 자수(子水)가 들어와 합(合)을 하려고 한다는 말에 의문을 갖을 수도 있다. 사주(四柱)에 식상(食傷)이 많으면 자연스럽게 설기(泄氣)하려는 기질이 있다.

본명(本命)은 양신금(兩辛金)에 수(水)의 장생(長生)되는 신금식신(申金食神)이 일지(日支)에 있어 더욱 그렇다.

35장.
여기도 초야, 저기도 초야

庚庚戊乙　乾
辰申寅未　命

월인목(月寅木)에 재(財)를 놓아 처음에는 약하나, 일지(日支)에 전록(專祿)을 깔고 시(時)에 진자양지토(辰慈養之土)를 얻어 강한 사주(四柱)가 되었다. 선약후강격(先弱後强格)이면 자수성가할 팔자인데, 본명(本命)은 더욱더 그렇다.

경금(庚金)은 목화(木火)가 필요한데 다금(多金)하여 서리가 눈처럼 하얗게 내렸으니, 부모 자리에 있는 인목재(寅木財)는 서리 맞은 재물이 되어 먹지 못한다. 이는 견이불식(見而不食)이라, 보고도 못먹는 그림의 떡과 같아 그의 부모는 생활이 어려웠다는 것을 알겠다.

경신경진(庚申庚辰) 형제는 가난을 지켜보고 있을 수만은 없어 경신(庚申)은 역마(驛馬)를 갖고 경진(庚辰) 동생을 데리고 고향을 떠나, 자수성가의 길로 들어선다.

물론 일(日)과 월(月)에서 인신(寅申)되어 역마(驛馬)로 태어난 형제들이라, 정장차림에 넥타이를 매는 직업은 아니다. 손에 잡히는 대로 일을 한 것이 밑천이 되어, 신진(申辰)으로 합(合)된 두 형제 의좋게 나란히 집을 지어 살라고 운명은 말하고 있다.

고생한 보람은 헛되지 않아 지금은 신대방동에서 헌집을 사서 새집으로 만들어 남부럽지 않게 살고 있는 용감한 형제에게 박수를 보낸다.

앞으로 하고 싶은 일이 있다면 헌집을 새집으로 고쳐 팔아라. 그것이 돈이 될 것이다. 경금(庚金)은 본래 혁성(革性)이 자기 본분이라, 썩고 낡은 것은 때려 부셔야 직성이 풀리는 기질이다.

쓸모없는 미토(未土), 무토(戊土), 진토(辰土)가 저렇게 많으니, 파헤쳐서 새집을 지으라는데 싫을 까닭이 없고, 집을 지으면 목(木)이 되어 곧 현찰되어 돌아오는데 망설일 이유도 없다.

어차피 토인수(土印綬)는 파인(破印)되어 못 쓰는 것. 그까짓거 아껴두었다가 뒤늦게 공부한들 뭐에 쓰겠나. 여기서 신진(申辰)을 수(水)로 보아 감명(鑑命)할 수도 있으나, 이것은 토금(土金)으로만 보아야 한다.

왜냐하면 천간(天干)에 임계수(壬癸水)가 없고, 지지(地支)에도 수기(水氣)가 없어 신자진(申子辰)을 하지 않기 때문이다. 더구나 태월(胎月)이 사월(巳月)이지만 오월(午月)이 가까워지므로 자오충(子午沖)이 싫고 두려워 신자진(申子辰)할 생각이 없다.

그런데 이 사주(四柱)에서 크게 아쉬운 것이 한가지 있다. 신약사주(身弱四柱)라면 문제가 없으나, 신강사주(身强四柱)가 말년에 비겁(比劫)을 놓으면 반드시 비겁(比劫)한테 쟁재(爭財)를 당하여 실재대패(失財大敗)하는 법이거늘, 고생한 보람도 잠시 늦복을 지키지 못하겠으니 말이다.

사주(四柱)에 관(官)이 없으면 내 집을 갖고도 등기를 하지 않고 사는 것과 같아 늘 불안한데, 본명(本命)은 그렇지 않아도 무관(無官)인데다 신강(身强)된 사주(四柱)가 시(時)에 경진괴강이란 똑똑한 놈으로 비견(比肩)을 놓았으니 불을 보듯 뻔하다.

행여 대운(大運)에서라도 비겁(比劫)이 달려들지 못하도록 화관(火官)이 들어와 주었으면 좋겠다. 어디 화운(火運)이 들어오는지 대운(大運)을 살펴보자.

```
58 48 38 28 18  8
壬 癸 甲 乙 丙 丁   大
申 酉 戌 亥 子 丑   運
```

보다시피 화운(火運)이 전무후무하다. 48세 계유대운(癸酉大運)부터 악운(惡運)이 시작되는데 특히 계유대운(癸酉大運)은 급전직하로 아주 기분 나쁘게 들어온다.

계유상관(癸酉傷官) 대운(大運)이라면 그렇지 않아도 만권정지

(萬權停止)인데, 유금양인(酉金羊刃)이 들어와 경진(庚辰)과 진유합(辰酉合)되어 인목재(寅木財)를 공격하기 시작한지 불과 3일만에 천하통일시키겠으니, 도둑질이나 사기를 당할 것이 아닌가, 아니면 동업자가 들어와 이놈한데 털릴 것인가 하는 생각에 몸서리가 쳐졌다.

 바라건대 48세가 되면 모든 일을 자식에게 맡긴 후 떠나거라. 운이 일찍 가는 것이 아쉽디마는 집에 머물러 있으면서 간섭하지 않을 수 없고, 간섭하면 하는 만큼 손해 나겠다. 어짜피 진토공망(辰土空亡)되어 입산수도할 명인데 산사에 들어간들 서러울 것이 있겠나.

 미련을 버려라. 어짜피 초야인생 아닌가. 여기도 초야 저기도 초야니 억지 쓸 필요없다. 숙녕은 뒤에서 날아오는 돌이라 모른다지만, 운명은 앞에서 날아오는 돌과 같아 피하면 그래도 낫지 않겠는가.

36장.
악산에 묘쓴 탓일까

壬丁癸己　乾
寅巳酉丑　命

　이 사주(四柱)는 재다신약격(財多身弱格), 편재용인격(偏財用印格), 정관용인격(正官用印格), 재생살격(財生殺格) 등 여러가지로 붙일 수 있다.

　그런가 하면 자연의 형상에 빗대어 하는 말로는 정화(丁火)와 사유축(巳酉丑)을 보고 작은놈이 열매만 주렁주렁 매달렸다고 하겠으며, 사유축(巳酉丑)을 보고는 못된 송아지 엉덩이에 뿔난놈이라고도 하겠고, 역시 유금(酉金)을 보고 8월 백로(白露)에도 서리가 많이 왔느냐고 하면서 음지응달 사주(四柱)라고도 하겠다.

　하여튼 이 말 저 말 붙이다 보니 모두 흥거리 밖에는 안되는데, 이것은 사주(四柱)에 격국(格局)의 이름이 많았던 것처럼 별명도 많아질 수 밖에 없다. 사주(四柱)가 극신약(極身弱)하여 인목인수(寅木印綬)를 용신(用神)삼은 놈이 사유축재(巳酉丑財)가 웬수인데도 유금도화(酉金桃花)만 보면 환장한놈 같으니, 이렇게 되면 탐재괴인(貪財壞印)되는 줄도 모르고 그저 천방지축처럼 놀아만 난다.

유금(酉金)이면 누구냐. 장가들기 전에는 아버지요 장가를 든 후에는 아내가 되는데, 이놈이 버릇이 잘못 든 것은 인목인수(寅木印綬) 에미 교육만 받았어도 좋았을 걸, 유금(酉金) 애비가 사탕 주고 돈주는 맛에 애비 교육만 받았으니 이 꼴이 될 수 밖에.

더구나 재살(財殺)은 월간계수(月干癸水)를 생하여 재생살(財生殺)을 만들었다. 차라리 정임합목(丁壬合木)되었으면 좋았을 것을, 금국(金局)놓아 합이불화(合而不化)로 그것도 안된다.

계수(癸水)라면 칠살(七殺)이요 하늘에서 먹장같이 쏟아지는 비요 우박이라 일년 농사는 이미 망친 꼴이다. 본래 음지사주(陰地四柱)로 태어나 일년내내 햇빛 한번 제대로 안드는 응달진 곳이 내 집 같으니 그대의 몸은 신병 투성이겠다.

금(金)이 많아 폐와 대장이 나쁘고, 목(木)이 절(絶)되어 간이 나쁘며, 계수(癸水)가 개두하여 신장도 나쁘고, 정화(丁火)가 풍전등화격이니 심장은 놀랜 가슴처럼 박동이 빨라져 오래 걷지를 못하겠다. 서둘러 약을 구하고 의사에게 진단을 받아 보아라. 명의 명약은 용신방(用神方)에 있으니 서둘러야겠다.

또 눈만 감으면 사유축(巳酉丑)으로 횐옷 입고 계수(癸水) 검은

옷 입은 사람이 꿈에 보여, 때로는 끌고 때로는 떠미는 것 같아 기절할 듯 놀라 자주 깨는 것도 심상치가 않다.

이것은 금(金)이 축토(丑土)로 입묘(入墓)된 아버지 탓이니 그 산소가 마음에 걸린다. 모르면 몰라도 아마 풀 한포기 안나는 자갈밭같은 사유축(巳酉丑) 악산(惡山)에 있어 지골(地骨)을 입은 탓일 것이다. 불길한 징조가 꿈에서 나타나고 있으니 대운(大運)을 좀 살펴보자.

```
56 46 36 26 16  6
丁戊己庚辛壬  大
卯辰巳午未申  運
```

신약사주(身弱四柱)가 다행스럽게도 사오미화(巳午未火) 마을에서 살았기에 큰 아쉬움을 모르고 나름대로는 잘 살아 왔겠다. 그러나 사운(巳運)부터는 사화(巳火)의 기운이 사유축(巳酉丑)으로만 합(合)되어 쓰고 있으니, 이는 화기(火氣)가 약해진다는 뜻으로 점점 기울어 가는 해와 같다.

홀연히 대운(大運)은 바뀌어 무진(戊辰)으로 넘어오면서 살왕(殺旺)한 재(財)만 살찌우고 있으니, 자연 인목용신(寅木用神)은 파인(破印)될 수 밖에 없어 생명줄과도 같은 용신(用神)은 서리맞은 나무가 되어 목생화(木生火)가 어렵게 되었다.

사주(四柱) 가운데 왕(旺)한 것이 병이 들면 약이 없는 법. 점점 꺼져가는 정화(丁火) 촛불은 스스로 한계를 느꼈던지 이토록 가물거리는 꿈만 꾸고 있으니 무슨 약인들 효험이 있겠나. 명사를 불러 천묘(遷墓)한들 뭘하겠으며 명약을 찾아 먹어본들 무슨 소용 있나. 이렇게 되도록 이미 운명에서 정해진 것을.

 대장암이란다. 아마도 축토(丑土)때문에 얻은 질환일 것이며, 그 애비 역시 천수를 다하지 못했던 것도 축토(丑土)때문이었으니, 이랬거나 저랬거나 이미 만들어신 사주(四柱)의 틀을 벗어나지 못하고 사는 것이 인간인 모양이다.

 「기인기시(其人其時)요 기소기물(其所其物)이라.」 그 때 그 곳에 그 사람이 있게 되었고, 그 때 그 곳에 그 물건이 있게 되었다는 주역의 말씀이 가슴에 와 닿는다.

 필자를 찾기 전에 신을 모신 무당(巫堂)을 찾아간 일이 있었다고 한다. 신을 모신 분들은 대체적으로 조상이나 묘 그리고 터 등을 말하는데, 마침 그 분도 아버지 산소자리 탓이라고 하더란다. 나는 여기서 신에 대해서 논하고 싶지는 않으나, 일반적인 상식을 참고 삼아 말하겠다.

 귀신(鬼神)이란 두가지 뜻을 하나로 묶어 부르는 것이다. 분명 귀(鬼) 따로 신(神) 따로이다. 그들은 생각도 다르고 행동도 달라 남남인데도, 흔히 사람이 죽으면 하나의 귀신(鬼神)이 되는 것으로 알고 있다. 귀(鬼)가 AM이라면 신(神)은 FM과 같다.

 즉 이 말은 음(陰)은 귀(鬼)요 양(陽)은 신(神)이라는 뜻이다. 음양(陰陽)을 한데 묶어 귀신(鬼神)이라고 하는 것은 육체와 정신인

두개의 개체가 하나로 묶여 있을 때 비로서 올바른 혼이 있어 살아가듯이, 귀신(鬼神)도 귀(鬼)와 신(神)이 하나로 묶여 있을 때 정신이 똑바로 들어있는 사람의 말이나 영혼이 똑바로 들어있는 귀신(鬼神)의 말이나 모두 옳은 말이다.

그러나 정신이 있는 인간이나 영혼이 있는 귀신(鬼神)이나 모두 옳은 말을 하는 것은 아니다. 인간도 정(精)과 신(神)이 따로 놀아 엉뚱한 행동을 하면 얼빠진 사람이 되고, 귀신(鬼神)도 영(靈)과 혼(魂)이 따로 놀아 엉뚱한 짓을 하면 넋빠진 귀신(鬼神)이 되는 것이니, 살아있는 사람이나 죽은 귀신(鬼神)이나 모두 자기가 할 나름이다.

살아있을 때 올바른 생각과 행동을 한다면 귀할귀(貴)자 몸신(身)자 귀신(貴神)이 되지만, 잘못된 생각과 행동을 했다면 귀신 귀(鬼)자 몸신(身)자를 써서 귀신(鬼身)되어 죽은 사람의 귀신(鬼神)만도 못하다는 것을 알아두자.

37장.
차라리 남의 나라 애기라면 좋겠다

甲丁戊乙　坤
辰酉寅丑　命

을축년(乙丑年) 정월 초여드레. 아침상을 막 물리려는데 충청도 아산땅 신창 동네 촌가에서 여자아이가 태어났다. 옛글에 아이가 태어나면서 우는 첫울음은 앞으로 살아갈 천만가지 일이 걱정스러워 우는 것이라는 도담(道談)이 무심하게 떠오른다.

물론 언론을 통해 이미 밝혀진 일이지만 목불인견(目不忍見)이다. 가엾고 딱해 눈을 뜨고는 볼 수 없었던 일을 굳이 끄집어내 기록한다는 것이 당사자에게 미안하고, 어른의 입장에서 부모된 마음으로 부끄럽다.

도대체 철없는 핏덩이한테 동네 놈들이 달려들어 이런 짓을 했다니. 차라리 남의 나라 애기였으면 좋겠다. 그러면 잊기나 쉽지.

이러고도 동방예의지국이라며 인본사상이 어떻고 충효정신이 어떻다며 떠들 수 있단 말인가.

어른과 애도 구분 못하고 부모와 자식도 분별 못하는 민족이 되었는데도, 이따위 말장난이나 하고 있으니 말이다. 이웃 나라가 비웃고 있는 줄도 모르고 비위좋게 넉살을 떨고 있으니 한심하다. 이제는 제발 동방예의지국이란 소리나 하지 않았으면 좋겠다.

아틀란타 올림픽에 가서도 인사하는 예의조차 차릴 줄 몰라 무례하게 행동하는 나라에게 주는 금메달이 있다면, 단연 한국이 금메달감이라고 외국 기자들이 혹평을 했다는데, 도대체 어떻게들 하고 다니기에 이런 소리를 듣고도 들은척 만척 하는지 뻔뻔하다고 밖에는 할 말이 없다.

그러니 이제는 동방예의지국이란 소리를 하지 말자는 것이다. 하면 할수록 욕이 되어 돌아오는 소리를 왜 굳이 욕을 먹으면서까지 그 소리를 해야 되는가.

다시 본론으로 들어가 보자. 우선 이 사주(四柱)를 보고 신약(身弱)이다, 신강(身强)이다, 여론이 분분하겠다. 인목본기사령(寅木本氣司令) 때의 정화(丁火)가 되어 그 뿌리가 좋고, 갑목(甲木)이 투간(透干)된 시(時)에 태어나 정화(丁火)로서는 좋아졌다.

하지만 갑목(甲木)이 정화(丁火)를 화식(火熄)시킬까 두렵다. 마땅히 인월정화(寅月丁火)는 갑목(甲木)을 보면, 경금(庚金)으로 벽갑(闢甲)시켜 인정(引丁)하므로 정화(丁火)가 빛을 내고 밝아지는 법인데, 경금(庚金)은 없고 오히려 무토상관(戊土傷官)이 정화

(丁火)를 설기(泄氣)시키고 있는 것이 문제이다.

더구나 우수(雨水)가 지나 여드레나 되었고, 경칩(驚蟄)이 이레 밖에 남지않아 목기(木氣)가 강한 때, 을목(乙木)까지 살아있어 인묘진(寅卯辰)으로 목(木)이 국(局)을 이루다시피 했으니, 목다화식(木多火熄)이라 해도 과언이 아니다.

목다화식(木多火熄)이 되면 사람이 우둔해 눈먼 짓을 잘 하고 눈치가 없지만, 반대로 목화통명(木火通命)이 되면 수새(秀才)요 영재(英才)가 될 만큼 뛰어나다.

화식(火熄)되면 그럴 수 밖에 없는 것이 불씨는 작아 꺼지려고 하는데, 생나무만 잔뜩 아궁이에 쳐넣고 있으니 연기가 자욱해 눈이 맵고 콧물이 쏟아지고 재채기만 나는 꼴이 되어, 앞은 캄캄해 보이지 않고 머리는 띵하게 아플 것이 아닌가.

이래서 목다화식(木多火熄)을 좋아하지 않는 것이다. 그래서 본명(本命)은 운명에 의해 본능적으로 사유축금재(巳酉丑金財)를 강력히 원했는지도 모른다. 이것은 이 사주(四柱)의 지지(地支)를 보면 알 수 있다.

년지축(年支丑)은 자월(子月)에서 막 넘어왔고 월간을목(月干乙木)은 목기(木氣)가 제왕(帝旺)된 묘(卯)를 뜻하며, 시지진(時支辰)은 앞으로 진기(進氣)되어 사월(巳月)로 넘어갈 준비를 모두 잉태시키고 있는 것이 발견된다.

그러므로 이 사주(四柱)는 지지순식(地支順食)되어 자, 축, 인, 묘, 진, 사(子, 丑, 寅, 卯, 辰, 巳)로 가고 있는데, 마침 사(巳)

는 유(酉)와 축(丑)을 보고 사유축삼합(巳酉丑三合)을 시키고 있는 것이 선명하게 눈에 보인다.

일간정화(日干丁火)는 외롭다. 천지사방을 둘러봐도 친구가 될 비겁(比劫)이 없어 외롭고 쓸쓸함을 스스로 감당할 수 밖에 없는데, 마침 사화겁재(巳火劫財)가 사유축재(巳酉丑財)되어 친구가 되어 주겠다는데야 싫을 이유가 없다.

사유축금(巳酉丑金)으로 재(財)가 된다면 목다화식(木多火熄)된 것도 풀어주고, 또 이 사주(四柱)를 시원하게 소통시켜 주어 연기도 안나고 하는데 굳이 거부할 필요가 없게 되었다.

그런데다 축토재고(丑土財庫)까지 갖고 있어 돈을 모으고 싶은 욕망도 강렬하던 참에 사유축(巳酉丑)이 싫지 않고, 유금(酉金)은 진유(辰酉)와 또 육합(六合)되어 재(財)를 만들고 있으니 이것도 싫지 않다.

이렇게 볼 때 이 사주(四柱)는 모두 재(財)와 합(合)을 이루었을 뿐, 다른 오행(五行)과는 합(合)된 것이 하나도 없고 묘목(卯木)이 인묘진(寅卯辰)으로 들어오려고 하나, 유금(酉金)이 강력하게 반발해 들어오기를 꺼린다.

여기서 묘한 것이 사유축재합(巳酉丑財合)과 진유재합(辰酉財合)이다. 이렇게 재(財)와 합(合)할 때마다 축중계수(丑中癸水)와 진중계수(辰中癸水)에 남자가 숨어 있는데, 이것이 결국 오늘의 불씨를 만들어 냈는지도 모른다. 이 도둑놈같은 계수편관(癸水偏官)들은 재(財)를 미끼삼아 이 사주(四柱)에 접근한 것이 아닌가 생각된다.

사건이 세상에 알려진 것은 1996년 병자년(丙子年)이고, 사건이 나기 전은 1995년 을해년(乙亥年)이다. 이처럼 외롭고 정에 약한 정화(丁火)가 병자년(丙子年)을 만나면 병화겁재(丙火劫財) 친구가 들어와 좋고, 자축합(子丑合)되고 자진합(子辰合)되어 좋다.

생각하고 싶지 않은 일이라 을해년(乙亥年)의 추측은 생략하기로 한다. 병자년(丙子年)만 보더라도 이렇게 합(合)이 많아 좋긴 좋은데, 좋은 것이 또한 문제이다.

하필이면 왜 자축합(子丑合)으로 남자와 합(合)이 되고, 자진합(子辰合)으로 또 남자와 합(合)을 이루고 있으니, 이것이 문제라는 것이다.

물론 어른같으면 이쪽 저쪽에서 혼사가 터지고 결혼하는 해가 되어 좋지만, 어린아이한테 이렇게 관(官)으로만 합(合)되고 있으니 걱정이다. 이 글을 읽는 독자들은 어린 자녀에게 이런 재합(財合)이나 관합(官合)이 들어올 때는 특별히 더 신경을 써야 된다는 것을 잊어서는 안된다.

특히 1984년 하원갑자(下元甲子)가 시작되고부터 음기(陰氣)가 강해 성폭력같은 문제가 많이 발생하고 있다. 남자보다는 여자가 상위되어 활동력이 많아지고, 활동력이 많아진 만큼 노출도 심해 야생마같은 불순한 사람들의 표적이 되고 있으니, 유념하여 자신이나 자녀를 보호하는데 각별하게 신경쓰기 바란다.

다시 본론으로 들어가 보충설명을 하고 이 글을 맺겠다. 암장 속에 숨어있는 계수(癸水)는 음흉한 편관(偏官)이다. 수(水)는 본래 검고 땅 밑으로만 파고드는 기질이 있는데다, 마침 계수(癸水)가 자수(子水)되는지라 그놈들 생쥐같이 들락날락거리며 못된 짓을 했겠다.

그러나 언제부터인지는 모르나 병자년(丙子年)이 되면서 병화(丙火) 불빛에 자수(子水)가 따라 들어온 꼴이니, 그놈의 생쥐들 병화(丙火)의 훤한 불빛에 꼼짝 못하고, 이놈 저놈 얼굴을 모두 비춰 버렸으니 일망타진하게 된 것이다.

이것은 일반 성인같아도 비밀정부가 있다면 병자년(丙子年)에는 노출되는 해였는데, 아마 이 아이가 밝히지 않더라도 누군가에 의해 올해는 발각되었을 것이다.

하지만 경대운(庚大運)이 들어서면서 운이 좋아지려니까, 스스로 모든 것을 밝혀 만천하에 고한 것만으로도 전화위복되어, 유금천을귀인(酉金天乙貴人)의 보호아래 신앙에 귀의하여 참된 삶을 살게 되리라고 믿는다.

여기에 걸맞는 비유가 될지는 모르겠으나 이런 일도 있었다. 일본이 패하고 미군 군화발이 일본열도를 휩쓸고 다닐 때, 전쟁통에 남편을 잃고 갓 스무살된 딸과 단둘이 사는 어느 모녀의 집에 미군병사 하나가 불쑥 뛰어든다. 워커발로 방문을 걷어차고 들어갔는데, 잠시 후 으악! 하는 딸 아이의 비명소리가 들렸다.

이 소리를 들은 어머니는 끓어 오르는 분노를 삼키며 '참아라.' 이 한마디만을 남기고는 오열을 금치 못했다고 한다. 이 한마디

말 속에는 우리도 잘 살아서 복수하자는 비수의 칼날이 들어 있었다는 것을 되새겨 보며 이 글을 맺는다.
 모쪼록 가는 걸음걸음마다 늘 축복이 함께 하기를 기원한다.

38장.
목화인생

```
己乙辛癸  坤
卯丑酉丑  命
```

8월 을목(乙木)이 다금(多金)하여 서리를 하얗게 맞았으니 신태약(身太弱)하다. 편관격(偏官格)이라지만 말이 편관(偏官)이지 이런 사주(四柱)는 칠살격(七殺格)보다도 더 강하고 무서운 귀살격(鬼殺格)이라 해도 지나친 말이 아니다.

재살태왕(財殺太旺)하고 재생관(財生官)으로 유축(酉丑)에 또 유축합(酉丑合)되어 귀살태왕(鬼殺太旺)되었으니 천격(淺格)된 사주(四柱)이다. 사주(四柱)가 이러면 평생 불안하고 초조해 쫓기는 듯 살아야 되며 가끔 놀래기도 잘 한다.

어짜피 시지묘목(時支卯木)으로 용신(用神)을 잡을 수 밖에 없다. 비겁(比劫)이 들어온다 한들 신유칠살(辛酉七殺)을 당해낼 장사가 없다.

화(火)가 없어 안하무인 남편은 깡패같은 사람으로, 겁에 질려 친정 식구를 불러들인다고 수그러들 놈도 아니다. 8월 본기(本氣)의 유금(酉金)이라 오히려 기승을 부리고 악다귀처럼 달려들어 원정나온 비겁(比劫) 형제들까지 몽땅 두들겨 패겠으니, 결코 용신(用神)으로서 도움이 되지 않는다.

그러므로 본명(本命)은 화(火)가 있어 그것으로 용신(用神)을 삼을 수 밖에 없는데, 화(火)가 없으니 용신(用神)없는 사주(四柱)가 되었다. 을목(乙木)이 어쩌자고 이렇게 남편한테 구박받고 두들겨 맞는가 했더니, 남편하는 말이 눈이 없어 눈멀은 짓만 골라서 하고 다니니, 이토록 구박덩어리가 된 것을 알겠다. 화(火)는 눈이요 눈치이기 때문이다.

시집을 가려면 시어머니가 없는 집으로 가거라. 그 시어머니는 재자약살(財慈弱殺)인줄 알고 아들만 살찌게 먹여 깡패처럼 만들었고, 오냐오냐 하며 받들어 키운 어머니이다. 그러니 그 아들은 신유(辛酉) 자신이 세상에서 제일 잘난 줄로만 알게 되었다.

더구나 유금도화(酉金桃花)까지 달고 들어온 놈이라 기고만장 하겠으니, 그 꼴을 어찌 보며 살겠느냐. 그러니 결혼을 늦게 하던지 아니면 안하는 방법도 있겠으나 그럴 수는 없을테고. 아무튼 시어머니가 없는 집을 골라라.

이런 사주(四柱)는 죽도록 일하고 뺨맞는 팔자로 인덕(人德)까지 없다. 병정화(丙丁火) 햇빛이 쨍하고 뜰 때 그나마 신상이 편하니 밖으로 나와서 활동해라. 밖에서는 병정(丙丁) 해와 달이 뜰 때 마음이 편하지만, 집 안에 갇히면 병정화(丙丁火) 해와 달을 못보는 음지나무가 되어 가시방석에 앉은 꼴이니, 잠시잠초를 견디기 어렵다.

자연에 비유하면 가시철망 속에 돋아난 한포기 풀과 같고, 구부러지고 비틀려 앙마디진 나무같아 어짜피 재목감으로는 틀렸다. 불쏘시개로나 쓸 화목인생(火木人生)이다.

밑바닥부터 기고 살 각오를 단단히 해라. 쓰지도 못할 도화유금(桃花酉金) 따라 다니고 좋아하다가는 영영 돌아오지 못할 다리를 건너 인생살이 허무하게 끝날까 두렵다.

병자년(丙子年)에 상관(傷官)되어 병신합(丙辛合)으로 좋은 남자인 줄 알고 만나겠다. 그러나 자축합(子丑合)되면서 잉태되고 뒤따라 자묘형(子卯刑)되어 유산이나 낙태를 시키고는 자유파(子酉破)되어 그 인연 끊어진다.

그까짓거 정 뺏긴 것은 대단치 않으나 몸에 상처가 오래 남겠으니 그것이 마음 아프다. 내 그릇을 알고 거기에 맞춰 사는 인생을 다시 설계하기 바란다.

39장.
학마재가 있으면 공부를 안한다

壬丁辛戊　乾
寅亥酉辰　命

　편재용인격사주(偏財用印格四柱)이다. 8월 정화(丁火)가 년월(年月)에 진유(辰酉)로 합금(合金)시켜 간여지동으로 재(財)를 쌓아 올렸다. 음식으로 말하면 진수성찬을 차려놓은 것 같으니 먹지 않아도 배부른 사주(四柱)이나, 이는 보고도 못먹는 떡이 되었다. 아무리 진수성찬을 차려놓은들 정화(丁火)가 약해 먹지를 못하니 꿈에 본 떡맛이다.

　우선은 이렇게 좋은 재(財)를 가졌으니 돈이 많고 예쁜 각시 얻으려면 인목인수(寅木印綬) 공부를 많이 해야겠다. 그러나 월(月)에 유도화(酉桃花)가 학마(學魔)되어 공부를 못하게 방해 하겠으니 이것이 곧 돈이요 여자이다.

어린놈이 하라는 공부는 안하고 예쁜 짝꿍 찾아 같이 앉기를 바라고 돈쓰기를 좋아하겠으니, 이게 바로 공부를 못하게 하는 마귀 같은 귀신(鬼神)이다. 신약(身弱)한 사주(四柱)가 월(月)에 재(財)를 놓아 계산 속은 빨라, 이것 저것 돈을 벌 궁상이나 하는 놈이지 공부는 뒷전이다.

만약 신강(身强)한 사주(四柱)가 월재(月財)면 재복(財福)이 많아 천금만금을 희롱하는 명이 된다. 신강(身强)과 신약(身弱)의 차이는 이렇게 엄청난 것이다.

하여튼 이 사주(四柱)는 돈을 벌고 싶으면 여자를 버려야 하고 돈 욕심을 버리는 것부터 배워야 한다. 욕심은 마음 속에 꽉 들어찬 공기이다. 공기가 꽉 차면 물이 더 이상 들어가지 않으니 보일러 방에 물이 순행하지 못하는 원리와 같다.

또한 신약(身弱)한 사주(四柱)에 신유재(辛酉財)가 이렇게 많으면 관리 능력이 없어 다스리고 추스리지 못한다. 부모 유산을 받으나 뒤돌아서 까먹는 팔자요, 아버지와 아내한테 주눅들어 그 앞에서는 제대로 말도 못하고 벌벌 떠는 사주(四柱)이다.

어려서부터 기가 꺽이면 커서도 문제가 되니 그 아버지는 결코 무섭거나 엄해서는 안된다. 잘못하면 정임(丁壬)이 합(合)되어 말더듬이가 될까 걱정된다.

어쨌거나 학마재(學魔財)가 있어 일찍부터 공부를 안하겠지만 늦게 철든 후 공부를 할 것이다. 단 이때가 언제냐 하는 것이 문제이다. 다행히 중고등학교 학령기에 철이 든다면 몰라도 산전수전다 겪고 난 후에 공부한다면 이것도 문제이다.

그래서 누구나 인수(印綬)가 먼저 있고 재(財)가 뒤에 있어야 고생을 안하지, 재(財)가 먼저 있고 인수(印綬)가 뒤에 있으면 마누라를 고생시키는 남자이다. 이러나 저러나 공처가 팔자이다.

어머니가 용신(用神)되어 살리는 사주(四柱)이니 먼훗날 어머니와 함께 살아라. 공연히 분가하여 나 좋은대로 살다가는 엄처시하에서 사사건건 시비당하며 눈치밥 신세 면치 못하리라.

40장.
타고난 미색

丁辛丁甲　坤
酉酉丑子　命

　지금 어린 꿈나무 하나가 여의도에서 자라고 있다. 고운 피부에 빼어난 자태하며 서글서글한 눈매에 조각처럼 깍아놓은 코가 한데 어울려 하나의 작품을 보는 듯 천하일색이다. 아마도 전생에 이름난 장인이 환생하여 만들지 않았나 할만큼 눈에 쏙 들어온다.

　갑자생(甲子生)이면 1984년 하원갑자(下元甲子)가 시작되는 첫해요, 그것도 섣달 초이튿날 이 해를 넘기지 않으려는 듯 서둘러 신유일(辛酉日)에 태어난 것을 보면 범상치 않다.

　한 시대를 풍미할 옥녀가 지금 곱게 자라고 있는데, 불원 누군가의 눈에 띄어 흔한 말로 미스 코리아에 출전하던지, 아니면 TV화면 속으로 빨려 들던지 할 것이다.

일지유금(日支酉金)을 놓아 전록격사주(專祿格四柱)가 되고, 유축(酉丑) 유축(酉丑) 금국(金局)을 놓아 신왕사주(身旺四柱)가 되었으니 정화용신(丁火用神)이다.

더구나 일지도화(日支桃花)에 정화도화(丁火桃花)되어 앞꼭지도 예쁘고 뒷꼭지도 예쁘니 사방팔방 아무리 뜯어보아도 미운데라고는 찾아 볼래야 찾아볼 수가 없다.

자축(子丑)은 해월(亥月)에서 넘어와 해자축(亥子丑)된 것과 같아, 다리에서부터 굽은데 없이 쭉 뻗었다. 갑목(甲木)이 자(子) 위에 있어 갑자(甲子)를 만들었으니 목이 길고, 목이 길면 자연히 키는 훤칠한 법이다. 쌍으로 붙은 정화(丁火)는 도화(桃花) 눈이 되어 맑고 빛나기가 유리쪽과 같겠다.

그런가 하면 60갑자(甲子) 중 가장 잘난 것이 신유(辛酉) 보석이 아니드냐. 보석을 중앙에 앉혀놓고 앞과 뒤에서 정화(丁火)로 비추고 있으니, 그 신유(辛酉)는 이칠화(二七火)로 된 일곱가지 무지개빛을 힘껏 발하며 고고한 자태를 뽐내고 있는 모습이 눈에 선하다.

정화(丁火)는 편관칠살(偏官七殺)되어 잘못하면 신유금(辛酉金)을 녹일 수도 있으나, 정화(丁火)는 지지(地支)에 수(水)가 있어 어찌나 조심스러운지 오직 충성되게 신유(辛酉)만을 지켜주고 있어 더더욱 빛나 보인다.

이렇게 용신(用神)값을 제대로 하고 있는 것을 보면, 얼마 전에 TV에서 인기를 독차지 했던 모래시계의 이정재가 불현듯 연상된다. 고현정이 맡았던 재희 하나만을 위해 사랑한다는 말도 못한 채 그림자처럼 붙어 다니며 보호해 주던 이정재나, 신유(辛酉) 하나만을 위해 헌신봉사하는 정화(丁火)나 모두 자기가 맡은 일에는 충직스럽게 용신(用神) 노릇을 하기 때문이다.

만약 이 사주(四柱)가 TV나 영화에 출연한다면 크게 히트하리라고 본다. 신유도화(辛酉桃花)가 정화도화(丁火桃花) 화면 속에 들어가면, 그렇지 않아도 사진발 잘 받는 사주(四柱)인데 유리관 속에 넣은 것 같이 확대되어 크게 돋보이기 때문이다. 금(金)의 고(庫)가 되는 축(丑)이 있어 사극영화에 출연해도 좋다.

고(庫)는 옛것이라는 의미의 고(古)도 된다. 이렇게 되면 신유(辛酉)를 중심으로 좌우에 유축(酉丑), 유축(酉丑)이 엎드려 읍(泣)하고 있는 형상이니 내가 주인공이고, 정화(丁火), 정화(丁火)가 불을 밝히고 있으니 문무백관(文武百官)이 좌보우필하고 있는 모습이며, 해자축식상(亥子丑食傷)들은 아랫것이 되어 졸졸 따라다니는 형상을 사주(四柱)에서도 이렇게 그려 놓았다.

바라건대 TV나 영화 속이 아닌 현실로도 이렇게 이대로만 살기 바란다. 그 어머니 이 말을 듣고 무용을 시키면 어떻겠느냐고 묻는다. 물론 식상(食傷)이 잘 발달되고 부드러운 신금(辛金)이라 다리가 잘 펴지고 허리도 잘 돌아 못할 것도 없지만, 그것은 보조 수단으로 배우고 기왕이면 대중 속에 들어가, 대중의 사랑과 인기를 많이 받는 것이 더 좋지 않겠느냐고 했더니 수긍한다.

어머니의 말이 자기 자식인 것을 떠나 같은 여자가 보아도 예쁘긴 예쁘단다. 버스나 지하철을 타면 보는 사람들마다 한번씩 더 쳐다보며, 혹시 TV에서 본 탈렌트인가 하는 눈초리로 모두들 고개를 꺄우뚱 한단다. 언제 한번 실물 좀 보았으면 좋겠다고 했더니 방학하면 데리고 오겠다고 한다.

이 글을 쓰고 있는 중에 보았으면 좋겠는데 아직 실물을 보지 못해 한편으로는 섭섭하기도 하다. 미색사주(美色四柱)를 말했으니 여담으로 못생긴 사람 얘기도 해보자.

마음이 예뻐야 여자지 얼굴만 예쁘다고 여자냐, 하는 노래 가사가 있는데 그 말이 옳기는 옳은 것 같다. 관상(觀相)이 불여심상(不如心相)이라고도 했지만, 마음이 너그럽고 편해야 얼굴이 환하게 밝아져 관상(觀相)도 좋은 법이다. 시기와 질투 그리고 증오로 가득찬 마음에서는 결코 좋은 관상(觀相)이 나올 수 없다.

사람이 화가 나면 눈꼬리는 올라 붙고 얼굴 찰색은 울그락 불그락하며 핏기가 도는데, 그때의 관상(觀相)은 제아무리 천하일색 양귀비라 하더라도 얼굴의 형틀이 찌그러져 악상(惡相)으로 변하게 된다.

요즘 신세대들의 못생긴 여자를 꼽는 기준을 보면 참으로 재미있다. 첫째는 얼굴이 큰 여자, 둘째는 육질이 많은 여자, 셋째는 손과 발이 큰 여자, 넷째는 밥을 많이 먹는 여자라고 하는데 한편으로는 대견하기도 하다.

역술(易術)의 일종인 관상학(觀相學)에 은연 중 관심을 가져준 것 만으로도 기특하지만, 어쩌면 그렇게도 배우지 않은 관상(觀

相)을 잘 보는지 모르겠다. 사실 체구에 비해 얼굴이 커도 흉상이요, 몽땅연필처럼 키가 작은 여자가 살집만 비대한 것도 흉상이며, 수족이 앙마디져 굵고 거치른 것도 흉상이다.

이것은 관상학(觀相學)의 음상여편과(陰相女篇科)에 나오는 대목이니 그놈들 신통하지 않은가. 여기에 도화기(桃花氣)가 없는 여자에 대한 구절을 하나 더 붙인다면 다섯가지 모두를 숙지했으니 100점 감이다.

도화(桃花)라면 전에도 설명했지만 자오묘유(子午卯酉)를 말하는데, 여자의 명에 이것이 없으면 사람이 거칠고 억세며 탱크처럼 밀어 붙이려는 기질이 있으니 남자가 볼 때 두려운 존재이다.

이래서 여자에게는 도화기(桃花氣)가 있어야 사근사근하고 부드러워 좋아하는 것이지, 얼굴만 예쁘다고 해서 좋은 것은 아니다.

이 글을 쓰면서 글 한수가 떠오른다. 백림(白林)이라는 무명시인이 어느 여인의 미모에 취해 독백하듯 쓴 글이다.

이건 너

서울 깍쟁이처럼 오목조목 생기지도 않았다.
서울 깍쟁이처럼 차갑게 생기지도 않았다.
서울 깍쟁이처럼 맛깔스럽게 생기지도 않았다.
서울 깍쟁이처럼 간드러지게 생기지도 않았다.

그저 흙 한주먹 탁 집어 던진 것이
코에 붙어 코가 되었고,
그저 흙 한주먹 탁 집어 던진 것이
눈에 붙어 눈이 되었으며,
그저 흙 한주먹 탁 집어 던진 것이
이마에 붙어 이마가 되었을 뿐인데,
거저 생긴 코와 눈과 이마 따라
구멍 숭숭 뚫린 땀구멍까지도 조화를 이룬다.

이는 분명 미소짓는 반야의 상이로되
반야의 상이 이보다 더 아름다울 수 있으며
편할 수 있으랴.

나도 몰라라.
지워지지 않는 네 모습이
왜 이처럼 오래 가는지……

41장.

재산 싸움 크게 하겠다

1. 신언서판(身言書判)이라는데

庚庚丁癸　乾
辰申巳亥　命

　병화사령(丙火司令) 중에 태어나 편관격(偏官格)같지만 정화(丁火)가 투간(透干)되어 정관격(正官格)이다. 일지신금전록(日支申金專祿)되고 시지진토(時支辰土)가 있어 약변강(弱變强)으로 본래는 신약(身弱)이었으나 신강사주(身强四柱)가 되었으므로 마땅히 정화용신(丁火用神)이다.

　그러나 년주계해식상(年柱癸亥食傷)이 월주정사관성(月柱丁巳官星)을 무차별할 만큼 정계충(丁癸沖), 사해충(巳亥沖)으로 쳐대며 싸우고 있으니 그 싸움 말릴 사람이 없다.

이렇게 되면 수화상전(水火相戰)이요, 관식투전(官食鬪戰)되고 비견(比肩)형제가 병이 된다. 어느 집이나 형제들간에 싸움이 벌어지면 끼어들기를 삼가하고 꺼리는 것 처럼 본명(本命)도 이런 꼴이니, 겉으로는 신자진합(申子辰合)되어 좋은 것 같아도 결코 그렇지 않다.

경신(庚申)인 나도 일지선록(日支專祿)을 놓아 개성이 강하지만, 경진(庚辰) 동생도 자양지토(慈養之土)에 생금(生金)받고 괴상되어 보통이 아니다.

서로 한치의 양보도 없이 붙어 싸우고 있기에 왜 이렇게 싸움이 심한가 했더니, 해중갑목재(亥中甲木財)가 할아버지 재산인데 아버지가 사해충(巳亥沖)하여 까먹고는, 그래도 편재(偏財)가 되어 아직도 많이 남아있는 터라, 이것을 놓고 군겁쟁재(群劫爭財)가 벌어진 것을 알겠다.

겉으로 보기에는 두 형제가 같으나 사중경금(巳中庚金)까지 있어, 사유(巳酉)로 합(合)된 유금(酉金)까지 보아야 한다. 유금겁재(酉金劫財) 배 다른 형제가 있다는 것을 암시하고 있다.

그런가 하면 정화용신(丁火用神) 잡은 사주(四柱)에 아래에서 보는 것 처럼, 지나온 대운(大運)까지 좋았기에 그의 아버지와 할아버지는 잘 살았겠다. 옛날 부자치고 첩을 두지 않은 사람이 어디 있고, 충청도 양반치고 첩을 안둔 양반이 어디 있드냐.

```
59 49 39 29 19  9
辛壬癸甲乙丙    丁戊己  大
亥子丑寅卯辰    巳午未  運
```

어짜피 문 밖에 둔 이복형제는 나와는 유금양인(酉金羊刃)되는
형제이면서 기신(忌神)이요 병이 되므로 사이가 좋을리 없다. 이
래서들 누구나 배 다른 자식을 둘 정도로 바람을 피우면 안된다.

  물론 돈이 많아 흥청거릴 때야 이것 저것 생각하지 않고 놀아나
겠지만, 먼 훗날 이것이 불씨가 되어 싸움질이나 하는 형제들이
된다는 것을 생각해야 한다.

  더구나 형제간에 싸움판이 벌어져 이 지경이 되었는데 누가 제사
밥이라도 한그릇 떠주겠나. 아마도 그 조상들은 구천을 떠돌며 찬
이슬이나 받아먹는 서러운 영혼이 될 것이다. 이것 또한 마땅히
받아야할 업보이다.

  왜 본명(本命)을 두고 이렇게 걱정스런 말을 하는가 하면, 을묘
갑인대운(乙卯甲寅大運)이 되면서 재(財)가 투간(透干)되어 들어
오는 것이 두려워서이다.

  본래 이 사주(四柱)에는 재(財)가 없다. 이렇게 무재(無財)일 때
는 서로들 뜯어 먹을 것이 없어 다툴 일이 없지만, 느닷없이 재운
(財運)이 들어오면 머리통이 터져라 싸우게 된다.

  다시 본론으로 들어가 보자. 정화용신(丁火用神)이 무력하다. 계
해식상(癸亥食傷)이 정사(丁巳)를 수극화(水剋火)시킨 까닭인데,

이렇게 되면 경금(庚金)은 제련을 좋아하는 법이지만, 정화(丁火)가 약해 다듬어지지 않은 통쇠가 된 탓에 그릇도 안되지만, 금실무성(金實無聲)되어 소리도 나지 않는다.

쇠가 소리를 울리지 못한다면 무엇에 쓰겠나. 그래서 이 사람 사주(四柱)는 비록 신강(身强)이나 신강사주(身强四柱)답지 못하게 평생 큰 소리 한번 못치고 살 사람이며 쓸모없는 사람이다. 이것을 어떻게들 알았던지 비겁(比劫) 형제들은 이 사람의 재산을 뺏으려고 야단났다.

어디 그뿐인가. 신언서판(身言書判)이라고 남자는 배우고 못배운 것을 떠나 우선 생김새가 좋아야 남들이 얕보지 않는데, 이 사람은 얼굴이 정계충(丁癸沖), 사해충(巳亥沖) 당해 타다 못해 새까맣게 그을린 형상이니 볼품이 없다.

그러나 정사(丁巳)가 아니고 병오월(丙午月)이라면 이렇지는 않을 것이다. 정사(丁巳)는 심장이나 눈이 되어 그렇지만 병오(丙午)는 소장기관이기 때문에 이렇게까지 새까맣지 않을 것이다.

또한 본명(本命)이 만일 여자라면 관식투전(官食鬪戰)하는 사주(四柱)가 되어 애낳고 매맞는 팔자요, 매를 맞다 맞다 결국은 야밤도주할 팔자이다. 여기서 재(財)로 인한 형제의 골육상쟁이 벌어지는 사주(四柱)를 말하고 있으니 재(財)에 대해 알아보자.

2. 오행(五行)정신

태초에 우주가 열릴 때부터 선천수(先天數)와 후천수(後天數)가 있어 세세년년 돌아가고, 인간은 그 우주 가운데서 살고 있다. 그러면 산다는 것은 먹어야 살고, 먹었으니 지금 살아있다는 말로 먹고 먹었다는 물질이 곧 재(財)이다.

부(富)와 귀(貴) 가운데 부(富)가 우선이라는 말을 앞에서도 했다. 인간은 누구나 살기 위해 먹고 먹기 위해 사는 것이지 사람답게 출세하고 이름을 내기 위해 산다는 것은 그 다음 문제이다.

이렇게 말하면 혹자는 먹기 위해 사는 것은 짐승만도 못한 인생이라고 질책하기도 하겠지만 배부른 소리이다. 본래 인간이 동물이지 식물인가. 동물과 식물 모두는 먹어야 산다는 논리에서 하는 말이지 배부른 뒤의 말을 하는 것은 아니다.

그렇다면 재(財)란 무엇인가. 이것은 숫자를 의미한다. 인간은 태어나면서부터 선천(先天)과 후천(後天)으로 조립된 숫자의 사주(四柱)가 만들어졌고, 우주가 돌아가면서 년, 월, 일, 시, 분, 초라는 수 가운데에서 살고 있다는 것을 부정할 수는 없다.

예를 들어 오늘, 내일, 언제, 몇 시, 얼마, 몇 말, 몇 킬로그램, 몇 미터, 부터, 까지, 얼만큼 등 우리 생활 주변에서 일어나는 모든 일상의 것들이 수라는 재(財)로만 엮어지고 만들어졌는데, 어찌 이를 모르는척 하고 살 수 있다는 말인가.

그렇다면 태초 원시인들은 어떠했을까? 물론 그때도 재(財)의 굴레 속에서 살았기에 지금 우리가 존재하고 있는 것이 아니겠는가. 아무리 수렵생활을 했다 하더라도 수렵하는 때가 있고, 때때로 잡히는 짐승이 있어 그 때를 알고 수렵을 했으니, 예나 지금이나 다를 것이 하나도 없다. 단 여기서 도덕성은 예외이다. 도덕성은 질서를 말하는 관(官)이기 때문에 재(財)와는 별개의 것이다.

하여튼 재(財)란 묘하다. 있으면 있을 수록 더 갖고 싶고, 없으면 없어서 더 갖고 싶은 것이다. 이를 얼만큼 자제하고 절제하느냐에 따라 사람의 인격이 평가된다. 그러나 대우주 사상으로 볼 때 재(財)와 귀(貴)는 나혼자만의 소유가 아니라 공유라는 것을 아는 오행(五行)의 정신부터 배우자.

(1) 목(木)

어떤 오행(五行)보다도 봄이 되면 제일 먼저 싹을 트는 것이 나무이며 만물을 대표한다.

만물을 대표하는 선두주자답게 화기(火氣)로 따뜻하게 해줘야 꽃을 피우고, 토기(土氣)가 있어 양분을 공급해 주어야 비로서 열매가 단맛을 내며, 금기(金氣)가 있어 철분으로 나무를 단단하게 하고, 수기(水氣)가 있어 생장을 돕는다.

이렇게 자연에서는 나무 한그루를 키우기 위한 조건으로 4대 원소를 부족함이 없게 공급해 주었을 때, 비로서 다른 오행(五行)에게 산소를 공급할 수 있다.

산소가 없는 곳에 인간이 어찌 살 수 있겠는가. 그러므로 나무가 있는 곳이면 어디든지 인간을 비롯한 동식물이 살 수가 있으나 나무가 없으면 모든 것이 살 수 없다.

(2) 화(火)

목(木)이 성장하고 난 후에 발산하는 과정이 화(火)이다.

어리고 연약한 나무에는 아직 생명력이 약해 불을 붙여도 타지 않으며, 오히려 화(火)의 열기가 강하면 타죽게 된다. 나무는 성장한 후에 화(火)를 보면 비로서 꽃을 피우고 열매를 맺을 준비를 한다.

그런데 어쩌자고 피도 마르지 않은 연약한 나무와 같은 어린 것들에게 능욕질이나 하고 있으니 큰 일이다. 이같은 짓은 여린 나무에 꽃을 피우라고 강제로 뜨거운 불볕을 내려 쪼이는 행위이다.

이렇게 되면 그 여린 나무가 타죽어 버릴 것은 뻔한 일인데도 이런 성폭력 행위가 있다는 것은 살인행위와 같아 결코 용서할 수 없는 일이다.

그런가 하면 여자가 가정에서 큰 소리를 치고 화를 벌컥벌컥 내는 일이 있어서도 안된다. 이것은 여린 나무를 잉태하고 출산한 어머니가 과열하면 여린나무에 불볕을 내려 쪼이는 것과 같기 때문이다.

(3) 토(土)

화(火)의 단계가 정점에 이르러 더 이상 올라가지 않고 멈춘 곳이 토(土)이다.

토(土)의 앞 단계로는 목(木)과 화(火)가 있었고, 뒷 단계로는 금(金)과 수(水)가 있어 이들을 중앙에서 강약으로 힘의 균등을 조절하는 조정자 역할을 맡고 있는 것이 토(土)이다. 낳은 것은 적게 적은 것은 많게 하여 중용으로 세의 균등을 이루게 한다.

이때 인간이 개종(改宗)하는 경우도 있다. 잘 살던 사람이 못살게 된다던가, 못살던 사람이 잘 산다던가 하는 변화들은 모두 토운(土運)에서 일어난다.

(4) 금(金)

토(土)는 맛을 내는 성분이 있어 미월(未月)의 날씨가 더워야 가을의 열매가 달다. 이 단맛을 보호하고 있는 씨앗의 껍질이 금기(金氣)이다. 말랑말랑한 속알맹이를 보호하는 껍질은 섭씨 8~9도의 냉장온도를 유지시키며 겨울을 넘기는데 결정적인 임무를 수행한다.

그러므로 금(金)은 짧은 가을 햇빛을 더욱더 많이 받아 금기(金氣)를 단련시키려고 하니 가을의 금(金)은 유난히 바쁘다. 그것도 그럴 수 밖에 없는 것이 입추(立秋)가 되면 나무는 성장을 멈추고

처서(處署)가 되면서 열매가 붉어지기 시작하기 때문에 서두르지 않으면 안되기 때문이다.

인간도 재촉하는 자연에 따라 가장 바쁠 때가 가을이다. 사주(四柱)에서도 금일주(金日柱)가 하는 일을 보면 야무지고 책임감 있게 일을 마무리 한다.

(5) 수(水)

금기(金氣)를 하나로 묶어 통일시키는 단계가 수(水)이다. 금기(金氣)에서 만들어진 철분과 염분을 섞어 인간을 만들었듯이, 자연에서도 수(水)는 나무를 성장시킬 철분과 염분을 듬뿍 함유해, 겨울내내 저장시키고 있다가 봄이 되면 수증기가 되어 이들을 모두 나무에게 돌려주고 있다.

그런가 하면 수(水)란 높은 곳에서 낮은 곳으로 흘러 수평을 이루고는 또 다른 곳으로 넘쳐 흐르는 기질이 있으니, 이것이 즉 오행(五行)의 마지막 단계로 물의 수평운동이다.

수평이란 만물의 평등을 뜻하는 것으로 복(福)이 넘치고 귀(貴)가 넘치면, 그때는 내것이 아니라 공유의 것이 된다는 말이다. 오행(五行)의 정신은 이렇게 가르치고 있으니 분수에 맞게 갖고 지키는데 힘써야 한다.

42장.
낙방도사

辛甲戊乙　乾
未寅寅巳　命

　정월 갑목(甲木)이 쌍건록(雙建祿)을 놓아 신강사주(四柱)(身强四柱)가 되었다. 건록용관(建祿用官)으로 이 사주(四柱)를 다스려야 겠는데, 시상신금정관(時上辛金正官)이 조토(燥土)되어 무능한 것이 큰 흠이다.

　그렇다고 사중경금(巳中庚金)으로 용(用)할 수도 없다. 인사삼형(寅巳三刑)된 경금(庚金)이고 을목(乙木)과 암합(暗合)되어 용사(用事)할 처지도 못된다. 어차피 약하나마 신금(辛金)을 용(用)할 수 밖에 없는데 이것 역시 못쓰게 되었다.

　나무는 울울창창 빽빽하여 하늘이 보이지 않을 만큼 무성하고,

갑인전록(甲寅專祿)되어 재목되고 동량될 만큼 컸는데도 어느 누구 하나 알아주는 사람이 없으니 인덕(人德)이 없는 탓일까. 아니면 광릉 수목원같은 아름드리 나무 속에 틀어박혀 있어 눈에 띄지 않기 때문일까.

사주(四柱)가 이러니 나 혼자 잘나고 똑똑하면 무슨 소용있겠나, 아무도 알아주지 않는데. 참으로 답답한 사주(四柱)이다. 차라리 후련하게 경금(庚金)이 들어와 나무를 쳐주면 솎아내는 것 같아 공기와 바람도 잘 통하고, 아니면 병정화(丙丁火)가 들어와 목생화(木生火)시켜 목화통명(木火通明)을 이루면 좋겠다마는, 대운(大運)에서 조차 금운(金運)을 외면하고 있으니 이 사람 얼마나 애가 타겠나.


```
59 49 39 29 19  9
壬 癸 甲 乙 丙 丁   大
申 酉 戌 亥 子 丑   運
```


대운(大運)에서는 수운(水運)에 머물러 있으면서 계속 인수(印綬) 공부만 하란다. 도대체 이 사주(四柱)에 공부가 무슨 필요가 있어 이처럼 공부로 묶어놓고 있는지 모르겠다. 필요한 것은 관(官) 직업이요, 재(財)를 먹고 사는 것 밖에는 아무것도 없는데.

그래서 할 수 없이 시키는 대로 공부만 했단다. 공무원 시험, 경찰 시험, 교정직 시험, 철도 공안원 시험 등 닥치는 대로 보았지만 볼 때 마다 낙방이다. 이러기를 무려 10여년! 물론 지치기도 했지만 이제는 신물이 날 지경까지 되었다.

 시험 보는 족족 떨어지니까 사람들이 낙방도사라고 한단다. 이제는 이런 별명쯤은 귀에 익어 별로 신경이 쓰여지지 않을 만큼 무뎌졌고 무덤덤한 단계까지 왔으니, 이런 면에서는 도사 소리 들을 만 하지만 스스로 무능하다는 것을 생각하면 염세까지 느껴진다.

 참다 못해 자살을 두번이나 시도했으나 실패했단다. 내 이 말을 듣고 죽을려면 목을 매야지 약을 먹으면 죽겠느냐고 농담을 섞어 책망했다.

 사람이 서 있는 것 보다 앉는 것이 편하고, 앉은 것 보다는 눕는 게 편하며, 눕는 것 보다는 죽는게 편하다는 말이 있는 것처럼, 이 사람에게는 신금(辛金)이 있어 한 말이다.

 신금(辛金)이라면 노끈이요 철사줄이고, 마침 신금지지(辛金地支)에 미토(未土)가 갑목(甲木)의 묘(墓)가 되어 있기에 한 말이었다.

 궁즉통(窮卽通)이라, 사람이 궁하면 통하는 길이 있다는 뜻이다. 이 사주(四柱)도 살 길은 있다. 신금역마(申金驛馬)를 찾아내 인목(寅木)을 떼버리면 인중병화(寅中丙火)가 튀어나와 살 수 있다.

 신금(申金)은 망신살(亡身殺)인데 본래 망신(亡身)은 그 작용이 역마(驛馬)보다 두배 이상의 강한 작용을 한다. 체면불사하고 운전을 배우라고 설득 아닌 강요를 했다. 운전도 2종같은 소형면허가 아니라 크면 클수록 좋으니 대형면허를 따라고 했다. 이렇게 말한 것을 독자들은 이해할 것이다.

이 사주(四柱)는 인묘(寅卯)가 공망(空亡)이라 형제덕이 없고, 역시 관고(官庫)되는 축토(丑土)도 공망(空亡)되어 못쓴다. 거기다 운이 나쁘니까 계속 안되는 쪽으로만 생각이 가고 있으니, 죽을 생각을 해볼 수 밖에 없었을 것이라고 이해는 간다.

감정을 마치고 난 후 살아온 과정을 말하는데, 어머니를 일찍 여의고 이복형제들 틈에 끼어 죽도록 고생하며 살았다고 울먹인다. 다 큰 후에 들은 얘기지만 계모가 죽일짓도 했고, 눈치코치 빠한 십여살에 밥을 안준 얘기하며 명절에 다른 형제들만 새옷을 입힐 때는 그것이 그렇게도 부러웠다는 말에는 콧등이 시큰했다.

이 말을 들으면서 어린시절 인수(印綬)가 기신(忌神)되고 비겁(比劫)이 기신(忌神)일 때 이런 일도 있겠구나, 하는 것을 손님한테 한수 배웠다.

그후 그와 친분이 생겨 가끔 들르곤 하는데 요즘은 포크레인 중기를 배우고 있단다. 모쪼록 운명따라 용신(用神)을 찾아 선택한 길이니 그의 앞날에 좋은 일이 있기를 바란다.

가시덩쿨을 헤쳐 나오면 계유임신대운(癸酉壬申大運)으로 흘러, 그대가 바라는 대로 탄탄대로가 되어 사람답게 살 때가 반드시 있을 것이다.

43장.
무도화된 사주

癸壬丙己　坤
卯辰子亥　命

이 사주(四柱) 참으로 묘하게 생겼다. 뭐가 묘한지 독자들에게 숙제로 남겨두겠다.

자월양인임수(子月羊刃壬水)가 해자수국(亥子水局)을 놓고 계수(癸水)까지 투간(透干)시켰으니, 눈먼 봉사가 보아도 신왕사주(身旺四柱)이다.

비겁다유(比劫多有)에 신태왕(身太旺)이면 마땅히 토관(土官)으로 용신(用神)을 삼는 것이 첫번째 감정이다. 년간(年干)에 있는 기토정관(己土正官)은 해수(亥水) 위에 있어 약하기 이를데 없다.

그렇다면 차선책은 무엇일까. 당연히 목(木)으로 설기구(泄氣口)를 만들어 사주(四柱)를 소통시켰으면 좋겠는데, 묘목상관(卯木傷

官) 자식은 자묘형(子卯刑)되어 엄마 젖을 안먹겠다고 버티는 꼴이다.

동짓달 자수(子水) 얼음물을 먹여 묘목(卯木)을 키우겠다는 어머니 임수(壬水)와, 얼음물을 먹고는 못살겠다고 하는 묘목상관(卯木傷官) 자식은 이렇게 서로 팽팽이 맞서고 있다. 임수(壬水) 어머니는 내 자식이니 죽이던 살리던 자기가 키우겠다 하고, 묘목(卯木) 자식은 싫다고 하니 어쩌란 말이냐.

어머니의 말이 틀린 것은 아니다. 묘목(卯木) 너를 내가 맡으면 너도 추운 나무 나도 찬물이라 서로 고생인데, 월간(月干)에 병화(丙火)가 있으니 목생화(木生火)시켜 서로 따뜻하게 살아 보자는 어머니의 말이 옳기도 하다.

이렇게 되면 화생토(火生土)하고 토극수(土剋水)할 때, 나 좋고 자식 좋고 남편 좋으니 더할나위 없겠다.

그러나 이것은 희망사항이다. 우선 가장 문제가 되는 것은 묘목(卯木) 자식이 싫다고 하는 것이다. 묘목(卯木) 자식 말에 의하면 나는 본래 계수(癸水) 밑에 있어 비를 맞은 나무라서, 목생화(木生火)시켜 줄 나무가 못되니 차라리 나를 잊으소, 하고 어머니의 손을 뿌리쳤다.

그렇다고 싫다고 뿌리치는 손목을 다시 잡아 끌어들일 임수(壬水)도 아니다. 자수양인(子水羊刃)되어 얼음장같은 냉한 물이라 매정스럽게 놓아버렸으니, 이것이 바로 양인격(羊刃格) 사주(四柱)가 상관(傷官)있을 때 나타나는 기질이다.

어머니의 생각대로 따라주지 않았다 해서 자식을 가차없이 버린 사람인데, 그까짓 힘없는 기토(己土) 남편 차버리는 것쯤이야 일도 아니다.

더구나 묘목(卯木) 자식을 뿌리삼아 먼 훗날을 생각하며, 무릉도원에 그림같은 집을 짓고 잘살아 보려고 했지만, 밑뿌리부터 잘려 버렸으니 기토정관(己土正官)이 무슨 필요가 있겠는가.

더구나 나같이 맑고 깨끗한 물이 기토(己土)를 가까이 하면 탁임(濁壬)되어 흙탕물이 되는 것을 뻔히 아는데, 공연히 끌어들여 물을 더럽힐 이유가 없다. 이 말대로 아들 둘을 다 주고 미련없이 돌아서 버렸다.

물론 낳은 정 기른 정 모두 합해 태산보다도 높은 정이 끓어오르겠지만 모두 잊어라. 이미 운명에서 이렇게 살라고 정해놓은 것을 생각한들 무엇하리. 가슴만 아프지……

그래서 행복은 짧고 고생은 긴 법이며, 착하게 살기에는 너무 긴 것이 인생이라고 하지 않았더냐. 참아라. 임수(壬水) 너에게도 쨍하고 해뜰 병화(丙火)가 있다. 병화(丙火)가 없는 놈도 기다리며 사는데, 이렇게 크고 씨뻘건 태양 병정화(丙丁火)가 마침 일출묘시(日出卯時)에 때를 맞춰 떠르고 있으니, 이것을 희망삼아 살면 됐지 더 이상 무엇을 바라겠느냐.

기도하는 사람이 되어라. 4괴강 중에 하나로 태어난 임진일주(壬辰日柱) 너는 괴강은 괴강이로되 가장 못난 괴강이란 것을 알고 있느냐. 경진(庚辰), 경술(庚戌), 임술(壬戌)은 나름대로 똑똑한

놈들인데 너만은 괴강답지 못하게 스스로 입묘(入墓)되어 고(庫)에 앉았으니 못나도 이렇게 못날 수가 없다.

내 똥에 내가 미끄러진 꼴이다. 엉덩이에 똥이 묻어 돌아다닐 수도 없다. 임진일주(壬辰日柱)가 한번 실직하면 다시 일자리를 구하기 힘든 것도 이런 이유 때문이다.

또한 임진일주(壬辰日柱) 여자가 과부되어 혼자 사는 사람이 많은 것도 이상한 일이 아니다. 시계를 돌려놓듯 바꿀 수도 없고 그저 여기에 맞춰 사는 수 밖에 없다.

그대의 얼굴은 예쁘구나. 월(月)에 자수도화(子水桃花)를 놓아 예쁘고, 자도화(子桃花) 위에 병화(丙火)가 밝혀주고 있으니 더더욱 예쁘며, 일지(日支)에 묘목도화(卯木桃花)까지 있으니 자식들까지 모두 예쁘게 생겼겠다. 그것은 네 자궁의 애기보가 예쁘게 생겨 그런 것이니, 또 낳아도 또 예쁠 것이다.

자식도 없고 남편도 없고 어떻게 살란 말이냐고 물을지 모르지만 별놈의 걱정을 다 한다. 진해(辰亥)로 천라지망살을 놓고 자묘(子卯)로 형(刑)된 괴강사주(四柱)가 신을 모시고 살면 됐지 않느냐.

더구나 병화(丙火) 큰 태양신이 광명되어 일러주고 보여주고 하는데 무슨 걱정이 있을까. 우리같은 사람은 그런 것이 없으니 사주(四柱) 여덟글자 써놓고, 머리가 터져라 들여다 보고 또 들여다 보며 머리털이 다 빠져도 먹고 살기가 어려운데, 그대야 척보면 할아버지가 일러주고 선녀가 일러줘서 쉽게 먹고 사는데 무슨 걱정인가.

그것도 작은 재(財)가 아니다. 병화편재(丙火偏財)되어 꽤많은 돈인데 아마 돈 욕심도 많겠다. 재(財)를 자식삼고 남편삼은 사주(四柱)가 되어 오직 바라보는 것은 병화(丙火) 뿐인데 어찌 재(財) 욕심이 없겠는가.

여기서 앞에서 남겨 놓았던 숙제를 풀어보자. 년에서부터 시작된 해(亥)는 해자축(亥子丑)으로 순행시켜 축토편관(丑土偏官)을 불러 일지(日支)에 모여들도록 협공했고, 시(時)에서는 묘진(卯辰)이 인(寅)을 인묘진(寅卯辰) 방국으로 역순시켜, 식상(食傷)을 모아 또 일지(日支)에 모이도록 만들었으니, 그대의 욕심은 조선땅을 다 준다 해도 부족할 것이다.

이것을 찾아내는 것이 숙제였다. 알고 보면 쉽지만 그렇다고 결코 쉽게 보이지도 않는다. 역학자들 중에는 비법철학이라 하며 으시대고 있는데 천만의 말씀이다.

배우는 학도들은 이런 말에 현혹되지 않기를 바란다. 비법은 무슨 놈의 비법이고 비결은 무슨 놈의 비결인가. 철학은 연역학문(演繹學門)이라 논리와 이치가 맞아야 되는 것이니, 공연히 하는 잡술에 넘어가지 않기를 바란다.

하여튼 이 사주(四柱)는 해자축비겁(亥子丑比劫)도 좋다고 내 집으로 끌어들이고, 인묘진식상(寅卯辰食傷)도 좋다고 내 집으로 몽땅 끌어드리니, 이 중에는 재(財)를 갖고 들어오는 사람도 있겠지만 정편관(正偏官) 남자들이 몰려드는 것이 문제이다.

차라리 돈을 갖고 들어오는 손님이면 좋겠는데, 이렇게 되면 유부남도 있고 총각도 있어 독하게 마음먹지 않으면 특히 여자의 명에서는 몸이 헤퍼질까 두렵고, 자묘형(子卯刑)이 되어 있는 사주(四柱)라 잘못하면 생식기에 관한 성병도 염려가 되니, 설령 이런 일이 없다 하더라도 정기적으로 검진을 받지 않으면 안된다. 언제나 자궁기관이 약하기 때문이다.

이렇게 사나 저렇게 사나 사는 것은 다 같은 것. 신(神)의 제자가 되어 먹고 살라는 하늘의 명령이니 긍지를 갖고 살아라.

또한 달려드는 정편관(正偏官)들 결정적인 순간에는 책임질 놈이 하나도 없다. 안방에 끌어들여 남편삼으면 모두 기토(己土)되는 것들인데 그런 것들을 무엇에 쓰겠나. 동짓달 도화(桃花) 바람에 향내맞고 미색에 취해 달려들었다가 제풀에 나가 떨어질 놈들이다.

왜냐하면 임자수기(壬子水氣)가 강해 여자로서 정력도 대단하지만, 대단한 만큼 병화(丙火)도 커 자묘도화(子卯桃花)를 깔고 앉아 뭉개버렸다. 이렇게 되면 섹스를 할 때는 무도화(無桃花)되어 꼼짝않는 석녀가 되니, 제놈들이 아무리 변강쇠라고 한들 추풍낙엽일 수 밖에.

그런가 하면 무도화(無桃花)된 사람은 겉으로 볼 때는 모르나 말을 시켜보면 금방 알 수가 있다. 우선 말투가 퉁명하고 웃음이 적으며 무뚝뚝한 것이 특징으로 소심하고 조잡한 것을 가장 싫어한다. 그래서 남자처럼 통이 커서 집을 사도 큰 집, 큰 건물, 옷을 사도 최고 좋은 것, 차도 고급이 아니면 거들떠 보지도 않는다.

돈보이는 장점으로는 무도화(無桃花) 팔자가 재운(財運)을 만나면 무섭다. 푸대로 담아들이고 갈퀴로 걷어들여 여자 재벌이 될 사람이다. 돈이 많은 여자의 사주(四柱)를 볼 때 간혹 눈에 띄기는 하지만 흔하지는 않다.

하여튼 도화(桃花)란 남녀 모두 필수적으로 있어야 될 핵이라는 것을 잊지 말아라. 도화(桃花)가 있어야 발전하고 도화운(桃花運)에 발복하기 때문이다.

또한 도화(桃花)란 묘한데가 있다. 때로는 장난을 잘 치지만, 때로는 이렇게 무도화(無桃花)되어 나 몰라라 시침이를 뚝 떼는 도화(桃花)도 있다.

44장.
별난 사람 별난 직업

1. 당신 탓자요.

```
丁辛癸甲  乾
酉酉酉辰  命
```

구렛나루와 턱수염까지 기른 사람이 쓱 들어선다. 바바리 코트에
개똥모자를 눌러 쓴 행색으로 보아 부잣집 아들이거나 건달같이
보였고, 인사하는데 말투를 보니 경상도 촌놈이다.

속으로 촌건달이 서울건달 뺨친다고, 요즘은 서울놈 촌놈 따질
것 없이 모두 신사요 건달이니, 도대체 어느놈이 진짜 신사이고
진짜 건달인지 알 수가 없구나 하고 생각하면서 생년월일을 물었
더니 이런 사주(四柱)가 나온다.

8월 신금(辛金)이 지지전국(地支全局)에 진유유유(辰酉酉酉)로

금국(金局)을 놓아 신태강사주(身太强四柱)가 되었다. 이렇게 사주(四柱)에 금(金)이 많으면 백호로 작용해 살상할까 두렵고 사람도 잘못하면 아주 거칠어지기 쉽다.

그래서 신태왕(身太旺)이 극에 달하도록 강하면 사나운 사람과 같아, 관(官)으로 직접 극하여 다스리려고 하면 오히려 완강히 거부하며 달려드는 꼴이 되니, 관(官)으로 용(用)하는 것을 삼가해야 한다. 이럴 때는 설기(泄氣)시켜 달래는 것이 약이다. 거칠고 사나운 놈은 오히려 살살 구슬르고 달래면 순해지기 때문이다.

그래서 본명(本命)은 정화(丁火)를 용(用)하기 이전에 월상계수(月上癸水)로 설기구(泄氣口)를 삼아 순세(順勢)시켜 보는 것도 생각해 볼 수 있다.

이렇게 되면 신생계(辛生癸)로 금생수(金生水)되고, 계생갑(癸生甲)으로 수생목(水生木)하여, 목생정(木生丁)으로 목생화(木生火)시켜 신유금(辛酉金)을 다스려 주는 것이 제1차 감정이다.

그러나 여기서 문제가 생긴다. 수생목(水生木)까지는 좋으나 목생화(木生火)가 문제이다. 과연 갑생정(甲生丁)할 수 있겠는가. 갑목(甲木)이 인정(引丁)하기 까지는 너무 먼 당신이고, 벽갑(闢甲)이 되지 못한 갑목(甲木)이 잘못하면 정화(丁火)마저 화식(火熄)시켜 불을 꺼트려 버릴까 싶다.

그렇다고 계수(癸水)를 용(用)할 수도 없다. 계수(癸水)를 용(用)하면 월정화(丁火)가 조후(調候)도 잘 시켜주고 비겁(比劫)이 난무하여 정화(丁火)는 반드시 있어야 할 편관(偏官)인데, 이것마저

꺼버리면 눈먼 봉사같아 쓸모없는 사주(四柱)가 된다.

어쨌든 이래저래 정화(丁火)를 살려주어야 이 사주(四柱)가 살겠는데, 그 정화(丁火)를 살리는 방법이 좀처럼 쉽지가 않으니 걱정이다. 차라리 갑목(甲木)이라도 없다면 계수(癸水)로 설기(泄氣)시켜 주면 양신성상격(兩神成象格)되어 좋았을 것을.

이때 계수(癸水)로 용(用)하면 정화(丁火)는 기신(忌神)되고, 기물제거(忌物除去)되면 대통발복(大通發福)이라, 크게 좋아질 사주(四柱)였다.

그러나 어쩌랴. 제조년월일이 이렇게 만들어진 물건을 이제와서 바꿀 수도 없고 다시 재생할 수도 없는 것을. 궁리 끝에 약하나마 그래도 계수(癸水)보다는 정화(丁火)가 여러모로 쓸모가 있어 정화용(丁火用)을 삼았다. 오다가다 경금(庚金)을 만나면 갑목(甲木)을 쪼개 장작이라도 만들면 쓸 수 있을 것 같아서였다.

이렇게 정화용신(丁火用神)을 잡고 보니 건록용관격(建祿用官格)이 되었고, 시상편관격(時上偏官格)이 된다. 이것은 귀격(貴格)이다. 신유(辛酉) 보석이 정화(丁火) 불빛에 오색영롱하게 광채를 발하고 있다.

누가 보아도 얼굴이 깨끗하다. 더구나 정화오도화(丁火午桃花)가 저렇게 빛나고 있으니, 한번 보고 두번 보고 자꾸만 보고 싶은 사람이다. 인기스타 이정재의 얼굴로 생각해도 좋다. 사실 인물도 그의 사촌이라 할만큼 잘 생긴 사람이었으니까. 그제야 이 사람이 이렇게 멋들어지게 차려 입고 다니는 것을 이해할 수가 있었다.

하지만 제아무리 귀격(貴格)이라 하더라도 정화(丁火)가 이렇게 약하고야 어찌 귀격(貴格)으로서 가치가 있겠는가 하는 의심이 자꾸 생긴다.

우선 이렇게 되면 관(官)을 출입하는 사람이어야 하고 아니면 검사쯤은 되어 있어야 한다. 잘못되었다 하더라도 연예인 정도는 되어야 하는데, 하며 대운(大運)을 살펴보았다.

대운(大運)을 보는 순간 저절로 실망이 되었다. 가장 중요한 학령기에 화(火)가 입묘(入墓)되는 술대운(戌大運)을 만난 것부터 시작해, 해자축(亥子丑) 물동네에서 벗어나지 못하고 있는 것을 보니 기가 막힌다.

그래, 어쩌자고 정화용신(丁火用神)을 삼은 사람이 우물 속에 빠졌으니 이거 구제불능 아닌가. 이렇게 되면 하느님도 예수님도 부처님도 당해낼 수가 없다. 물 속에 거꾸로 쳐박아 놓은 꼴이니 그들인들 무슨 소용이 있겠나. 천지대운(天地大運)에서 이렇게 만들어진 것을. 이 사람 하도 되는 일이 없어 예배당에도 나가 보고 굿도 해보았단다.

"그래 예수님은 뭐라 하고 조상님은 뭐라고 합디까? 좋게 해주겠다고 합디까? 여보시오, 그것도 운이 좋을 때나 소 뒷걸음질에 쥐 잡는다는 식으로 맞아 떨어지는 것이지, 이 지경으로 운이 없는데 예수와 조상이 할 일 없어 당신한테 오겠소? 아! 물론 기도하는 것은 좋지요. 주택복권 사놓고 당첨되기를 기다리는 것과 무댓보로 당첨되기를 기다리는 것은 천양지차니까요. 세상만사 모두 뜻대로 되는 것이 아니라오. 그래 사주(四柱) 잘 만들어 놓고 운이 없어 좋은 사주(四柱)를 버렸으니 안됐구려. 보나마나 직업이 시원치 않겠는데 부인 갑목(甲木)한테나 잘 하시요."

"그럼 저는 무엇을 하면 좋겠습니까?"

"안된 말로 옛날같으면 극장 기도감이오. 군인이나 경찰이 좋은데 나이로 보아 그것은 이미 틀렸고 단란주점같은 거나 하쇼. 손님 꽤나 있겠소. 유금(酉金) 마이크도 있고 술병도 이렇게 많으니 아마 정화(丁火) 불빛 찾아 날아든 벌레들처럼 밤손님은 많겠수다. 꿩을 잡으면 매지 매가 따로 있나요."

하면서 지금 뭐하고 있느냐고 퉁명스럽게 물으니 머뭇거린다. 이때 까지도 개똥모자는 계속 쓰고 있는지라 모자챙을 만지작거리며 입을 열듯 말듯 한다. 이때 더 할 말도 없고 해서 마지막으로 이렇게 말했다.

"이 사주(四柱)는 군겁쟁재(群劫爭財)하는 사주(四柱)이니 동업도 하지 말고, 형제나 친구간에 돈 거래도 하지 말고, 장난삼아 고스톱도 하지 마시오. 장난질에 아이 밴다고 붙으면 커지고 공연히 친구간에 의라도 상하면 어쩌겠소."

하고 끝내려고 하는데 이것이 문제의 발단이 되었다. 이 말을 듣자마자 왜 안되느냐고 혹시 관재(官災)는 없는지 봐달라고 한다.

"관재(官災)는 없는데 그것 좋아하시요? 이 사주(四柱) 그거 하면 잃지는 않겠수다."

"어째서 그렇습니까?"

"저녁때 해 떨어지면서부터 정화(丁火) 불빛이 이렇게 환히 밝혀 주고 있으니, 딴놈들은 눈이 없어도 당신은 눈이 있어 훤하게 보이니 돈을 잃을 까닭이 없지요. 그것도 초저녁 보다는 밤이 점점 깊어지면 질수록 더욱 또렷또렷 해지고, 남이 무엇을 갖고 있는지를 훤히 알고 있으니 남들이 볼 때는 탓자라고 하겠네."

그때서야 이놈 이실직고 한다. 사는 곳은 장위동인데 한때는 전국을 무대삼아 돌아다녔다고 한다. 이 말을 듣고 한수 더 떠서 그러면 섰다를 하느냐고 물었더니, 전에는 그랬는데 요즘은 카드를 한단다.

이 사주(四柱)는 섰다 기술자이다. 섰다는 다섯장씩 나눠 갖고는 그중에서 석장을 뽑아 열이 되는 숫자를 만들어 놓고, 나머지 끝수로 대적하는 것으로 일명 집고땡이라고도 한다.

이 사람은 갑목재(甲木財)를 놓고 진유유유금(辰酉酉酉金)의 무리들이 달라 붙어 이 갑목재(甲木財) 하나를 먹자고 이렇게들 모여들고 있으니, 이것이 밥그릇 싸움하는 군겁쟁재요, 갑목재(甲木財)는 삼팔목(三八木)이 되어 3과 8사이에는 5가 있으니, 화투 다섯장 중에서 3장을 짓고 빼면 2장이 남으니 이것이 끗수요, 끗발이다. 이 끗수를 이 사람은 안다.

왜냐하면 내 옆에는 정화(丁火)가 가까이 있고 쇠는 불빛에 반사되어 비치는 형상이니, 누가 몇끗을 잡고 누가 땡이를 잡았는지 눈으로 보고 거울(酉金)로 비춰 본듯 훤하게 안다. 그러니 돈을 잃을래야 잃을 수가 없다.

"그러나 저러나 그것도 팔자요. 내 사주쟁이로 십년 넘게 살아왔지만 이렇게 노름꾼 팔자로 먹고 사는 사람은 처음 봤소."

하고는 그 사람과 한바탕 크게 웃었다. 이렇게 해서 서로 여유있는 시간이 된지라 여담으로 한마디 더 했다.

"당신 예의 하나는 잘 배웠소."

"무슨 말씀인가요?"

"아직까지 그 개똥모자를 벗지 않고 있는데, 그게 바로 동양예법이오."

계면쩍은 듯 그제서야 모자를 벗으려고 한다.

"아니, 벗을 필요 없소. 그게 맞다니까요. 서양은 겉으로는 양(陽)이지만 속으로는 음(陰)이라, 연설을 할 때도 숙녀 신사 여러분이라고 하고, 차를 탈 때도 여자를 먼저 태우고, 실내에서는 모자를 벗는게 예의지만, 동양은 서양과는 반대로 겉으로는 음(陰)이지만 속으로는 양(陽)이 되어 신사 숙녀 여러분이라고 하고, 차를 탈 때도 남자가 먼저 상석에 앉고, 실내에서는 모자를 쓰는 것이 예의지요. 이것은 옛날 우리 조상들이 정장을 갖출 때는 반드시 갓을 쓰고, 정장이 아닐 때는 망건이라도 쓰고 앉아 계셨지 절대로 상투꼭지를 보이지 않았습니다."

그제서야 이 사람 빙그시 웃으며 한수 배웠다고 하면서 자기 아내 사주(四柱)도 봐달라고 한다.

2. 묘유충(卯酉沖)으로 먹고 사는 부인

己乙丁丁 坤
卯酉未未 命

 6월 을목(乙木)이 해수(亥水)를 강력하게 원한다. 해수(亥水)가 들어오면 해묘미삼합(亥卯未三合)되어 나무 뿌리가 되면서 신왕재왕(身旺財旺) 사주(四柱)가 된다.

 그러나 본명(本命)은 목기입묘월(木氣入墓月)에 태어나 극쇠한 사주(四柱)지만, 다행히 시(時)에 묘목건록(卯木建祿)을 놓아 착근(着根)했다. 하지만 착근(着根)했다 할지라도 일지유금(日支酉金)이 있어 을목(乙木)은 항상 불안하다.

 을목(乙木)이라면 남편인데 남편은 묘유충(卯酉沖)을 해대고 있으니, 이것은 을목(乙木)인 나를 죽이려는 짓이다. 천간(天干)에 쌍정화(雙丁火)가 있으나 지지(地支)에 미토(未土)가 있어 화극금(火剋金)을 두려워 하지 않는 남편이다.

 이렇게 되면 남편은 안하무인이라 제멋대로 놀아나는 사람인데 차라리 금생수(金生水)만이라도 해준다면 얼마나 좋을까.

 하지만 금생수(金生水) 해줄 생각은 하지 않고 오직 묘유충(卯酉沖)할 생각만 하고 있으니 한심하다. 이것은 할일 없는 놈이 남의 말 하기를 좋아하고, 싸움이나 좋아하는 것처럼 유금(酉金) 역시 할일이 없어 시비나 걸고 싸움질이나 하는 것과 다를 바가 없다.

그렇다면 이 여자의 집안으로 들어가 보자. 을유(乙酉) 집안으로 들어가니 시끄럽다. 묘유충(卯酉沖), 묘유충(卯酉沖) 장작 패는 소리가 나고 유금(酉金) 기계 돌아가는 소리도 요란하다.

거기다 을목(乙木)이 시상기토(時上己土) 편재(偏財)를 노려보듯 쪼아대고 있으니, 기토(己土)라면 내가 먹고 살 재(財)이다. 유금(酉金)은 직업도 없는데 남편은 분명 노름꾼이라는 것을 이실직고 했으니 남편은 실업자이고만, 이 여자는 대신 유금(酉金)을 직업으로 삼았고, 비록 해수(亥水)는 없지만 일지역마(日支驛馬)로 불러들여 유생해(酉生亥)하여 금생수(金生水)도 시키고, 해묘미(亥卯未)도 하면서 부지런히 살고 있는 모습이 그려지기 시작한다.

"부인 참 부지런한 사람이군요. 장가 한번 잘 갔수다. 요즘같은 시대에 젊은 여자가 누가 이렇게 부지런을 떨며 사는 사람이 어디 있소. 오늘부터 집에 들어가면 안아주고 업어주고 하시요. 도대체 이 집에 소리가 요란한데 요즘 재봉틀 돌려 옷을 만들어 입는 사람은 없을테고 혹시 세탁소를 합니까?"

소리가 나는 직업은 맞는데 그것은 아니란다. 그렇다면 뭘까 하고 아무리 생각해 보아도 떠오르지를 않는다. 속으로 은근히 부아가 치밀어 오른다. 천가지 만가지로 직업이 다양한데 소리나는 직업이라고 했으면 됐지 않느냐고 핀잔 겸 화를 냈더니 떡방앗간을 한단다.

떡방앗간이나 떡장사는 미처 생각도 못한 일이다. 이 말을 듣고

나니 정신이 번쩍 들었다. 옳거니! 천직이구나. 묘유충(卯酉沖),
묘유충(卯酉沖) 떡방아 찧는 소리가 장작 패고 기계 돌아가는 소
리로만 들렸지, 미토(未土) 미토(未土) 쌀가루가 해수(亥水) 물
부어 찰지게 만들어 놓고 기토오화(己土午火)가 기토건록(己土建
祿)이 되면서 도화(桃花)로 예쁘게 만들어진 떡인 것은 생각하지
못했다.

 이것이야 말로 내가 한수 단단히 배운 것이다. 이 사람 그까짓
모자를 쓰고 벗는 것을 갖고 한수 배웠다고 했지만 그것과는 비교
가 안될 만큼 큰 것이었다.

 "앞으로 흘러가는 운으로 보아 좋아지겠으니 제발 불안한 남편만
되지 마시요. 부인 사주(四柱)로 보아 남편이 들어와도 걱정 나가
도 걱정이라, 남편 때문에 항상 이렇게 불안해 하고 있으니 그게
바로 당신 아니겠소."

 하고는 단단히 일러 보냈다.

45장.
45세 노처녀 시집가서 연꽃되었네

庚丙庚壬　坤
寅申戌辰　命

　찌는 듯한 더위와 씨름하며 이 원고를 쓰고 있는데 마침 본명(本命)이 찾아왔다.

　사주(四柱)의 격조로 보아 임수(壬水)가 남편인데 신금장생(申金長生)의 뿌리는 있으나 인신(寅申)으로 삼형(三刑)되어 상한데다가 진술(辰戌)로 깨져있어 불미한 것이 눈에 띈다.

　그런가 하면 신진(申辰)으로 반합(半合)된 가운데 자(子)를 협공시켜 신자진삼합(申子辰三合)을 강력하게 원하나, 술토(戌土)가 토극수(土剋水)로 가로막고 있어 방해를 하고 있지만 그래도 관살 혼잡된 것은 면할 길이 없다.

　그런데 병자년(丙子年)으로 보아 신자진삼합(申子辰三合)을 기어코 만들어내 뜻대로 일단은 성공했다. 그렇다면 이것은 무엇일까? 유부녀라면 애인이 생긴 것이고 만약 이혼한 여자라면 재혼할 남자이며 아직 미혼이라면 결혼할 명이다.


```
53 43 33 23 13  3
甲乙丙丁戊己  大
辰巳午未申酉  運
```


  대운(大運)을 보니 신약사주(身弱四柱)가 마침 화운(火運)을 지나고 있어, 궁핍하게 살지는 않겠지만 혼기는 썩 좋은 편이 아니다. 그래서 앞에서 설명한 3가지 가운데 어느 경우에 해당하느냐고 물었더니 3번째란다.

  이렇게 되면 병자년(丙子年)에 친구가 소개해 대머리 남편을 만나게 되는데, 맞느냐고 물었더니 함께 온 친구가 대머리 중에서도 왕대머리라고 하며 박장대소를 한다. 임수(壬水)가 남편인데 수생목(水生木)을 못해 나무를 심지 못했으니 대머리일 수 밖에 없다.

  물론 자식딸린 헌 남자이겠지만 진술(辰戌)로 자식이 둘 딸린 사람일 것이다. 그중에 한놈은 신진합(申辰合)되어 내 품속으로 파고들며 엄마! 엄마! 하는 놈이 있겠으니, 양아자부모(養我者父母)요 생아자부모(生我者父母)라.

"그것도 내 팔자따라 들어온 자식이니 잘 기르시요."

  했더니 아들놈 하나가 그렇게도 좋다고 달려든단다. 어디 그뿐인

가. 시어머니 경금(庚金)은 건록(建祿)을 놓아 한마음이 되어, 당
신 알기를 연꽃으로 알고 시어머니는 떡잎이 되어 이렇게 두 손으
로 받들며 떠받치고 있으니, 이에 상응하는 보답을 하라고 하고는
그림을 그려서 보여 주었다.

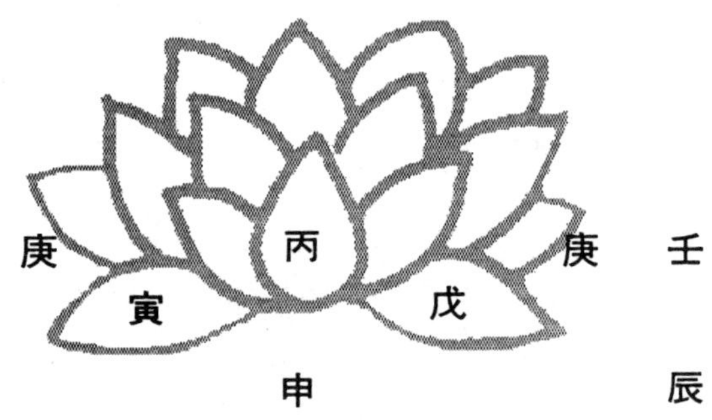

미안할 정도로 시어머니가 잘 해준단다.

"어쨌든 당신 복이요. 결혼이란 나만 좋다고 되는 것도 아니고,
상대가 좋다고 해서 되는 것도 아니요. 삼박자가 모두 맞아야 되
는데 특히 재혼하는 사람에게는 더더욱 그렇습니다. 왜냐하면 애
들과도 맞아야 하기 때문입니다. 아무튼 어느 때보다도 병자년(丙
子年) 남편은 하늘에서 내려준 사람인 줄 알고 잘 사슈. 남편은
사별 후 칠년만의 재혼이라는데 그 사람 마음 고생 꽤나 했겠지
만, 당신과 만나면서 생각은 얼마나 많았겠소. 그러니 팔자로 알
고 남은 여생 그동안 못다한 행복을 만끽하시기 바랍니다."

하고는 애정어린 시 한수를 읊어 주었다.

합니까?

꿈에도 생각하지 못했던 사람이
어느날 갑자기 나타나
내 몸보다 더 귀하게 되는 것을
사랑이라 합니까?

전생에서도 만나지 못했을 사람이
어느날 갑자기 내 속에 들어와
내 마음보다 더 소중하게 되는 것을
인연이라 합니까?

그전에는 몰랐는데
어느날 갑자기 미치게 되어
그대가 토하고 버리는 것까지
다 삼켜 버리는 것을
정열이라 합니까?

白 林

46장.
짜장면 장사나 시키시요

```
丁乙甲戊  乾
丑丑寅戌  命
```

정월 을목(乙木)이 갑인목(甲寅木)이 아니었다면 살아날 가망이 없다. 물론 정화(丁火)가 있으나 이것은 조후(調候)는 될지언정, 축중신금(丑中辛金) 위에 뿌리를 내린 나무가 되어 서리밭에 돋아난 새싹과 같으니, 이거 어디 사람 구실할 나무가 되겠는가.

그러나 을목(乙木)은 그렇게 생각하지 않는다. 자기 옆에 갑인목(甲寅木)이 버티고 있으니 자신도 같은 갑인목(甲寅木)인 줄 알고 갑인(甲寅) 행세를 하려 하나 근본이 다르다. 을목(乙木)의 종자는 싹이 트고 커봐야 을목(乙木) 밖에는 안된다.

이것은 오이덩쿨이 제아무리 크게 자라봐야 덩쿨이지, 갑인목(甲寅木)처럼 기둥나무가 되지 못하는데도 을목(乙木)은 아니라고만

한다. 이것은 착각이요 오판이다.

관(官)은 입묘(入墓)되어 못쓰고 계수편인(癸水偏印)은 쓰지 못하는 공부인데도, 무술토재(戊戌土財)는 옥상옥(屋上屋)으로 쌓아놓고 큰 돈만 노리고 있으니 문제이다.

요즘같은 실력시대에 공부를 많이해서 실력이 있으니 저 재(財)를 먹을 수 있겠나, 아니면 사주(四柱)라도 신강(身强)하면 모르겠으나 그것도 아니니, 저 재(財)를 혼자 먹을 수도 없다.

그런데도 을목(乙木)은 굳이 내 재(財)라며 먹어보겠다고 야단이다. 하지만 그림의 떡이다. 굳이 꼭 먹어야겠다면 형제 비겁(比劫)한테 의지해라. 그대의 형제들은 모두 저 재(財)를 희롱하며 잘 살고 있는 사람들이다. 그러나 저러나 그대는 역부족이다. 그렇지 않으면 아내에게 의지해라. 아내는 무술괴강되어 능력있는 사람이다.

이 사주(四柱)를 자연에 비유하면 큰 나무 밑에 있는 잡초같아 이미 재목이 되기는 틀린 나무이다. 그러나 을목(乙木)이 갑목(甲木) 밑에서 살아나는 방법은 딱 한가지 있다.

경금(庚金)이 들어와 갑목(甲木)을 파극시켜 버리면 살겠지만 이것은 아주 위험한 방법이다. 갑목(甲木)이 다치면 나도 같이 다칠지도 모르니 그것은 안되고, 가장 좋은 방법으로는 을목(乙木)이 갑목(甲木)을 등나무 덩쿨처럼 타고 올라가 살면 무난하다.

이렇게 되면 갑목(甲木) 형님은 귀찮겠지만 그래도 끝내는 을목(乙木)에게 승산이 있어 이기게 되어 있다. 그래서 그랬던지 을목

(乙木)인 누나들이 학원을 하나 차려주어, 아내는 선생을 하고 이 사람은 학원생을 실어날으는 봉고차 운전수가 되어 살고 있다니. 이쯤되면 갑인(甲寅) 형제덕을 톡톡히 보고 있는 것이다.

사실은 이 사람 뭘했으면 좋겠느냐고 물으러 온 것이다. 무술토재(戊戌土財)를 보고 짜장면 장사를 시키라고 했더니 싱겁다는 듯이 픽 웃는다. 나는 성의를 다해 말했고 즉흥적이나마 만리장성이라고 이름까지 지어주며 일러주는데도 싫다는데야 어쩌겠는가.

아무튼 이 사람은 이런 장사를 하던지, 아니면 무술(戊戌) 아내 밑에서 일을 하면서 먹고 살던지 하는 수 밖에는 방법이 없는 사람이다. 만약 갑인겁재(甲寅劫財)와 동업을 하는 날이면 끝장나게 된다.

겁재(劫財)는 도둑놈과 같은데 무술재(戊戌財)를 겁재(劫財)한테 맡긴 꼴이 되니 큰일 날 수 밖에 없다. 그러나 형제는 득비이재(得比理財)로 건록(建祿)을 놓은 사람이 되어 경우가 있고 사리가 분명하지만 겁재(劫財) 즉, 남이나 친구라면 사정은 180도 달라지는 상황이 벌어진다는 것을 명심해라.

본명(本命)은 관(官)이 없어 겁재(劫財)를 이겨낼 능력이 없는 사람이며, 목돈 갖다 푼돈 만드는 사주(四柱)로는 대표적이다.

47장.
일대운, 이산천, 삼명조

甲辛己乙　乾
午巳丑酉　命

　편인용관격(偏印用官格) 사주(四柱)이다. 12월 신금(辛金)이 사유축금국(巳酉丑金局)을 놓아 신왕격(身旺格)인데, 사화(巳火)는 이미 금국(金局)으로 돌아서 버려 취용(取用)을 못하겠고, 시지오화(時支午火)를 용(用)할 수 밖에 없다.

　우선 오화(午火)를 용(用)하게 되면 조후용신(調候用神)으로는 한냉한 금(金)이 화(火)를 보면 온화해서 좋고, 광기를 받아 성기(成器)되어 좋다.

　병약용신(病藥用神)으로는 다금(多金)이 병인데 화(火)로 제극(制剋)한다. 이렇게 되면 쟁재쟁관(爭財爭官)을 당하지 않음은 물론 집안이 화평한 법이다.

통관용신(通關用神)으로는 다금(多金)하여 막힌 곳이 많은데, 화(火)로 뭉친 금(金)을 분산시키면 우선 사주(四柱)가 중화되어 소통이 원활해지니 매사에 순조롭고 무병하다.

억부용신(抑扶用神)으로는 역시 강즉제관(强卽制官)이라, 강한 것은 관(官)으로 다스려 비겁(比劫)의 난동을 막아주어야 승재관(勝財官)하는 법이다.

이렇게 용신(用神)이 하나로 통일되기도 쉬운 일이 아니다. 용신(用神)이 하나로 잡히면 이는 자기가 할일을 절대로 미루거나 늦추지 않고, 오직 충복처럼 용사(用事)하는데만 힘을 쓴다.

하지만 용신(用神)이 두개 이상이면 하나만 못하다. 언뜻 보기에는 하나의 힘이 약할 때 옆에서 도와주면 좋을 것 같아도, 이렇게 되면 서로가 의지하려고 하기 때문에 할일을 놓고도 서로가 떠밀어 일을 하지 않으려는 경우가 생긴다.

그러면 여기서 일지사화(日支巳火)를 한번 보자. 사화(巳火)는 사유축금(巳酉丑金)되어 용신(用神)으로는 취용(取用)하지 못한다 했지만, 사오합(巳午合)으로 보아 화국(火局)을 이루면 신왕사주(四柱)(身旺四柱)에 관(官)이 국(局)을 이루어, 대관(大官)이 되고 명관(名官)이 되어 좋은 것은 틀림없다.

하지만 결과적으로는 사화(巳火)가 쟁관(爭官) 노릇을 했고, 사화(巳火)는 사오관(巳午官)으로 용신(用神)되어 일하기 보다는 사유축(巳酉丑)과 합(合)을 하면 재녀(財女)가 되어 연애를 좋아해, 지금 열애에 빠져있는 중인데 굳이 이를 끌어다 용사(用事)시킬

만한 것이 못된다.

　그런가 하면 억지로라도 꼬셔 사오합(巳午合)으로 데려와 일을 시킨다 해도, 사화(巳火)와 오화(午火)는 서로 이 핑계 저 핑계를 대며 일을 하지 않는 경우가 있으니, 이렇게 되면 용신(用神)이 무능하고 무력해질 수도 있으니 안된다.

　더구나 사화(巳火)는 연애를 좋아한다. 사중경금(巳中庚金)은 사(巳)가 장생(長生)되어 사화(巳火)의 품 속을 항상 떠나지 않고 있는데도, 사(巳)는 이것만으로는 만족이 안되는지 유금(酉金)을 불러 사유(巳酉)로 합(合)하자고 또 끌어들이고 있는데, 사화(巳火)의 자력(磁力)이 어찌나 세던지 여기에 끌려오지 않는 유(酉)와 축(丑)이 없다.

　유축(酉丑)은 그저 사화(巳火)가 불러 주시는 것만으로도 성은이 망극할 따름인데 싫다고 거부할 하등의 이유가 없다. 그래서 정사일주(丁巳日柱) 연애 좋아하고 계집질 좋아해 정력이 좋다고 소문난 것도 이처럼 사중경금(巳中庚金)을 갖고도 부족하여 자꾸 사유축(巳酉丑)으로 끌어들이려는 기질이 있기 때문이다. 다만 도가 지나치면 고란살이 되어 한때 혼자 살아보는 것도 팔자소관이다.

　그러나 좋은 것도 있다. 정사일주(丁巳日柱)는 장사를 하면 잘된다. 왜냐하면 가만히 앉아 있어도 사화겁재(巳火劫財) 친구들이 사유축(巳酉丑)으로 삼합재(三合財)되어 손님을 끌고 들어온다. 이 친구가 소개하고 저 친구가 소개하고 친구에 친구가 또 소개해, 물건 팔아주고 소문까지 내주니 싫을 이유가 없다.

하여튼 이렇게 사화(巳火)는 합(合)을 좋아해, 본명(本命)에서 용신(用神)으로는 쓸모없고 오화(午火)로만 용신(用神)삼아 사주(四柱)가 좋아진 것이다.

그러나 관(官)이 좋다고 해서 모든 일이 좋은 것은 아니다. 년상을목(年上乙木)이 본처였으나 유금절지(酉金絶地) 위에 있어 절목(絶木)이 된데다, 신금(辛金)이 극을 했으니 반드시 본처와는 생사이별을 면치 못하고 시상갑목정재(時上甲木正財)와 재혼하겠다.

갑목정재(甲木正財)는 오화용신(午火用神) 위에 있어 현명한 아내이다. 첫번째 결혼은 실패하고 두번째 결혼으로 성공하는 팔자가 되어 재혼감으로는 이만한 사주(四柱)도 드물다.

흔히들 재혼 삼혼을 한다 해도 초혼만 못한 사람이 있고, 오히려 재혼을 해서 팔자가 좋아지는 사람이 있는데, 이런 경우에 해당하는 사람이다.

이것은 남녀 공히 같다. 여자도 재혼 여부를 운명적으로 먼저 판단하고 용단을 내려야지, 결단 후 운명에 맞추어 재혼하는 사람치고 성공하는 사람을 별로 보지 못했다.

이렇게 좋은 사주(四柱)에 비해 처궁(妻宮)과 재궁(財宮)은 그리 좋은 편이 아니다. 재(財)는 정재(正財)되어 관록을 먹을 사주(四柱)이고, 큰 부자는 못되지만 청귀하여 인품이 수려하겠고 특히 화용신(火用神)되어 얼굴이 밝겠다.

사주(四柱)에 화(火)가 많은 사람이나 화용신(火用神)이 되는 사람은 사진발이 잘 받는 것처럼, 이 사주(四柱) 역시 화(火)가 많고 용(用)되어 조명발을 잘 받아 실물보다는 사진이 훨씬 잘 생겨 보인다.

끝으로 대운(大運)의 흐름은 별로 좋지 않다. 화용신(火用神)삼은 명이 수금운(水金運)으로 흘러 용신(用神)을 뒷받침 해주지 못하는 것이 흠이다.

대운(大運)이 제1이요, 산천이 제2요, 명조(命造)가 제3인 법인데, 사주(四柱) 그릇에 비해 운로가 좋지는 않으나 다행스럽게도 명조(命造)가 좋아 국록을 받으며 봉직할 것이라고 생각한다.

48장.
탕화살이 무섭다

1. 아들과 며느리가 약탕물 속에 빠졌네.

```
己丙乙戊　坤
丑午卯子　命
```

본래 2월은 냉풍이 옷 속까지 파고들어 더더욱 한기를 느끼는 때
이다. 이때 본명(本命)은 병화(丙火) 밤불로 태어났다. 낮불같으
면 시상기토상관(時上己土傷官)이 있어 공업용 불로 쓰던지, 아니
면 일지오화(日支午火)로 탕화(湯火)를 놓아 많은 사람에게 먹여
주고 재워주는 업을 했으면 좋으련만, 밤불로 태어나 촛불 밖에
되지 못했으니 선비가 쓰는 불에 불과하다.

　애당초 그대의 운명은 월지(月支)에 묘목인수(卯木印綬)를 놓아

선비격으로 태어났으니, 학문의 길로 가라고 요구했다. 그러나 년지(年支)에 자수(子水)가 있어 월지묘목(月支卯木)은 자연히 자묘형(子卯刑)으로 습목되어 못쓰고, 생병화(生丙火)하기에는 무리가 따른다. 앞으로 습목이 건목되고 불마을 동네가 오기 전까지는 곤고하게 살겠으니, 이 삶은 오직 시간과의 싸움일 뿐이다.

이 사주(四柱)에서 오직 쓸만한 것은 일주병오(日柱丙午)로 나 하나 밖에 없다. 다행스럽게도 오화양인(午火羊刃)이 부부 자리에 있어 부부합심으로 자수성가하여 살라고 했으니, 시간이 지나다 보면 해년(亥年)이 오고 술년(戌年)이 올 것이다.

해(亥)는 묘(卯)와 합(合)되어 해묘목국(亥卯木局)을 만들어 좋고, 술(戌)은 오(午)와 오술화국(午戌火局)되어 좋아지면 아마도 그때는 옛말하며 살리라.

병자년(丙子年). 올해 신수로 보아 병화비견(丙火比肩)이 자수관(子水官)을 달고 들어왔다. 이는 필경 자오상충(子午相沖)으로 수옥(囚獄)되고 자묘(子卯)로 형(刑)되며, 시지축토(時支丑土)는 아쉬울 때마다 꺼내 쓰는 비상금인데도 올해는 자축(子丑)으로 묶여버렸으니, 돈이 돌아가지 않고 묶였다는 증거이다.

이같은 정황으로 볼 때 병화(丙火) 즉, 친구나 거래선으로부터 빚독촉을 심하게 받든지 아니면 수표나 어음이 부도나겠다. 이를 막지 못하면 자연스럽게 관재(官災)가 발동되면서 자오(子午)로 수옥(囚獄)까지 이어지게 되는 것은, 이미 병자년(丙子年)에서 말해주고 있다. 일은 답답하게 되었다. 이렇게 되면 만권정지(萬權停

止)이다.

"혹시 수표나 어음 뗀 것 없습니까?"

"사실은 그것때문에 왔습니다."

"부도나겠습니다. 빨리 수습하지 않으면 수옥살(囚獄殺)로 갇혀 버리겠으니 큰 일입니다.아무튼 우선 돼지띠나 개띠한테 구원요청을 해보시요. 그 길 밖에는 도리가 없습니다."

하고는, 도대체 무슨 사업을 하느냐고 물었더니 종이 장사를 한단다. 종이 장사라면 이 운명과는 결코 무관하지 않다. 왜냐하면 목인수(木印綬)는 책도 되고 종이도 되는데, 을묘목(乙卯木)은 습목이 되어 목생화(木生火)를 못했지만 종이는 마른 나무가 되어 목생화(木生火)를 해줄 수 있기 때문에, 운명에 맞게 종이 장사는 잘 선택했다.

본래 종이는 똥자루가 무거워 값이 좀 나가기 때문에 그것이 부도를 내도 크게 내고 맞아도 크게 맞는 것으로 알고 있다. 요즘같은 불경기에 어렵겠다고 했더니, 갑술년(甲戌年)에 돈 좀 벌어 올해 망치고 있다고 한다.

마침 시간도 있고 해서 구질구질한 삶의 애환을 주고 받다가 우연히 축오(丑午)가 눈에 띄었다. 아들과 며느리가 축(丑)에 빠져 허우적거리고 있는 것은 필경 독극물이다. 옆에 오화(午火)가 있는 것을 보고는 확신이 생겨 한마디 던졌다.

"부인 사주(四柱)에 축오탕화(丑午湯火)도 되고 원진(怨嗔)도 되는 원망스러운 살(殺)이 하나 있습니다. 혹시 둘째 자식이 연애자

금 좀 달라고 하면 과부빚이라도 얻어 주시요. 그 아들이 연애를 하면 죽기 살기로 하는 아들이라 무섭습니다. 만약 연애를 못하게 한다든가 돈을 안주면 큰 일나지요.”

“그러면 어떻게 되는데요?”

잠자코 이 말을 듣고 있던 부인이 능청스럽게 묻는다.

“약을 먹든지 아니면 몸에 불이라도 질러 죽겠다고 위협적으로 나오겠지요. 그저 위협으로 끝나면 좋겠지만, 지나쳐서 죽을시도 그것이 문제입니다.”

하고 담배를 한대 피워 무는데, 부인이 자리에서 벌떡 일어나며 내 손을 꼭 잡고 울기 시작한다.

“선생님 그게 제 팔자에 있단 말씀입니까? 그렇지 않아도 작년 (1995년)에 둘째 아들이 고3이었는데, 연애하던 여자애랑 동반자살을 했습니다.”

하고는 사시나무 떨 듯 오열하며 흐느낀다. 공연히 아침부터 쓸데없는 소리를 했다 싶어 후회를 했지만 이미 일은 저질러진 것. 수습은 해야겠는데 도무지 묘안이 서지를 않는다.

“물론 이성동결은 맺어주셨겠지요?”

“네. 하고 말고요.”

그거 해주기 전에는 그 아이가 집안에 늘 있는 것 같고, 그 애가 쓰던 방에서는 딱딱, 똑똑, 부스럭대고 기침소리같은 것도 나고 얼핏얼핏 옷자락이 보이는 것 같기도 했는데, 무당집에 가서 그것을 해주고 나서는 일체 그런 일이 없다며 오히려 환하게 웃는다.

이때를 놓칠세라, 혹시 그애들의 생년월일을 알고 있느냐고 물었더니 서슴없이 말해준다. 물론 망자 집안의 입장에서는 기억하고 싶지 않은 일이지만, 도대체 사주(四柱)가 어떻게 생겼길래 그처럼 끔찍한 일을 저지를 수 있을까 하는 의문이 생겨 물어보았던 것이다.

2. 망자총각

癸辛己丁　乾
巳巳酉巳　命

월지건록(月支建綠)을 놓고 지지전국(地支全局)이 사유(巳酉), 사유(巳酉)에 축토(丑土)까지 협공되어, 사유축(巳酉丑)으로 금국(金局)을 놓아 신태강(身太强)하다.

이렇게 되면 마땅히 년상정화(年上丁火)로 용(用)하여 사유축(巳酉丑)으로 엉켜붙은 쇳덩어리를 화극금(火剋金)하여 금기(金氣)를 분산시키는 것이 1차 감정이다.

이것은 정화(丁火)의 뿌리가 되는 사화(巳火)가 있고, 더구나 정사(丁巳)로 간여지동된 불기운이 강해 쓸만하다. 이렇게 되면 화(火)의 공(功)은 위대해서 가히 나라의 큰 동량이 될만한 가치가 있다.

그러나 지지사화(地支巳火)는 월지유금(月支酉金)을 보고는 사유(巳酉)로 합(合)되어 열애에 빠져버린지 오래 되었는데도, 년상정화(年上丁火)는 홀로 우뚝솟아 힘자랑을 하고 있으니, 못나도 한참 못난 정화(丁火)이다.

그런가 하면 월상기토(月上己土)가 있어 화생토(火生土)로 설기(泄氣)되어, 신금(辛金)을 다스릴 수 없는데도 정화(丁火)는 독화(獨火)인양 일장당권(一將當權)을 하고 있다면서, 사화(巳火)의 배신을 전혀 모르고 있으니 한심할 따름이다. 차라리 본명(本命)에 목(木)이라도 하나 있었으면 일장당권(一將當權)으로 보아 주겠는데 그렇지를 못하다.

그래서 할 수 없이 왕자의설(旺者宜泄)이라 하여 시상계수(時上癸水)를 용(用)하고자 한다. 물론 증발된 물이라 힘은 약하지만 그래도 쓸만한 것은 이것 밖에 없다. 이렇게 되면 금(金)에게 막혀 답답하던 사주(四柱)가 돌아는 간다.

다만 큰 그릇에 비해 설기구(泄氣口)가 약한 것이 흠인데, 이쯤 되면 잔뜩 먹고 배설을 제대로 못하는 것과 같으니, 편협하여 하나밖에 모르는 외곬수로 타협과 권유를 모르는 사람이 된다.

때는 1994년 갑술년(甲戌年). 본래 이 사람은 무재사주(無財四柱)이다. 지지(地支)가 모두 사유축(巳酉丑)되어 바위 덩어리같은 큰 암반이 깔려있으니, 애당초 나무가 뿌리를 내릴 수 없도록 만들어져 있어 본래 여자가 없는 팔자로 태어났다. 어쩌다 여자가 있어 결혼을 한다 해도 그의 아내는 비겁태왕(比劫太旺)으로 심하게 극(剋)을 받아, 이혼을 하든지 아니면 시집오는 날부터 시름시름 몸이 아파 사람 노릇을 제대로 못할 여자이다.

그런데 어쩌자고 한참 피어나는 청춘인 고3 때, 갑목정재(甲木正財)가 들어와 여보 당신을 만들었드냐. 누구나 사주(四柱)에 공망(空亡)맞은 오행(五行)이 있으면, 이것이 필요있고 없고를 떠나 열심히 찾는다. 또한 사주(四柱)에 어느 오행(五行)이든 하나만 없어도 애걸복걸하며 찾는 법이다.

마침 이 사람도 본래 여자가 없는 팔자였기에 속으로는 애타게 찾고 있는데, 갑목(甲木) 여자가 바람따라 굴러들어 왔으니 연령의 고하를 떠나 어찌 싫다고 거부했겠는가. 이는 분명 하늘이 보내준 천사나 선녀로 보였을 것이다.

꿈같은 세월은 흘러 1995년 을해년(乙亥年)이 왔다. 고3! 올해는 학창시절을 총결산하며 대학입시에 승부를 거는 해이다. 그러나 학령기에 재운(財運)을 만나면 학마재(學魔財)라 하여 공부가 안 되는 법. 책이 손에 잡힐리가 없다.

보면 볼수록 더더욱 예쁘게만 보이는 짝꿍도 여고 2년생. 밤이면 별꽃이 무성한 잔디밭에 앉아, 저 별 따다 장식하고 저 별 따다 수놓으며 예쁘게 살아보자는 부푼 꿈을 맞댄채 떨어질 줄 모르던 선남선녀들이었다.

3. 망자처녀

甲戊乙戊　坤
寅寅卯午　命

　2월 무토(戊土)로 태어난 것은 좋은데, 어찌하여 이렇게도 을묘목(乙卯木)과 갑인목(甲寅木)이 무성하단 말이냐. 본래 2월에 목(木)이 많으면 바람이라 하여, 평생 근심이 떠날 날이 없고 걱정이 많아 사는 것 자체가 불안하고 초조해, 마침내 정신질환까지 있게 되는 법이다.

　더구나 한줌의 흙 밖에 안되는 어린 사주(四柱)에 나무 뿌리가 이렇게 얼키고 설켰으니, 그대의 마음은 언제나 괴로웠을 것이다. 차라리 년주(年柱)에 무오(戊午)나 없다면 종관살(從官殺)하여 살았으면 좋았을 걸. 종(從)하여 살 명(命)도 안되고, 산다면 평생 신약사주(身弱四柱)로 살 수 밖에 없게 되었다.

　그런가 하면 앞에서 본 너의 짝꿍은 사주(四柱)에 쇠만 많고 나무 한조각 없더니, 너는 나무만 많고 녹는 쇳조각 한토막 없다. 어쩌면 그렇게도 너희들은 있는 것과 없는 것들 끼리 골라서 만났더냐. 일부러 이렇게 만나고 싶어도 그렇게는 안되겠다.

　만약 그대가 살아 생전에 나를 만났더라면 이렇게 말해주었을 것이다. 네 사주(四柱)의 일지(日支)에 있는 인목(寅木)은 남편이면서 탕화살(湯火殺)이요, 년지(年支)의 오화(午火)는 네 엄마로 역시 탕화살(湯火殺)을 먹었다.

이렇게 되면 피도 안마른 것이 벌써부터 죽자살자 연애한다며, 엄마가 노발대발할 것은 물론이요, 이년 저년하며 차라리 나를 죽이라고 앞가슴 풀어젖히며 야단이 나겠다.

너희집에 가보지 않았어도 잘 알겠다. 너희집에 전화 통화가 유난히 많은 것은 네가 연애하는 통화요, 이 남자 저 남자로부터 걸려오는 전화에 다른 식구들은 전화 한번 쓰기도 어려웠을 것이다.

어디 그뿐이냐. 네 엄마는 무오양인(戊午羊刃) 엄마로 대단히 무섭다. 차고 냉소적이며 한번 한다면 꼭 하고마는 엄마인데도, 너는 놀고만 있으니 한마디로 겁없는 아이구나.

어쨌든 너는 엄마의 애간장을 태우는 사주(四柱)로 태어났으므로 다만 죽자살자하는 사랑에만 빠지지 말아다오. 심하면 반드시 음독하겠다.

그러나 만나고 헤어지는 것은 모두 인연에 의한 것. 사후에 이 글로 만날들 무슨 의미가 있겠는가. 부모의 입장에서 볼 때 그저 애처울 뿐이다. 이미 저승의 길을 택했으니 그곳에서나마 부디 못다한 삶을 즐겁게 살기를 바란다.

네 남편은 협공된 축토(丑土)가 탕화(湯火)되어 음독살을 불러들였고, 네 사주(四柱)에는 이미 인오(寅午)로 탕화(湯火)되어 똑같이 음독살을 갖고 있었다.

네 사주(四柱)에 목(木)이 많아 하루 하루 사는 것 자체가 괴로

워서 이렇게 살 바에야 차라리 죽어버리겠다는 결심했을 것이다.
그리고 네 남편은 본래 의리의 사나이로 태어난지라, 너 죽는데
난들 못죽겠느냐는 의로운 생각으로 마지막 가는 길에 동반한 것
으로 알겠다.
　모쪼록 너희들은 전생과 현생과 후생으로 삼생연분되어 맺어진
망자들이니, 그곳에서 수업(修業)을 많이 하고 다시 현생으로 찾
아와 못다한 삶을 이어가기를 축원하며, 이 글 한수를 주고 싶다.

투 정

있다가도 없고 없다가도 있는 것을
색이라 하던데
만나고 헤어지는 것도
연이라 하는가?

연이라면 연치고는 너무 짧다.
스무살 남짓한 것도
연이라 하던가?

그러나 스무살의 연은
스무해의 연보다
더 진하고 참하니 우짤꼬.

제2부.
이론강의

1장.
천기도담

요즈음 세상 돌아가는 꼴을 보면 참으로 어수선하다. 세기말적 현상이라 그런지는 몰라도 나랏님이 둘씩이나 굴비 엮듯 엮어져 영어(囹圄)의 몸이 되지를 않나, 두 임금 모두 죽어 마땅하다는 추상같은 진언의 논지가 설득력 있게 받아들여지고 있다.

그런가 하면 이렇게 하늘과 땅과 물과 땅 속에서까지 터지고 무너지고 하는 어처구니 없는 일이 생기는데, 이런 와중에서도 어림잡아 십여명 이상이나 되는 사람이 너도나도 제왕이 되어 보겠다고 우루루 몰려나와 저렇게들 야단들이다.

나라에 현자(賢者)가 많고 영재(英才)가 많으면 물론 좋은 일이지만, 너도 나도 현자(賢者)요 영재(英才)라고 하니 이것이 문제이다.

나라의 존망이 위태로울 때 홀연히 나타나는 사람이 의인(義人)이요 명장(名將)이며, 문중이 어지럽고 병들었을 때 효자가 나는 법인데도 이들 모두는 자신이 의인(義人)이고 효자라며 오히려 질서를 어지럽히고 있다.

현자(賢者)들이여!

먼저 하늘에게 물어보라. 과연 자신이 국태민안(國泰民安) 할 수 있을 만큼 수신제가(修身齊家)부터 했는가를…… 굳이 잘못된 역사를 빗대어 그대들을 탓하고 싶지는 않지만, 우리의 역사는 가까운 제5공화국 정부가 탄생된 때부터 잘못되었다. 이는 분명 태어나지 말았어야 할 정부였기에 지금 우리가 겪고 있는 혼란은 마땅히 받아야 될 응보이다.

돌이켜 생각해 보면 전두환과 노태우는 분명 수신(修身)하지 못한 지도자였고, 5공화국은 칠년대환란(七年大患亂)을 수임한 불운한 정부였다. 5공정부 통치 7년 가운데 한 일이라고는 공교롭게도 물막이 공사만 했으니, 오공칠치(五共七治) 정부가 칠년치수(七年治水) 사업에만 전념했던 것도 이상한 일이다.

물이란 높고 낮음이 없도록 수평을 이루기 위한 수류운동을 계속하려는 성질을 갖고 있는데, 5공정부에서는 이러한 수류운동을 하지 못하도록 댐공사를 많이 함으로써 흐르는 물을 막아 버렸다.

이렇게 되면 물은 담수되어 시화호처럼 썩고, 흐르려는 물과 흐르지 못하도록 막은 제방과는 극대극이 되어 싸우고 있는 형상이니, 학생과 재야단체의 소요가 심했고 정부의 제도적 장치 또한 유난히 많아, 되는 것 보다 안되는 것이 더 많은 정치를 했던 것도 결코 우연한 일이 아니었다.

1990년 경신년(庚申年). 경금용신운(庚金用神運)에 등극한 전두환은 경금(庚金) 본래의 뜻대로 국정지표를 정의사회 구현으로 삼고, 깃발도 민주정의당으로 올렸으니 그 이름에 만족하고 크게 기뻐했으리라.

어쨌든 경금천기(庚金天機)는 바르고 곧은 기운이 있어 금과옥조 같은 명언명구로 세인의 눈길을 끌었지만, 끝내는 태과(太過)한 경금(庚金)의 지혜를 슬기롭게 이용하지 못해, 공은 없어지고 과만 남아 그나마 남긴 업적도 평가절하 되는 비운이 되었다.

어디 그뿐인가. 경신년(庚申年)은 삼형(三刑)이 동하는 해였다. 광주항쟁같은 무리수를 두지 않았어도 용신운(用神運) 되어 좋았을텐데, 태과(太過)한 경신금(庚申金)의 기운을 자제하면서 쓸 줄을 몰라 힘을 남발했으니, 삼형(三刑)이 동(動)해 피아간에 살상이 많았다.

그때 상생상극(相生相剋)의 진리를 조금이라도 알았더라면 무지로 벌어진 이런 인화(人禍)만은 없었을텐데 하는 아쉬움이 오래도록 남는다.

그러기에 반도개국이래 처음으로 세계의 축제장이 열리는 88올림픽을 유치시킨 인물이면서도, 백성들의 원성이 두려워 개회식이나 연회에 참석하지 못한 괴로움은 어떠했겠는가.

나름대로는 치밀어 오르는 울분을 토했을 것이고, 잠실벌에서 터져라 들리는 함성소리가 지긋지긋하게 들렸을 것이다.

 그나마 사주팔자 좋고 운이 좋아 한때는 제왕의 자리까지 올랐다. 작게는 본인과 문중의 광영이었겠지만, 나라의 광영까지 되었으면 얼마나 좋았겠느냐.

 지금은 두환과 태우라는 두 친구가 나는 이 방, 너는 저 방에서 똑같은 신세가 되어 법창을 바라보며 주마등처럼 펼쳐지는 옛그림이나 그려보고 있겠으니, 이제는 과와 실을 알겠고 공과 득을 알겠느냐.

 현재의 치자(治者)와 현자(賢者)들!

 수신제가(修身齊家)를 한 다음에 치국(治國)에 힘쓸지어다. 전, 노 두 사람은 수신제가(修身齊家)도 못하면서 치국(治國)하려다 돌이킬 수 없는 누를 범하지 않았던가. 비록 나는 하늘에서 내리는 이슬같은 천강수(天降水)나 받아 먹고 사는 사주쟁이지만, 삼라의 모든 이치가 담겨있는 바둑의 도나 한마디 알려 주련다.

 대저!

 우주의 큰 바탕이란 태초에 하늘이 열리고 땅이 생기면서 사람을 있게 하였지, 다스리는 자를 먼저 만들어 속박받으며 살라고 한 것은 아니다.

 바둑의 도는 하늘과 땅이 둥글고 모난 형상과 같다. 그 안에는 양(陽)과 음(陰)의 움직임이 있어 고요한 가운데 은은한 이치가 있고, 성진(星辰)이 분포되는 서열이 있으며, 풍운이 변하는 기틀

이 있고, 봄과 가을의 살리고 죽이는 구도가 있다.

인간의 삶이 성쇠하는 이치가 모두 이 안에 있으니, 여기를 다루는 솜씨는 사람마다 달라 수양과 지혜로 오르고 내린다.

기도(碁道)란 이것만이 아니다. 만물의 수는 1에서 시작해 0으로 끝나는데, 1, 2, 3, 4, 5는 양수(陽數)요, 6, 7, 8, 9, 0은 음수(陰數)이다.

양(陽) 가운데는 음(陰)도 있으니 2와 4가 음(陰)이며, 음(陰) 가운데도 양(陽)이 있어 7과 9가 양(陽)이 된다. 이처럼 하나의 수에는 음(陰)과 양(陽)이 있어 서로 조화를 이루고, 우리들도 이러한 숫자놀음에 놀아나고 있다.

이것이 바로 고니와 장기와 바둑의 수와 같다.

· 고니의 모든 수는 12수로 이것은 12개월을 본뜬 것이요,

· 장기의 모든 수는 72수로 이것은 1년 72절후를 본뜬 것이며,

· 바둑의 모든 수는 129,600수로 이것은 대우주의 일년과 같다.

1부터 시작된 바둑의 행로는 모두 361로(路)다. 1이라는 숫자는 모든 수의 어른이며 주인이 되어 중앙 중심에 한 점으로 앉은 것과 같다. 이 한 점, 한 돌, 한 수는 사주팔자 중심에 앉은 일간(日干)과 같아 앞으로 사방팔방으로 뻗어 사통팔달하게 펼쳐질 인생 판도를 그려내는 것과 같다.

361로(路)는 모든 수의 주천(周天) 즉, 일년을 말하지만 사람으로는 360혈(穴)을 뜻한 것이요, 일년 가운데 사계절을 둔 것은 사람에게는 사지(四肢)를 만들어 사람의 형상을 도모한 것이다.

바둑판 둘레의 네모퉁이 마다 모두 90점씩 둔 것은 계절마다 90일씩(360일÷4계절=90일)을 따른 것이요, 바둑판 둘레의 72로(路)는 5일마다 드는 천기(天機)를 나타낸 것으로 1년의 72절후(360일÷5일=72절후)를 뜻한 것이며, 바둑알 360개가 흑과 백으로 반반인 것은 음(陰)과 양(陽)으로 나뉜 자연을 본뜬 것이다.

바둑판 줄을 평(枰)이라 하고 줄과 줄 사이를 괘(卦)라 하여 천원지방(天圓地方)이 된다. 바둑판이 모난 것은 고요한 땅을 말함이고 바둑알이 둥근 것은 움직이는 하늘과 같다고 하였으니, 우주의 윤회주기(輪廻週期)를 말한 것으로 생노병사 하고 영고성쇠하는 진리를 뜻한 것이다.

인생의 삶도 한판의 승부이다. 한점의 승부수를 찾고 못찾는 순간에 따라 승패가 난다. 그러나 패하는 국면 쪽으로 기울다가도 한점의 승부수를 잘 띄웠을 때는 기사회생(起死回生)하기도 한다.

그러나 모양새가 승승한다 하여 탐욕을 더 하다가는 큰 실패를 범하는 우가 되어 끝내는 돌이킬 수 없는 실패를 당하는 것도 모두 자기의 경솔함 탓이니, 나가고 물러서는 때를 알고 오르고 내릴 자리를 알자고 이 글을 썼다.

2장.
살의 정체를 밝혀보자

사주(四柱)에서 살(殺)이란 오행(五行)의 어느 육신(六神)이 흉칙스럽고 난폭한 기신(忌神) 작용을 할 때, 죽일살(殺)자를 서서 무슨 살(殺) 무슨 살(殺)이라고 하지만, 본래는 달달 볶아 죽일살(煞)자를 써서 아주 흉칙하고 흉폭하다는 뜻을 강조하기 위해 볶아죽일살(煞)자로 쓰는 것이 맞는다. 죽일살(殺)자를 쓰는 것은 편의상 쓰고 있는 것이다.

이처럼 기신(忌神)은 악의 존재와 같은 흉칙한 기물이다. 오죽했으면 달달 볶아 죽여도 시원치 않을 놈이라고까지 하겠는가. 그렇지만 사주학(四柱學)에도 질서와 경우와 도덕성이 있어, 어머니와 자식과 형제에게는 아무리 기신(忌神)이라도 살(殺)이라고는 하지 않는다.

그러면 지금부터 명리학(命理學)이나 무속세계에서 말하는 살(殺)에 대해 알아보자.

우리는 언제부터인지는 모르지만 살(殺)을 대단히 무서운 존재로 여기며 살아왔다. 앞으로도 지구의 생명이 다할 때까지는 절대적으로 금기시하며 살아가리라고 본다.

누가 죽으면 무슨 살(殺)을 맞았다느니 무슨 살(殺)이 끼여서 그렇다느니 한다. 아기를 낳아도 부정살(不靜殺), 나무 한그루를 베어도 벌목살(伐木殺), 한줌의 흙을 파고 묻어도 동토살(動土殺) 등등 이루 헤아릴 수 없을 만큼 많은데, 살(殺)때문에 잘된 것은 없고 전부 잘못되었을 때만 살(殺)의 핑계를 댄다. 그러고 보면 살(殺)이란 좋은 것은 없고 나쁘다는 말로 요약된다.

그렇다면 살(殺)을 미신의 개념으로 받아들이지 말고 생각을 바꿔 현대과학으로 재조명해 볼 필요가 있다고 생각된다. 왜냐하면 이 살(殺)의 역사는 1~2백년 된 짧은 역사가 아니고 수천 수만 수억년 전부터 지금까지 비밀스런 신비로만 전해오면서 그 정체를 드러내지 않고 있기 때문이다.

더구나 역사성을 갖고 있다는 것은 그것이 무엇이든 미신이 될 수 없다. 다만 아직까지 그 정체를 밝혀내지 못했기에 매도 당하고 있는 것 뿐이다. 여기서 우리의 일상생활과 관계되는 일로 연관하여 생각해 보자.

어느날 갑자기 원인도 모르게 죽는 것, 죽고보니 죽을 짓만 골라 했다는 것, 원인을 알 수 없는 질병, 불시의 사건과 사고, 동일지

역에서 동시 다발적으로 일어나는 교통사고, 조상이나 악령의 꿈에 시달리는 현상, 불행한 일만 계속 발생하는 것, 아무리 노력해도 불운이 계속되어 실패하는 것 등등 이러한 것들은 모두 불가사의한 것으로 예측과 예견을 할 수 없는데, 이를 무엇때문이라고 자신있게 설명할 수 있겠는가.

이러한 정체를 현대과학으로 알아보겠다고 〈그것이 알고 싶다〉라는 TV프로에서 현대과학으로 풀어보려고 조명해 보기도 했지만, 언제나 그랬듯이 결론은 신통치 않았다. 그런데도 사람들은 무조건 미신 운운하며 부정하고 있다.

그렇다면 한가지 묻겠다. 과학이란 철학이나 신의 세계보다 한차원 낮은 것인데, 어찌 한 차원 높은 상위세계를 다룰 수가 있겠는가.

하여튼 살(殺)은 불가사의한 정체이다. 그래서 업보론(業報論)을 주장하는 사람들은 이렇게 말한다. 살(殺)이란 업(業)과 밀접한 관계가 있다. 업(業)은 인간을 낳고 인간은 다시 업(業)을 낳는데, 이를 업살(業殺) 또는 선천살(先天殺)이라고 한다.

이 중에서 흔한 살(殺)로는 빙의살(憑衣殺)을 빼놓을 수 없다. 어떤 영체(靈體)가 어느 사람의 영혼에 접근하여, 영적으로 장애를 일으켜서 행동과 생각을 뜻대로 못하게 방해하는 살(殺)이다.

악령에 사로잡혀 빠져 나오지 못하고 계속 헛소리만 하는 가렴살도 있다. 이 살(殺)이 끼면 몸에서 노린내가 나고 향수썩은 냄새가 풍겨, 사람의 접근을 막는 살(殺)이 되어 이것 역시 무서운 살

(殺)이다.

그러면 이런 살(殺)이 내 몸에 있는지 없는지를 어떻게 알아낼 수 있을까 하는 의문이 생길 것이다. 그것은 간단하다. 첫째는 사주(四柱)를 보면 알 수 있고, 둘째는 관상으로 알 수 있으며, 세 번째로는 성상(聲相)으로 알 수 있는데, 가장 정확한 것이 사주(四柱)이다. 사주(四柱)에서 나타나는 몇가지 살(殺)을 간추려 보면 다음과 같다.

1. 급각살(急脚殺)

전생에 남의 머리를 때려 신경계를 마비시켰거나, 낭떠러지에서 밀어뜨려 다리를 절뚝거리게 만든 사람이 환생했다는 급각살.

月支	寅卯辰	巳午未	申酉戌	亥子丑
殺名	亥子	卯未	寅戌	丑辰

2. 괴강살

전생에 온갖 못된 짓을 다한 남자가 여자로 환생해 여자에게는 과부가 많다는 괴강살.

庚辰 庚戌 壬辰 壬戌

3. 낙정관살(落井關殺)

전생에 술에 취한 사람을 우물 속에 빠뜨려 죽인 죄인이 환생했다는 낙정관살.

日干	甲	乙	丙	丁	戊	己	庚	辛	壬	癸
殺名	巳	子	申	戌	卯	巳	子	申	戌	卯

4. 귀문관살(鬼聞關殺)

전생에 부부가 서로 밥을 먹는 섯까지 시기하고 질투하며, 밖으로 나가는 것까지 의심해 마침내 미친놈이란 낙인이 찍혀, 동네에서 살지 못하고 쫓겨난 사람이 환생했다는 귀문관살.

寅未 卯申 辰亥 巳戌 丑午 子酉

5. 탕화살(湯火殺)

전생에 못된 짓을 많이 해서 사약을 받고 죽은 사람이 환생했다는 탕화살.

丑 寅 午

6. 단교관살(斷橋關殺)

전생에서 다리 밑으로 사람을 밀어 병신을 만든 죄인이 환생했다는 단교살.

日干	子	丑	寅	卯	辰	巳	午	未	申	酉	戌	亥
殺名	亥	子	寅	卯	申	丑	戌	酉	辰	巳	午	未

7.백호관살(白虎官殺)

전생에 칼을 들고 싸움이나 하던 사람이 환생했다는 백호관살.

子申 丑酉 寅戌 亥卯 辰子 巳丑

8.백호대살(白虎大殺)

전생에서 사람을 흉악스럽게 해치고 죽게했던 사람이, 염라대왕
앞에서 마지막 사함을 받고 가까스로 환생했다는 백호살.(辰戌
丑未로만 살이 만들어 졌음.)

甲辰 乙未 丙戌 丁丑 戊辰 壬戌 癸丑

9.혈인살(血刃殺)

전생에서 살생을 많이한 사람이 환생했다는 혈인살.

子戌 丑酉 寅申 卯未 辰午 巳巳

10.고란살(신흠살)

전생에서 홀아비와 과부를 쫓아다니며 손가락질하고 흉을 보던
사람이 환생했다는 고란살.

甲寅 乙巳 丁巳 戊申 辛亥

11.효신살(梟神殺)

전생에 서모를 학대하다 죄인이 된 사람이 환생했다는 효신살.

日干	甲	乙	丙	丁	戊	己	庚	辛	壬	癸
殺名	亥	子	寅	卯	巳	午	辰戌	未丑	申	酉

12. 수옥살(囚獄殺)

전생에서 살인, 강간, 방화, 강도, 절도, 사기 등 온갖 못된 짓을 하다가 평생 징역살이만 하던 사람이 환생했다는 수옥살.
子午, 卯酉

13. 홍염살

전생에 엽색질만 하던 사람이 환생했다는 홍염살.

14. 삼형살(三刑殺)

전생에 싸움질이나 하던 사람이 남에게 신체적 불구를 만든 사람이 환생했다는 삼형살.

15. 음양착살(陰陽錯殺)

전생에 외가집과 원수를 진 사람이 환생했다는 음양착살.

16. 자형살(自刑殺)

전생에 성질이 못되어 스스로 자해를 한 죄인이 환생했다는 자형살.

17. 육해살(六害殺)

전생에 시기와 질투가 많아 남에게 욕을 하고 비방이나 하던
사람이 환생했다는 육해살.

18. 파살(破殺)

전생에서 남이 하는 일을 쫓아다니며 훼방이나 놓고 심술이나
부리던 사람이 환생했다는 파살.

19. 매아살(埋兒殺)

전생에 아이들을 쫓아다니며 못살게 굴던 사람이 환생했다는
매아살. 사주(四柱)에 축묘신(丑卯申)이 있는 사람은 산에서
애죽은 귀신한테 붙들리기 쉽다.

20. 홍두살

오다가다 길목을 지키고 있던 객사한 귀신이 홍두살이다. 이
살은 홍두맥이라고 하여 정월이면 흔히들 입고 있던 헌옷을 삼
거리나 사거리 길목에서 불태워 예방하기도 한다.

이렇게 살(殺)에는 많은 종류가 있으며, 사주(四柱)에만 그냥 붙
어있는 것이 아니라 사람의 몸 구석구석에 붙어 징표를 나타내고
있으니, 무조건 자신이 모른다고 하여 미신으로 몰아부쳐 멸시하
며 타파하자고만 할 것이 아니다.

인체에서 살(殺)이 가장 많이 나타나는 곳은 얼굴이다. 특히 빙의살이 붙으면 동공이 수축된 듯 눈이 게슴치레하며 눈가에 주름이 많아지며, 머리결이 거칠어지고 얼굴이 일그러지며, 목소리가 탁하게 변성되는 경우가 많다.

그런가 하면 눈썹이 짧은 고독살, 얼굴이 사각진 독신살, 코가 비뚤어진 허풍살, 콧대가 가늘고 높고 뾰족한 아만살, 입이 작고 뾰족한 난폭살, 입만 뾰족한 아수라살, 이마 한복판에 점이 있는 살부살, 얼굴의 좌우중심이 다른 변태살, 얼굴이 둥글 넓적한 나타살 등이 있다.

풍수적으로 나타나는 재앙에 관한 살(殺)로는 높은 산밑의 재난살, 큰 물가에서 일어나는 수재살, 지하수맥 위에 지은 집에서 일어나는 병부살, 삼봉의 중심지에 집을 지은 적살 등이 있고, 밤중에 집안에서 탁탁 치는 소리가 들리고 땡그랑, 뚝, 딱하는 소리가 나는가 하면, 전화가 자주 혼선이 되는 집도 흉지흉가의 상으로 터가 센 지살(地殺) 탓이다.

살(殺)이 끼여 흉령들이 들락거리며 사는 곳은 햇빛이 잘 들지않아 음침한 집, 벽에 금이 가고 습기가 많이 찬 집이나 장소, 말소리가 울리는 집, 가슴이 답답한 집, 냉난방 시설이 자주 고장나는 집, TV화면이 자주 떨리는 집, 꿈자리가 사나운 집, 전화가 잘 끊기는 집, 도둑이 잘 드는 집, 창문이나 대문이 자주 삐그덕거리는 집, 가만히 있어도 창문이나 대문이 열리는 소리가 나는 집, 유난히 악취가 많이 풍기는 집 등을 흉령들이 끼여 사는 곳으로 보면 되는데, 특히 이 중에서도 장롱 속, 창고, 변소같은 음습한 곳에 많이 머물러 있다.

이것 뿐만이 아니라 땅에서도 인간의 길흉화복과 아주 밀접한 관계를 맺고 있다. 땅을 매립한 곳에 집을 짓거나 대형건물이 세워지면 정신질환자나 모반과 혁명적인 사람이 생기며, 계곡 매립지나 채석장같은 곳에서는 정신질환자나 신경통 환자가 생기고, 바위가 험하고 흉칙한 곳에서는 혁명가와 모반자가 생기며, 흐르는 물이 빈약한 곳에서는 다혈질이 생기고, 일조량이 많거나 뜨거운 곳도 역시 다혈질 터이다.

또한 음흉스럽게 웅크린 듯한 산이 보이는 곳에서는 탐관오리가 생기고, 늘 안개가 끼여있는 곳에서는 강간이나 간음이 자주 생기는 곳이며, 안개가 자주 끼는 호수나 강변에서는 심장과 신장이 약한 사람이 생기고, 지반이 약한 매립지는 늘 질병이 있어 우환이 떨어지질 않는 집이다.

지금까지의 설명으로 살(殺)이란 자연의 순리철학에서 비롯되었다는 것을 알게 되었을 것이다. 이렇게 살(殺)들은 떨쳐버릴 수도 없고 떨어지지도 않는 것이다. 그러나 이런 지역들을 피해서 살기엔 시대적으로 쉽지가 않다.

이런 일은 역술인나 무속인에게만 맡길 것이 아니라, 현대인들의 몫으로 알고 다같이 동참하여 연구해야 한다고 말했던 김민채 기자에게 크게 감사하며 고마움을 느낀다. 과학만을 신봉하는 현대의 지식인들도 이제는 고정관념에서 벗어나, 다같이 역(易)을 공부하고 연구하는데 힘쓸 것을 이 글로써 당부하고 싶다.

3장.
자오묘유를 바로 알자

욕즉재라, 욕심이 지나치면 반드시 재앙이 따른다는 말이다. 그렇지만 욕심이 없고는 발전할 수가 없다. 학생이 공부를 열심히 하는 것도 남보다 뒤떨어지지 않으려는 경쟁의식에서 발동된 욕심이요, 부지런히 일하는 것도 남부럽지 않게 살아보려는 욕심에서 비롯된 것이니 이를 탓할 수는 없다.

욕은 연령별로 성향이 다르다. 20대는 성욕, 30대는 정욕, 40대는 탐욕, 50대는 물욕, 60대는 노욕이다. 다만 욕의 정도가 지나치느냐 아니냐에 따라 연대별로 주어진 인생노정에 선과 악, 흥과 쇠로 기록을 남기며 사는 것이 인생이다.

우리에게는 이처럼 고비마다 위험이 도사리고 있어 인생 60을 살기가 그렇게 쉽지 않다. 순간 순간이 아찔한 것 뿐이니 삶이란 자체는 기우뚱거리며 외나무 다리를 걸어가는 것이 아닌가 한다.

그러면 여기서 인간의 중추신경이라 할 만큼 중요한 인생의 중년기를 알아보자.

사주명리학(四柱命理學)에서 인신사해(寅申巳亥)를 사왕(四旺), 자오묘유(子午卯酉)를 사정(四正), 진술축미(辰戌丑未)를 사고(四庫)라고 한다.

인신사해(寅申巳亥)가 어린애와 같은 유년기라면 자오묘유(子午卯酉)는 청년이나 장년같은 청장년기요, 진술축미(辰戌丑未)는 늙은 노년기에 속한다.

이 말은 인(寅)은 봄에 새싹이 돋아난 것과 같고 아이들의 천방지축과 같으며, 묘(卯)는 나무가 성장한 것과 같고 의젓해진 어른과 같으며, 진(辰)은 나무가 늙어 쇠한 것과 같고 사람이 늙은 것과 같다.

인신사해(寅申巳亥)는 천방지축 철이 없고 겁이 없는 때요, 자오묘유(子午卯酉)는 전후좌우 사방을 살필 줄 아는 때이며, 진술축미(辰戌丑未)는 웅크리고 쪼그린 상이니 틀어쥘 줄만 아는 때이다.

인신사해(寅申巳亥)는 20대까지이고, 자오묘유(子午卯酉)는 21세에서 63세까지이며, 진술축미(辰戌丑未)는 64세 이상을 말한다.

이렇게 인생을 3등분으로 나눌 수 있는데, 그 중에서도 장장 40여년을 살아야 될 중추 신경계의 중년기는 자오묘유(子午卯酉)이다. 일명 도화살(桃花殺), 함지살(咸池殺), 색정살(色情殺)이라고

들 하며, 머리를 설레설레 흔들며 비웃고 손가락질 받는 살(殺)이
었지만 이제부터는 그 개념을 바꾸길 바란다.

　사주(四柱)에 도화기(桃花氣)가 없으면 외모는 물론이고 붙임성
이 없어 대인관계에 문제가 있고, 지혜가 없어 가까운 길을 옆에
두고도 먼 길로 돌아가는 격이니 발전이 느릴 수 밖에 없다.

　또한 일은 죽도록 해놓고 공은 남에게 빼앗기니 인덕이 없고, 미
련한 짓만 골라서 하는 사람인데도 도화살(桃花殺)을 흉보고 탓하
겠는가.

　다만 도화살(桃花殺)이 흉살로 작용할 때가 문제이다. 흉살로 작
용할 때는 어디 도화살(桃花殺)만 문제인가. 인신사해(寅申巳亥)
나 진술축미(辰戌丑未)도 때로는 자오묘유(子午卯酉)보다 더더욱
흉폭한 짓을 한다.

　도화살(桃花殺)에는 다른 살(殺)과 달리 특징적인 면이 있다. 도
화살(桃花殺)이 강력한 사람은 둥근 달을 보고도 흥분한다. 이런
사람은 달을 보고 사색에 빠져들기 쉬우니 혼자있는 것을 좋아하
고, 지나간 일을 끄집어 내는 습성이 있으며, 누가 살짝만 건드려
도 금새 감정을 나타내는 기질이 있다.

　하여튼 끼있는 여자나 남자는 도화(桃花)의 작용이 강한 탓이니,
굳이 여자에게만 도화살(桃花殺)을 적용시켜 질책하는 것은 잘못
이다. 도화살(桃花殺)이 있는 사람은 생명에 혼이 있는 사람이요,
없는 사람은 혼이 빠진 사람이라고 보아도 무방하다.

　이것은 사람을 끌어당기는 매력과 마력이 있기 때문이다. 사람은

누구나 도화기(桃花期) 즉, 21세부터 63세까지가 인생에서 전성기가 되므로 이렇게 자오묘유(子午卯酉)의 힘이 왕성할 때, 연애도 하고 결혼도 하며 사업도 하고 출세도 하는 것이다.

자오묘유(子午卯酉)의 기운은 활발하여 정력적이고 폭발적이며 도전과 공격적인 기질이 있어 이를 발설하지 않으면 안된다. 인신사해(寅申巳亥)나 진술축미(辰戌丑未) 때는 불가능한 시기라는 것을 이해하기 바란다.

4장.
인신사해를 바로 알자

자오묘유(子午卯酉)를 중심으로 사정(四正)을 하나씩 끼고 변방의 장수처럼 재왕을 보필하고 있는 것이 인신사해(寅申巳亥)이다. 요즘 말로는 경호원과 같다.

그러기 위해서는 신체가 건강하고 무술을 연마해 강인하고 용맹스러운 것은 물론, 솔선수범적이고 대(大)를 위하여 소(小)를 희생할 줄 알아야 하며, 희생정신 또한 강해야 한다.

이래서 인신사해(寅申巳亥)인 사람들은 군인, 경찰, 법관, 의사, 기자 등의 직업을 가지며, 격조가 나쁘면 도살업이나 도정업같은 직종에서 일하는 사람들이 많다.

그런가 하면 인신사해(寅申巳亥)는 철없는 아이들과 같아 언제 무슨 일을 저지를지 모른다. 작을 경우에는 싸움 정도로 그치기도 하지만, 살인 등과 같이 큰 일을 저지르는 불량한 기질도 있다. 그래서 그런지 인신사해(寅申巳亥)를 갖춘 사람치고 몸에 흉터나 징표가 될만한 큰 점이라도 하나 있어야지, 그렇지 못하면 인신사해(寅申巳亥) 자격이 없는 사람이라고 하겠다.

그렇다면 이런 근성과 기질은 어디서 나오는 것일까. 인(寅)은 입춘이 되면서부터 시작된다. 인묘진(寅卯辰) 봄이 되어 석달 동안 머무를 봄을 대표하는 우두머리가 인(寅)이며, 인(寅)은 만물을 대표하니 자존심이 강하다.

이것은 모진 겨울과 싸워 이겼다는 영웅심과 만물의 오행(五行) 가운데 제일 먼저 싹을 텄다는 우쭐함이 곧 나에게는 자존심이 되었기에 곡직(曲直)을 좋아하는 것이다. 인월(寅月)의 갑목일주(甲木日柱)가 자존심이 강한 것도 이 때문이다.

만약 이런 사람과 시비가 벌어져 자존심을 상하게 하는 말을 했다가는 큰 일 난다. 그래서 인(寅)은 스스로 말하기를 봄만 대표하는 것이 아니라, 일년이 봄부터 시작되니 일년의 대표가 되고 오행(五行)의 대표도 되니 자신이 두목이라고 한다. 이렇게 보면 사실 두목은 두목이다. 그것도 작은 두목이 아니라 아주 큰 두목이다.

그러나 경솔해서 실수가 많고 위 아래를 몰라보는 무례함도 있다. 그것도 그럴만한 것이 막 해빙되어 얼음장을 뚫고 나왔으니 세상 물정을 어찌 알 수가 있겠는가. 그저 천방지축처럼 노는 어린 나무같은데.

사람이나 나무나 나이를 먹어야 철이 들고 나이테가 생겨서 재목이 될텐데, 그저 날뛰는 어린애인지라 철없는 짓을 잘한다. 무서운 것도 무서운 사람도 없으며, 닥치는 대로 하고 싶은 것도 많아 무조건 저질러 놓고 보는 무모함을 탓할 수만도 없다.

그런가 하면 힘이 넘친다. 인(寅) 속에는 무병갑(戊丙甲)이 있어 영양분을 듬뿍 머금고 있으니, 병화(丙火) 즉 햇빛만 보아도 금방 꽃망울을 터트려낼 만큼 양기가 충분한지라, 소년시절에는 물건도 벌떡벌떡 잘 일어선다. 때로는 발산할 데가 없어 엉뚱한 짓을 하기도 하는데 모두 이런 이치에서 비롯되는 것이다.

하지만 이렇게 철이 없어 사람노릇 못할 것이라고 생각하겠지만 천만의 말씀이다. 이것은 인간의 기본 체력인 활력소를 저장시키는 근본과 같기 때문에, 어려서는 반드시 인신사해(寅申巳亥) 과정을 거쳐야 한다.

만약 인신사해(寅申巳亥) 과정을 거치지 않고 자오묘유(子午卯酉)로 직접 넘어간다면, 그는 동사하든지 아니면 뜨거운 열기에 타죽어버리는 나무가 될 것이다. 차고 매서운 바람과 싸우고 흙과 돌부리에도 채이며 자라는 사이에, 체력이 단련되고 기골이 장대해져 남아장부의 골격을 비로서 갖추게 된다.

봄에는 인목(寅木)이 무수히 싹을 트지만 그 중에서도 주위의 악조건을 모두 이겨낸 놈만이 비로서 사월(巳月)이 되면 꽃을 피우고 신월(申月)이 되면 열매를 맺는다.

그래서 해월(亥月)이 되면 내년을 약속하고 내 할일을 마친다.

하지만 해월(亥月)이라 하여 내가 영원히 죽는 것이 아니라, 다시 장생(長生)되어 돌아온다는 약속을 하고 잠시 물러서는 것 뿐이다. 이래서 영혼불멸이란 말이 나왔고 환생이란 말이 나왔다.

하여튼 남자의 사주(四柱)에 인신사해(寅申巳亥)의 뿌리가 있어야, 활력과 정력이 강하고 용기가 있어 매사에 의욕이 강하다. 끝내 결과를 보고마는 결실있는 삶을 할 사람이라는 것을 알아두자.

이뿐만이 아니라 인신사헤(寅申巳亥)는 만물의 엑기스가 모인 곳이며, 사람에게는 정자의 핵이 모인 곳이 바로 여기이다. 만물의 수는 1에서 시작해서 0으로 끝난다.

0이 지나면 다시 1로 되는 것처럼 지지(地支)도 인, 묘, 진, 사, 오, 미, 신, 유, 술, 해(寅, 卯, 辰, 巳, 午, 未, 辛, 酉, 戌, 亥)의 열이고, 육갑(六甲)의 십신(十神)도 모두 열이다.

인월(寅月)부터 해월(亥月)까지는 씨를 뿌리고 거두어 드리는 기간이다. 이 열달의 기간을 묶어보면 이는 만물의 원리를 축소해서 묶었다는 말과 같고, 인(寅)과 해(亥)를 묶으면 모일핵(核)자가 된다.

이것은 만물의 엑기스요 인간의 엑기스이다. 이것이 없으면 혼이 없는 것과 같다. 엑기스가 충만하면 충만할 수록 핵의 폭발력과 위력이 대단한 것처럼, 장수할 영양소가 풍부하다는 뜻과도 같아 힘이 넘치는 생활은 물론, 젊고 싱싱한 삶과 핵심적이고 중심적인 인물이 되는 바탕이 인신사해(寅申巳亥)에서 비롯된다.

5장.
진술축미를 바로 알자

 자연의 법도는 준엄하다. 인목(寅木)이 아무리 크고 싶어도 미토(未土)에 와서 입묘(入墓)되고, 사화(巳火)가 아무리 강렬하고 싶어도 술토(戌土)에 와서 입묘(入墓)되며, 신금(申金)이 아무리 예리하고 싶어도 축토(丑土)에 와서 입묘(入墓)되고, 해수(亥水)가 아무리 넘치고 싶어도 진토(辰土)에 와서는 멈춰버린다.

 이처럼 대자연의 질서는 엄격하여 생장멸(生長滅)의 법칙으로 살리고 키우고 죽이는 때가 분명하다는 것을 가르쳐 주고 있건만, 인간은 이것을 아는지 모르는지 그저 오르면 또 오르고 싶어하고, 가지면 더 갖고 싶어하며 욕을 탐하고 있으니 이것은 인간의 만용이요 객기이다. 아무리 설명을 해도 관심이 없다. 그렇다면 다시 한번 보자.

봄에 나무를 심어 진월(辰月)이 되면 쇠하니 나무의 생명은 시들기 시작하고, 목(木)이 사월(巳月)이 되면 꽃을 피우고 나무의 생명은 점점 병들어 간다.

목(木)이 오월(午月)이 되면 꽃을 만개시키고는 죽어 나무의 생명은 죽은 것과 같고, 목(木)이 미월(未月)을 만나면 그때서야 입묘(入墓)되어 나무의 생명은 죽어 버리고, 목(木)이 신월(申月)이 되면 절(絶)되어 나무의 생명은 이것으로 끝난다.

이러한 생노병사의 진리는 천도천리에 의해 만들어진 자연의 율법같아 인간도 이 율법에 따라 살아야 된다. 교만하지 않고 머리숙여 살 줄 알아야 하며, 때가 되면 물러설 줄 아는 지혜도 있어야 한다. 이 세상 모든 부귀영화는 무한한 것이 아니다.

그래서 사주(四柱)에 진술축미(辰戌丑未)가 모두 있으면 이런 진리를 아는 가색(稼穡)이 되어 제왕이 될만큼 큰 그릇으로 타고 났다 하여 좋아하는 것이다. 진술축미(辰戌丑未)란 모든 만물이 썩고 죽어 흙이 되지만, 이들마다 흙 속에는 생장멸(生長滅)의 혼이 들어 있다.

흙은 그러한 모든 철학을 갖고 있기 때문에 결코 서두르지 않는다. 오직 때를 기다리며 설한풍상 다 겪으면서도 중용의 도를 지키고 있다. 이것을 잘 지키는 사람은 품성이 바르고 어질며, 부당한 것을 싫어하고 신사도를 지키며 선비처럼 살려는 기질이 있다.

그러나 격조가 나쁘던가 아니면 화토중탁(火土重濁)되어 쓰지 못하는 경우도 많아, 승도에 입문하는 사람이 많은 것도 모두 여기서 비롯된 것이다. 이런 경우는 차라리 모든 번뇌를 잊고 흙이 되어 살겠다는 뜻으로 무욕을 전제한 사람들인데, 이들 중에서 대승이나 대법사가 나오는 것도 결코 무관한 일이 아니다.

그런가 하면 사주(四柱)에 토(土)가 많으면 게으르고 굼떠서 자리에 한번 앉으면 좀처럼 일어나지 않으려 하고, 방구를 잘 뀌거나 하혈을 자주하는 사람도 여기서 나오고, 각종 암환자도 이런 사람 중에 많다. 또한 농업으로 대성한 사람이나 유난히 부동산을 좋아하는 사람도 모두 여기서 나온다.

또한 진술축미(辰戌丑未)는 약도 된다. 한약에서 감초가 바로 진술축미(辰戌丑未)에 속하는데, 어느 약이고 감초가 안들어가는 약이 없듯이 사주(四柱)에 이것이 있는 사람은 협상이나 교제를 잘한다.

또한 집안에서는 종손이 아닌데도 족보, 조상묘, 시제같은 문중일에 참여하기를 좋아한다. 그래서 애늙은이 같다는 별명이 붙은 아이의 사주(四柱)를 보면 틀림없이 진술축미(辰戌丑未)가 많다는 것을 알게 된다.

그런가 하면 진술축미(辰戌丑未) 대운(大運)에서는 변화가 많이 생기고 개종(改宗)하는 경우도 많으며, 갑자기 늙거나 죽는 사람이 많은 것은 모두 묘궁(墓宮)이기 때문이다.

사주(四柱)에서도 용신(用神)을 잡을 때 진술축미(辰戌丑未) 용신(用神)이 가장 어렵다. 이것은 감초라고 해서 무조건 두세 쪽을 넣는 것이 아니라 약의 성분에 따라 달리 하는 것과 같다. 진술축미(辰戌丑未) 감초를 어느 계절에 캔 것이냐에 따라 효능이 달라지는 이치와 같다.

그런가 하면 이런 사람은 합병증을 조심해야 한다. 특히 당뇨병 같은 것은 저항력이 부족하니 주의하지 않으면 안된다. 아무튼 사주(四柱)에 진술축미(辰戌丑未)가 있어야 영양분이 듬뿍 들어있어 얼굴에 윤기도 흐른다. 이것이 부족하면 성격이 신경질적이고 소심하며 아량이 적은 사람이 된다.

6장.
음천기의 태동

1. 하원갑자(下元甲子)가 되면서

지금은 음기(陰氣)가 태동하는 때라, 여권이 신장되면서 사회적으로 활동력이 뛰어나 여성 상위시대가 점점 무르익어 가고 있다. 이것은 1984년부터 새롭게 시작된 하원갑자(下元甲子)의 천기(天機)가 도래되어 나타나는 현상으로 요즘 젊은 사람들의 차림새부터 달라지는 것만을 보더라도 알 수 있다. 우선 눈에 띄게 변한 것은 남자들이 여자를 닮아가고 있다는 것이다.

① 남자들 끼리도 오빠로 호칭한다.
② 남자들이 화장을 즐기며 머리를 묶고 다닌다.
③ 남자들이 여성스런 말을 간드러지게 쓴다.
④ 남자들이 여자 부츠를 신고 다닌다.
⑤ 남자들이 귀걸이 목걸이 팔찌 등은 예사이고, 여성보다 한수

더 떠 코걸이까지 한다.

⑥ 남자들의 옷이 여자의 헐렁한 옷차림을 흉내 내는가 하면, 단추가 왼쪽으로 달린 옷을 입는다.

⑦ 주로 남자가 해오던 리더역할이나 의사결정을 여자가 맡는 경우가 많아졌다.

⑧ 여자가 먼저 이혼요구를 하는 경우가 많아졌다.

이와같이 헤아릴 수 없을 만큼 많은 변화들이 피부로 느껴진다. 이제는 자연스러워져 거부감을 잃은지도 이미 오래되었다.

이와 때를 같이해 점점 무력해지는 남편 또한 어찌할 수가 없다. 옛날같으면 여필종부라 하여 근엄한 남편의 말 한마디에 좋고 싫은 것을 떠나 꾸중과 명령으로 알고 시키면 시키는 대로 순종할 수 밖에 없었지만 지금은 어림없는 소리이다.

물론 매스컴에서도 보도되었지만 유부녀가 남편이 직장에 나간 사이에 무료하다는 핑계로 매춘행위를 서슴치 않았던 것도, 알고 보면 음천기(陰天機)의 탓이니 남자들 이제는 종이 호랑이에 불과한 처지가 되어 서럽고 억울함도 때때로 있으리라고 본다.

흔히들 이런 것을 보고 시대가 달라져서 그렇다고 시대타령만 하고 있지만, 사실은 시대가 그런 것이 아니고 하원갑자(下元甲子)의 음천기(陰天機)가 그렇게 만들어 놓은 것이다.

천기(天機)는 거역할 수 없는 것. 역천(役天)하면 망하고 순천(順天)하면 흥한다. 만약 역천(役天)하여 이런 현상 모두를 거부한다면 어찌 되겠는가. 아마 젊은 사람들한테 봉변을 당하는 것은 물론 집안에서부터 불화가 생길 것이다.

그러므로 본 장은 어짜피 음천기(陰天機)가 되어 여자가 주도하는 세상이 되었는지라, 운명적으로도 여자의 명이 사주(四柱)에 남편을 극상시키는 작용이 양천기(陽天機) 때보다는 강하게 나타나므로 여기에 대해 참고가 될 수 있도록 몇가지를 소개하겠으니 감명(鑑命)하는데 도움이 되기를 바란다.

2. 천도(天道)를 따르며 살자.

상원(上元), 중원(中元), 하원갑자(下元甲子)는 천도(天道)에 따라 돌고 돈다. 제아무리 양천기(陽天機)가 강해 기승을 부려도 음천기(陰天機)가 오면 물러나고 새로운 풍물을 만들어내는 법. 우리는 그저 여기에 순응하며 살아가는 수 밖에는 없다.

하지만 이렇게 수많은 음양(陰陽)의 기운이 바뀌어 새로운 풍습과 풍물을 만들어낸다 해도 바뀌지 않는 근본이 있으니, 그게 바로 오행(五行)의 사상과 자연이다.

자연과 인간은 우주의 변화무궁한 진리 속에 살아가고 있다. 이 진리 속에는 오행(五行)의 근본이 있다. 삼라만상과 인간은 똑같이 오행(五行)따라 낳고, 살고, 죽는 진리를 벗어날 수가 없다. 이것만은 절대불변의 법칙이 되어 인간종족이 번식되어 왔고, 또한 미래의 인간도 이처럼 오행(五行)의 진리에 따라 번식되어 갈 것이다.

어머니의 물보따리같은 자궁 속에서 태어난 갓난아기는 어린 식물처럼 자라니 목(木)이 되고, 목(木)이 자란 다음에는 화(火)인 청년이 되어 불같이 화력이 강한 패기와 열정으로 정열을 불태워 일을 하다가, 쓰고 단맛을 알고부터 토(土)로 중용되어 늦추고 빠른 강약의 때를 알게 되고, 비로서 금(金)으로 결실되어 삶을 마치게 된다.

이것은 자연의 순행질서요 천도(天道)이다. 그러기에 천도(天道)의 진리에 따라 때때로 젊은이들과 여인들이 상위되고 하위되어 이해할 수 없는 일이 있다 해도 이해하지 않으면 안된다.

다만 지금 말한 것 처럼 근본이 바뀌지 않는다는 것 뿐이지 변화가 어찌 없겠는가. 젊은이는 젊은이 다워야 하고 늙은이는 늙은이 다워야 한다. 그러니 우리 모두는 이해하고 용서하자.

다만 지금은 음천기(陰天機)가 입운(入運)된지 10년 밖에 안되어 과도기라 어정쩡하고 혼잡하지만, 시간이 지나면 평온해지리라고 믿는다. 그러니 자녀를 둔 부모나 어른들께서는 지나친 염려는 하지 않아도 될 것이다.

여기에 참고삼아 명리학(命理學)적으로 여명(女命)이 남편을 무

시하는 경우와 무자(無子) 및 부귀자녀(富貴子女)를 만들어내는
격식을 기록한다.

3. 남편을 무시하는 여명(女命)

① 관(官)이 약하고 재(財)가 없으며, 일주(日柱)가 왕(旺)하고 상
　관(傷官)까지 강하면.
② 관(官)이 약하고 재(財)가 없는데 비겁(比劫)만 왕성하면.
③ 일주(日柱)가 왕(旺)한데 인수(印綬)가 많고 관약(官弱)에 무
　재(無財)이면.
④ 비겁(比劫)과 인수(印綬)가 많고 관(官)이 약하면.
⑤ 관(官)이 왕(旺)하고 인수(印綬)가 약하면.
⑥ 일주(日柱)가 왕(旺)하고 관(官)이 약한데 관(官)이 일주(日柱)
　에 합(合)을 했어도.
⑦ 일주(日柱)가 왕(旺)한데 관(官)이 무근(無根)이면.
⑧ 인수(印綬)가 없어 일주(日柱)가 약한데 식상(食傷)이 많으면.
⑨ 관(官)이 재(財)의 도움을 받지 못하고　비겁(比劫)이 오히려
　식상(食傷)만 돕게 되면.

⑩ 재(財)는 없고 식상(食傷)만 많으면.

⑪ 인수(印綬)만 가득하고 재(財)가 없으면 음탕하기도 하다.

⑫ 관(官)이 가득 차고 인수(印綬)가 없으면.

⑬ 비겁(比劫)이 많고 식상(食傷)이 없으면.

⑭ 식상(食傷)은 힘이 좋은데 재(財)와 관(官)의 힘이 약하면.

⑮ 일주(日柱)가 왕(旺)하고 재(財)가 없는데 식상(食傷)이 왕(旺)하면 인수(印綬)가 있어도 남편을 무시한다.

4. 무자(無子)되기 쉬운 여명(女命)

① 일주(日柱)가 약하고 식상(食傷)은 많고 인수(印綬)가 없으면.

② 일주(日柱)가 약한데 관살(官殺)이 많으면.

③ 인수(印綬)가 많아 일주(日柱)가 왕(旺)한데 재(財)가 없으면.

④ 일주(日柱)가 약한데 재(財)가 많으면 인수(印綬)가 있어도.

⑤ 식상(食傷)이 만국(萬局)일 때.

⑥ 재(財)와 관(官)이 태왕(太旺)하면.

⑦ 인수(印綬)가 많으면.

⑧ 토금(土金)이 냉하고 습하면.

⑨ 화염조토(火炎燥土)하면.

⑩ 수다부목(水多浮木)되면.

⑪ 금수(金水)가 냉하거나 차가워도.

 만약 위와 같은 무자사주(無子四柱)에 아들이 있으면 남편이 요절하기 쉽고, 남편이 있으면 자식이 요절하기 쉽다.

5. 부귀자녀(富貴子女)와 아들 감명

① 일주(日柱)가 강하고 식상(食傷)이 없으며 관(官)이 국(局)을
  이루면 아들이 많고 착하다.

② 인수(印綬)가 있어 일주(日柱)가 강하고 식상(食傷)이 약하더
  라도 재국(財局)을 놓으면 아들이 많고 부자이다.

③ 일주(日柱)가 왕(旺)하고 식상(食傷)이 왕(旺)하며 재(財)와 인
  수(寅水)가 없으면 부귀하지는 못하나 자식이 똑똑하다.

④ 일주(日柱)가 약하고 식상(食傷)이 약하며 재(財)가 없어도 아
  들이 있다.

⑤ 인수(印綬)가 있으면서 일주(日柱)가 약하고, 재(財)가 없고
  관(官)이 왕(旺)하면 아들이 있다.

⑥ 일주(日柱)가 약한데 관(官)이 없고 식상(食傷)과 비겁(比劫)
  이 있으면 아들이 있다.

6. 아들되는 시간과 기간

(1) 시간(時)

하루의 시간을 오전과 오후로 나누어 자시(子時)~사시(巳時)는 양(陽)이 동(動)하는 시간이고, 오시(午時)~해시(亥時)는 음(陰)이 동(動)하는 시간으로 정한다.

양(陽)의 시간 중에서도 자, 인, 진(子, 寅, 辰) 시간을 양중양(陽中陽) 시간이라 하며, 축, 묘, 사(丑, 卯, 巳) 시간을 양중음(陽中陰) 시간이라고 한다.

음(陰)의 시간 중에서도 미, 유, 해(未, 酉, 亥) 시간을 음중음(陰中陰) 시간이라 하며, 오, 신, 술(午, 申, 戌) 시간을 음중양(陰中陽) 시간이라고 한다.

(2) 날(日)

갑, 을, 병, 정, 무(甲, 乙, 丙, 丁, 戊)를 양일(陽日)이라 하고, 기, 경, 신, 임, 계(己, 庚, 辛, 壬, 癸)를 음일(陰日)이라 한다.

양일(陽日) 중에서도 갑, 병, 무(甲, 丙, 戊) 일을 양중양일(陽中陽日)이라 하고, 을, 정,(乙, 丁) 일을 양중음일(陽中陰日)이라고 한다.

음일(陰日) 중에서도 기, 신, 계(己, 辛, 癸)일을 음중음일(陰中陰日)이라 하며, 경, 임(庚, 壬)일을 음중양일(陰中陽日)이라 한다. 그 중에서도 병일(丙日)은 양극일(陽極日)이며, 계일(癸日)은 음극일(陰極日)이 된다.

(3) 時와 日을 묶어 기간으로 보면

초8일~22일까지는 음중양(陰中陽)으로 양기(陽氣)가 동(動)하는 기간이고, 그 외의 날은 모두 음중음(陰中陰) 기간이다.

그런가 하면 초3일 밤부터는 양기(陽氣)가 동(動)하는 기간이고, 18일 밤부터는 음기(陰氣)가 동(動)하는 기간이다.

그 중에서도 13일 밤부터 17일 밤까지는 양중양(陽中陽) 기간이고, 28일 밤부터 초2일 밤까지는 음중음(陰中陰) 기간이다.

이래서 남자는 외양내음(外陽內陰)하므로 음중양(陰中陽)으로 양기(陽氣)가 동(動)하는 기간이라 하여, 초 8일~22일 사이에 남녀가 배합하면 아들을 수태할 가능성이 가장 많은 날이 된다.

7장.
변화가 많은 상관격 요점정리

　명리(命理)를 공부하고 감명(鑑命)하는데 가장 어려운 것은 진술축미(辰戌丑未)를 다루는 법과, 상관격사주(傷官格四柱)를 만났을 때이다. 특히 상관격(傷官格)은 변격(變格)이 잘 되어 어렵다.

　예를 들어 진상관격(眞傷官格)인 것 같으면서도 종아격(從兒格)이 되고, 종아격(從兒格)인 것 같으면서도 진상관격(眞傷官格)이 된다. 또 위변(爲變)하여 진상관(眞傷官)이 가상관(假傷官)이 되는 경우도 있고, 가상관(假傷官)이 진상관(眞傷官)이 되는 경우가 있기 때문이다.

　그래서 본 장에서는 이런 혼란을 조금이나마 정리해 주고자 마련했으니 많은 참고가 되기 바란다.

1. 진상관격(眞傷官格)

진상관(眞傷官)은 월지(月支)에 상관(傷官)을 놓아 신약사주(身弱四柱)가 된 것을 말한다.

예를 들어 갑을일생(甲乙日生)이 월지(月支) 사오월(巳午月)에 태어난 사람, 병정일생(丙丁日生)이 월지(月支) 진술축미월(辰戌丑未月)에 태어난 사람, 무기일생(戊己日生)이 월지(月支) 신유월(申酉月)에 태어난 사람, 경신일생(庚申日生)이 월지(月支) 해자월(亥子月)에 태어난 사람, 임계일생(壬癸日生)이 월지(月支) 인묘월(寅卯月)에 태어난 사람은 우선 상관격(傷官格)으로 성립된다고 본다.

진상관격사주(眞傷官格四柱)는 상관(傷官)이 많고 왕(旺)하여 설기(泄氣)가 심할 때 만들어진다. 이때는 인운(印運)을 만나 상관(傷官)을 상진(傷盡)시키면 호운발운(好運發運)하여 대성(大成)한다. 그러나 만약 상관운(傷官運)을 만나면 필사필멸(必死必滅)하게 된다.

2. 가상관격(假傷官格)

가상(假傷)은 월지(月支)에 인수(印綬)를 놓고 사주(四柱) 내에 있는 상관(傷官)으로 용신(用神)을 삼을 때 만들어진다. 이렇게 되면 일단 사주(四柱)가 신강(身强)해야 가상관격(假傷官格)을 갖추게 된다. 단 월지(月支)에 인수(印綬)가 아니고 비겁(比劫)이 있다던가, 합(合)하여 상관(傷官作用)작용으로 변해도 가능하다.

타행(他行)이 어찌되었든 신강(身强)한데 상관(傷官)은 약할 때 성가상관격(成假傷官格)이 성립된다. 이때 상관운(傷官運)을 만나면 호운발복(好運發福)하여 대성(大成)하지만, 만일 인수운(印綬運)을 만나면 파료상관(破了傷官)되어 필사필멸(必死必滅)한다.

3. 파료상관격(破了傷官格)

신강(身强)한 사주(四柱)가 상관(傷官)을 설기구(泄氣口)로 삼고 이를 용신(用神)삼았는데, 상관용신(傷官用神)을 극하는 인수(印綬)가 들어오면 상관(傷官)이 파하고 손상되었다 하여 파료상관(破了傷官)이라고 한다. 이렇게 되면 반드시 패하는 운이므로 죽는 경우가 많고 만권정지(萬權停止)된다.

4. 상관상진격(傷官傷盡格)

사주(四柱) 안에 상관(傷官)이 많아 신약사주(身弱四柱)가 되었을 때, 인수운(印綬運)이 들어와 상관(傷官)으로 설기(泄氣)되는 기운을 인수(印綬)가 제극(制剋)해 주므로 일주(日柱)를 보신해서 설기구(泄氣口)를 막아주어 좋다는 말이다.

상관상진(傷官傷盡)이란 상관(傷官)으로 인하여 일주(日柱)의 설기(泄氣)가 도기(盜氣)되어 심하면 이를 막아주는 것을 말하고, 파료상관(破了傷官)이란 사주(四柱)가 신강(身强)하여 상관(傷官)으로 용신(用神)을 삼을 때, 용신상관(用神傷官)을 오히려 극하고 방해하는 것을 말한다.

5. 진상관격(眞傷官格)이 변한 가상관격(假傷官格)

월지(月支)에 진상관(眞傷官)을 놓아 신약(身弱)하지만, 타주(他柱)에 인수(印綬)나 비겁(比劫)이 많아 신강(身强)되었으면 가상관격(假傷官格)으로 변한 것이고, 변격(變格)된 가상관격(假傷官格)으로 감명(鑑命)한다.

6. 가상관격(假傷官格)이 변한 진상관격(眞傷官格)

월지(月支)에 인수(印綬)나 비견(比肩)을 놓아 신강(身强)하지만, 타주(他柱)에 상관(傷官)이 많아 신약(身弱)되었으면 진상관격(眞傷官格)으로 변한 것이고, 변격(變格)된 진상관격(眞傷官格)으로 감명(鑑命)한다.

7. 기명종아격(棄命從兒格)

일주(日柱)를 제외하고 사주전국(四柱全局)이 식신상관(食神傷官)으로만 구성되어 이것이 대세를 이루고 있을 때, 설기(泄氣)를 감당할 길 없어 나를 버리고 식상(食傷)을 따라가는 것을 말한다.

때로는 종아격(從兒格)과 진상관격(眞傷官格)이 비슷해 감명(鑑命)하는데 상당한 어려움을 느끼는 경우가 많으니 특별히 주의해야 된다.

첫째, 일간(日干)이 양간(陽干)이면서도 쉽게 따르는 사주(四柱)가 있는가 하면, 일간(日干)이 음간(陰干)이면서도 끝까지 불복해 따르지 않는 사주(四柱)가 있으니 세밀하게 살펴야 한다.

둘째, 기타 종격사주(從格四柱)도 1항과 같으니 순종이냐 부종(不從)이냐를 잘 보고 감명(鑑命)해야 한다.

셋째, 순종이냐 부종(不從)이냐가 아직도 명확하지 않을 때는 지나온 대운(大運)을 보고 서슴없이 물어보아라. 묻는다는 것은 의

사의 문진법과 같아 오진을 하지 않으려는 것이다. 감명자(鑑命者)스스로 자존심 때문에 묻지 않으려고 하는 것은 대단히 위험한 일이다.

8장.
용신감명법

「도유체용(道有體用), 불가이일단논야(不家以一端論也), 요재부지억지득기의(要在扶之抑之得其宜)」

이것은 천강월(千江月)에 나오는 이야기로 큰 도에는 체와 용이 있는데, 어느 한가지로만 논하는 것은 불가능하니 도와줄 것은 도와주고 억제할 것은 억제해, 마땅한 것으로 용신(用神)을 삼아야 한다는 뜻이다.

이 말은 도와줄 것은 도와주고 억제할 것은 억제해, 사주(四柱)를 소통시키고 중화시키라는 뜻인데 그게 결코 말처럼 쉽지가 않다. 사주(四柱)가 왕(旺)하면 억제해야겠지만 그것이 오히려 불가하여 도와주어야 할 때가 있고, 약하면 도와주라고 하지만 오히려 억제시켜야 할 때가 있으니 말이다.

사주(四柱)가 왕(旺)하여 극에 달했는데 극제(尅制)했다가는 도리어 해가 되는 경우가 있다. 이럴 때는 왕(旺)한 세력을 따라가야 되는 경우도 있고, 사주(四柱)가 약해 극에 달했는데 도와준다고 했다가는 도리어 헛수고만 하고 해가 되는 경우가 있다.

그래서 여기 몇가지 예를 들어 용신(用神)을 정하는 기준을 설명하겠으니 참고하기 바란다.

① 일주(日柱)에 인수(印綬)가 많아 강하면 재(財)로 용신(用神) 삼는다.

② 일주(日柱)가 강한데 관(官)이 약해도 재(財)가 용신(用神)이 된다.

③ 일주(日柱)는 강한데 비겁(比劫)이 많고 재(財)가 없으면 식상(食傷)이 용신(用神)된다.

④ 일주(日柱)는 강한데 비겁(比劫)이 많고 재(財)가 약하면 역시 식상(食傷)이 용신(用神)된다.

⑤ 일주(日柱)가 강한데 관(官)이 약하고 인수(印綬)가 많으면 재(財)가 용신(用神)된다.

⑥ 일주(日柱)가 약하고 관살(官殺)이 강하면 인수(印綬)가 용신(用神)된다.

⑦ 일주(日柱)가 약한데 식상(食傷)까지 많으면 역시 인수(印綬)가 용신(用神)된다.

⑧ 일주(日柱)가 약한데 재(財)가 많으면 비겁(比劫)으로 용신(用

神)을 삼는다.

⑨ 일주(日柱)와 관살(官殺)의 세력이 팽팽할 때는 식상(食傷)으로 용신(用神) 삼는다.

⑩ 일주(日柱)와 재살(財殺)의 세력이 팽팽할 때는 인수(印綬)나 비겁(比劫)으로 용신(用神) 삼는다.

그런가 하면 사주(四柱)의 근원이 어디서 빌원하여 어느 방향으로 흘러가다 멈추었는가를 세심하게 살피지 않으면 안된다. 예를 들면 다음과 같은 경우가 있다.

① 사주(四柱)의 흐름이 좋다가 인수(印綬)에서 막혀버리면 윗사람이나 부모로 인해 화를 보게 되나, 재(財)가 있어 소통시켜 주면 아내의 도움을 받게 되고, 비겁(比劫)이 있어 변화를 주면 형제의 도움이 받게 된다.

② 비겁(比劫)이 기신(忌神)되면 형제가 불화하고 서로 폐가 되지만, 관(官)으로 억제하면 귀인의 도움을 받고, 식상(食傷)이 변화를 시켜주면 자식이나 조카의 도움을 받는다.

③ 재(財)가 기신(忌神)이면 처첩으로 인해 화가 있으나, 비겁(比劫)으로 억제하면 형제의 도움이 있고 형제가 화목하며, 관(官)이 변화를 주면 귀인의 도움을 받게 된다.

④ 식상(食傷)이 기신(忌神)이면 자손이나 아랫사람이 폐를 끼치나, 인수(印綬)로 억제하면 윗사람의 도움이 있고, 재(財)가 변

화를 시켜주면 현명한 아내가 되어 처복이 많은 사람이다.

⑤ 관(官)이 기신(忌神)이면 식상(食傷)이 억제시켜 줄 때 좋으며 자손이나 조카, 아랫사람의 도움이 있게 되고, 인수(印綬)가 변화를 시켜주면 윗사람 덕이 있다.

육신이 용신(用神)일 때

① 관(官)이 용신(用神)이면 명예와 귀(貴)를 얻는다.

② 재(財)가 용신(用神)이면 사업으로 부를 얻는다.

③ 인수(印綬)가 용신(用神)이면 글 공부를 많이해 청고(淸高)한 사람이 된다.

④ 식상(食傷)이 용신(用神)이면 돈을 잘 벌고 자손이 잘 된다.

⑤ 비겁(比劫)이 용신(用神)이면 형제간에 우애가 있다.

육신이 기신(忌神)일 때

① 관(官)이 기신(忌神)이면 관에 화가 있어 가세가 기운다.

② 재(財)가 흉신이면 돈으로 몸을 망친다.

③ 인수(印綬)가 흉신이면 문서로 재앙을 불러들이며, 윗사람으로 인해 피해를 본다.

④ 식상(食傷)이 흉신이면 자손에게 근심이 있고 대를 잇기가 어렵다.

⑤ 비겁(比劫)이 흉신이면 형제간에 불화가 끊기질 않는다.

1. 천동지정(天動地靜)

「천전유자가(天戰猶自可) 지전급여화(地戰急如火)」

천간(天干)의 싸움은 괜찮으나 지지(地支)의 싸움은 불길처럼 급하게 일어난다는 말이다. 천간(天干)은 동(動)해야 작용이 생기고 지지(地支)는 징(靜)해야 평온한 법인데, 만일 지지(地支)가 동하면 뿌리가 뽑히는 것과 같아 요동이 일어난다.

예를 들어 아래와 같이 천지가 모두 통하여 교전이 벌어지면 큰 난리가 난다.

甲寅	乙卯	丙寅	丁卯
庚申	辛酉	庚申	癸酉

그런데 둘과 하나의 싸움일 때와 하나와 둘의 싸움일 때가 있다. 예를 들어 寅, 寅과 申으로 인목(寅木)이 둘, 신금(申金)이 하나일 때는 인목(寅木) 하나를 충거(沖去)시켜 인목(寅木)이 하나만 남는데, 이때는 비록 충(沖)하지 않는다 하나 목(木)은 많고 금(金)이 적으면 신금(申金)이 상하게 되어 있다.

申, 申과 寅으로 신금(申金)이 둘, 인목(寅木)이 하나일 때는 비록 충(沖)하지 않는다고 하나, 금(金)은 많고 목(木)은 적어 결국은 목(木)이 상하게 된다.

그러나 용신(用神)이 숨어 있거나 합(合)으로 묶여있을 때는, 충(沖)하여 동(動)해 주므로 발복된다는 것을 참고하기 바란다.

2. 모 정

사주(四柱)에 인수(印綬) 어머니가 많고 자식이 외로우면, 그 자식은 어머니의 세력에 의지할 뿐만 아니라, 어머니의 정 역시 자식에게만 쏠려 있다. 이때 두 모자를 손상시키는 것이 있으면 안된다.

예를 들어 화일주(火日柱)가 갑을목(甲乙木)이 어머니인데 사주전국(四柱全局)이 목(木)이면, 화(火)는 어머니의 자애로운 정이 너무 많아 병이 드는 경우도 있다.

그러나 격조가 좋으면 오히려 종(從)되어 좋아지는데, 이러한 경우에는 수(水)가 대세운(大歲運)에서 나타나면 그 자식은 반드시 상하게 된다.

그리고 금(金)이 나타나면 어머니의 성격이 변해 난폭해지며 모자관계는 불화해지는 일이 생긴다. 이럴 때는 화(火)를 동반한 토운(土運)이 와야 어머니의 성품이 인자하게 되고 자식 또한 어머니한테 순종하게 된다. 만약 수(水)를 대동한 토운(土運)이 오면 어머니의 마음이 변해 모자가 불화하게 된다.

 이와같은 이치는 천도(天道)의 이치요, 인도(人道)의 근본이라는 것을 알자. 명리(命理)를 배우는 것만으로 만족하지 말고, 천도(天道)와 인도(人道)에 어긋나지 않는 양질의 삶을 역(易)으로부터 배운다는 큰 생각을 갖고 공부하길 바란다.

3. 모자멸자(母慈滅子)

① 목다화식(木多火熄)이면 금(金)이 목(木)을 극(尅)해 화(火)를 생(生)하여 준다.

② 화다조토(火多燥土)면 수(水)가 화(火)를 극(尅)해 토(土)를 생(生)하여 준다.

③ 토다매금(土多埋金)이면 목(木)이 토(土)를 극(尅)해 토(土)를 생(生)하여 준다.

④ 금다수침(金多水侵)이면 화(火)가 금(金)을 극(尅)해 수(水)를 생(生)하여 준다.

⑤ 수다목부(水多木浮)면 토(土)가 수(水)를 극(尅)해 목(木)을 생(生)하여 준다.

4. 부 모

① 일주(日柱)가 인수(印綬)를 원하는데 일(日)이나 시(時)에 재
　(財)가 있으면 조상을 욕되게 한다.
② 시(時)나 일(日)에 인수(印綬)가 있으면 자기 대에서 집안을
　일으킨다.
③ 일주(日柱)가 관(官)을 원하는데 일(日)이나 시(時)에 관(官)이
　있으면 자식이 훌륭하다.
④ 년월(年月)에서 관인상생(官印相生)이 되었더라도 일시(日時)
　에서 형충(刑沖)되면 조업(祖業)을 탕진하고 가문을 먹칠한다.
⑤ 년(年)에 비견(比肩), 월(月)에 재(財)가 있는데 일주(日柱)가
　재(財)를 원하면 물려받은 재산이 넉넉하다. 그러나 일주(日
　柱)가 신약(身弱)해 비겁(比劫)을 원하면 오히려 가난하다.
⑥ 일시(日時)에 비겁(比劫)을 놓으면 반드시 재산을 탕진할 사람
　이요, 말년이 곤고하다.

5. 형 제

① 관(官)은 약하고 비겁(比劫)이 상관(傷官)을 생(生)하면 형제
　가 폐를 끼친다.

② 비겁(比劫)이 일주(日柱)를 도와서 좋으면 형제간에 우애가 돈독하다.

③ 살(殺)이 왕(旺)하고 인수(印綬)가 숨어 있으며 비겁(比劫)조차 무력하면, 동생은 형을 공경하지만 형은 동생만 못하다.

④ 관(官)이 왕(旺)하고 인수(印綬)는 약한데 재(財)가 강하면 형은 동생을 사랑하지만 동생은 형만 못하다.

⑤ 편인(偏印)과 비겁(比劫)이 중(重)한데 재(財)는 약하고 살(殺)이 숨어 있으면 형제간에 슬픔이 많다.

⑥ 일주(日柱)가 약하고 재(財)와 관(官)과 비겁(比劫)이 있으면 형제간에 우애있고 출세한다.

⑦ 일주(日柱)가 약하더라도 인수(印綬)가 득령(得令)하면 형제가 많다.

9장.

천간월별 용신론

1. 갑 목(甲木)

1월 갑목(甲木)

우수(雨水) 전에는 한기가 남아있어 병화(丙火)로 조후(調候)시켜 어린 나무를 보살펴야 한다. 그러나 우수(雨水) 이후에는 갑목(甲木)이 왕(旺)하므로 경금(庚金)으로 벽갑(劈甲)을 해도 무방하다. 이렇게 되면 오히려 재목도 되고 정화(丁火)를 보면 목화통명(木火通命)이 되어 취용(取用)할 수 있다.

2월 갑목(甲木)

우수(雨水) 이후가 되면 양묘월(羊卯月)로 양인(羊刃)이 된다. 경금(庚金)이 있어 살인상정(殺刃相停)을 이루고 무토(戊土)로 경금(庚金)을 보충해야 큰 그릇이 된다. 경금(庚金)은 휴수(休囚)되어 무토(戊土)를 보충하지 않으면 안된다.

3월 갑목(甲木)

오양지절(五陽之節)로 화기(火氣)가 진기(進氣)하는 때이다. 곡우(穀雨) 전후를 기하여 목왕(木旺)하면 경금(庚金)으로 벌목(伐木)시켜야 동량목(棟樑木)이 된다. 단 경금(庚金)이 태왕(太旺)하지 않다면 정화(丁火)는 필요하시 않다.

4월 갑목(甲木)

사월(巳月)은 경금(庚金)의 장생지(長生地)이지만, 화(火)가 왕(旺)하면 경금(庚金)이 생수(生水)를 못한다. 계수(癸水)가 있고 정화(丁火)가 있어야 목화통명(木火通命)을 이룬다. 또한 금(金)이 태왕(太旺)하면 살인상생(殺印相生)시켜 수(水)로 갑목(甲木)을 키우는 것도 좋다.

5월 갑목(甲木)

목기(木氣)가 허하고 화염(火炎)이 무성한 때가 되어 경금(庚金)으로 생수(生水)하고, 그후에 정화(丁火)로 목화통명(木火通命)시키면 가장 좋다.

6월 갑목(甲木)

대서(大署) 이후에는 계수(癸水)를 불용(不用)하고, 목(木)이 왕

(旺)하면 마땅히 경금(庚金)으로 벌목(伐木)해야 된다. 금(金)이 왕(旺)하면 정화(丁火)로 상관제살(傷官制殺) 시키면 목화통명(木火通命)된다.

7월 갑목(甲木)

경금(庚金)의 건록월(建祿月)이며 수(水)의 장생월(長生月)이 된다. 살인상생(殺印相生)되므로 절처봉생(絶處逢生)되어 종살(從殺)은 불가하고, 만약에 토(土)가 많으면 극수(剋水)하여 종살(從殺)되는 경우가 있다. 금(金)이 왕(旺)하면 정화(丁火)로 금(金)을 단련시켜야 동량목(棟樑木)이 된다.

8월 갑목(甲木)

목쇠금왕(木衰金旺)한 시기가 되므로 정화(丁火)로 금(金)을 다스리고, 병화(丙火)로 조후(調候)시키면 목화통명(木火通命)을 이룬다. 단 병화(丙火)가 있고 신금(申金)이 있으면 조후(調候)가 부실하여 쓸모없는 사람이 되기 쉽다.

9월 갑목(甲木)

토왕절(土旺節)이라 화기(火氣)가 입묘(入墓)되어 조토(燥土)될까 염려된다. 목왕(木旺)이면 금(金)으로 다스리고 계수(癸水)로 토(土)를 윤택하게 하는 것이 좋다.

10월 갑목(甲木)

임수(壬水)가 득왕한 때라 갑목(甲木)은 장생지(長生地)되어 잘못하면 부목(浮木)될까 염려된다. 토(土)로 극수(剋水)시키려면 정화(丁火)를 우선으로 취용(取用)하고 병화(丙火)도 좋다.

11월 갑목(甲木)

한기가 신한 때리 임계(壬癸)를 대기(大忌)하고, 병정화(丙丁火)로 조후(調候)시켜야 한다.

12월 갑목(甲木)

한기가 극심한 때라 경금(庚金)으로 벽갑(闢甲)하여 정화(丁火)를 보충하는 것이 제1차 감정이다. 만약 병화(丙火)가 암장되어 있으면 최상격이다.

2. 을 목(乙木)

1월 을목(乙木)

아직도 한기가 남아있는 때라 병화(丙火)로 조후(調候)시키고, 계수(癸水)로 봄 가뭄에 대비해야 된다.

2월 을목(乙木)

한기는 느낄 수 없다 하더라도 병화(丙火)로 조후(調候)시켜 주어야 하고, 계수(癸水)로 영양을 삼는다.

3월 을목(乙木)

수(水)가 지나치면 토(土)로 제극(制剋)하지만 그렇지 않으면 계수(癸水)로 보충한다. 오양지절(五陽之節)이 되어 화기(火氣)가 강하면 상관견관(傷官見官)되어 화가 클까 염려된다.

4월 을목(乙木)

병화(丙火)의 건록월(建祿月)이 되어 화기(火氣)가 강하면 상관(傷官)의 작용이 거세진다. 마땅히 계수(癸水)로 보충해야 되는데 경금(庚金)으로 생수(生水)하면 좋다. 그러나 을경합(乙庚合)이 되면 생수(生水)가 불가하니 서로가 가까우면 못쓴다.

5월 을목(乙木)

하지(夏至) 이전에는 계수(癸水)로 생조(生助)해 주어야 하고, 하지(夏至) 후에는 계수(癸水)와 병화(丙火)를 병용해도 무방하나, 금(金)이 강하면 병화(丙火)를 쓰고 그렇지 않으면 계수(癸水)만 써도 좋다.

6월 을목(乙木)

대서(大暑)가 지나면 삼복(三伏) 중인데도 생한(生寒)하기 시작해 병화(丙火)도 필요하지만, 그래도 벼이삭이 생기는 때라 계수(癸水)가 절대적으로 필요하다.

7월 을목(乙木)

경금(庚金)이 사령(司令)하는 때라 병화(丙火)도 필요하지만, 습한 기토(己土)로 배양하지 않으면 안된다. 을목(乙木)이 왕(旺)하면 식상(食傷)으로 설기(泄氣)하는 것도 좋다.

8월 을목(乙木)

금기태왕(金氣太旺)한 때이다. 추분(秋分) 이전에는 꽃을 피우기 어려우니 계수(癸水)로 살인상생(殺印相生)시키면 좋고, 추분(秋分) 후에는 한목(寒木)되어 병화(丙火)로 조후(調候)시키고 계수(癸水)로 보충하면, 한목향양(寒木向陽)되어 더욱 좋아진다.

9월 을목(乙木)

조토(燥土)가 사령(司令)하므로 을목(乙木) 가지가 마를까 염려되지만, 계수(癸水)로 자양하면 좋아진다.

10월 을목(乙木)

겉으로는 낙엽이 되었으나 속으로는 발육의 힘이 내재되어 있으니, 병화(丙火)로 조후(調候)삼아야 한다.

11월 을목(乙木)

한동(寒凍)한 때가 되므로 병화(丙火)로 해동시키고, 수(水)가 많으면 무토(戊土)로 극수(剋水)시키면 좋다.

12월 을목(乙木)

계수투간(癸水透干)을 싫어하고 병화(丙火)로 조후(調候)시키면, 향양목(向陽木) 되어 겨울에 꽃이 피는 설중매화격이 된다.

3. 병 화(丙火)

1월 병화(丙火)

목(木)이 건록(建祿)되고 병화(丙火)가 장생(長生)되어 화왕(火旺)된다. 임수(壬水)로 제화(制火)하여 수기(水氣)가 약한 것을 보충하면 좋다.

그러나 토기(土氣)가 많으면 오히려 화(火)가 무광(無光)되어 쓸모없으니 갑목(甲木)으로 다시 보충해야 된다.

2월 병화(丙火)

봄 가뭄이 들면 만물이 고갈될까 염려된다. 임수(壬水)로 조후

(調候)시키고 만약 임계수(壬癸水)가 많으면, 토(土)로 극수(剋水)시키면 좋다.

3월 병화(丙火)

임수(壬水)를 용(用)하면 수보양광(水補陽光)이라 하여, 병화(丙火)도 빛나고 임수(壬水)도 빛나는 법이다. 그러나 토기(土氣)가 투간(透干)되면 왕성해지는 때라, 극수(剋水)당하여 관(官)을 못쓰니 극토(剋土)하면 반대로 좋아진다.

4월 병화(丙火)

사월(巳月)은 병화(丙火)의 건록월(建祿月)이 된다. 마땅히 임수(壬水)로 용(用)하면 수화기제(水火旣濟)되어 무지개빛을 내는 관(官)이 되어 좋다.

5월 병화(丙火)

오월(午月)은 양인월(羊刃月)되어 화왕(火旺)이 극왕(極旺)한 때인지라, 경금(庚金)과 임수(壬水)로 조후(調候)시키는 것이 가장 좋다.

6월 병화(丙火)

화염조토(火炎燥土)한 때이다. 경금임수(庚金壬水)를 쓰지만 대서(大署)가 지나면 금기(金氣)가 퇴기하는 때라, 기토(己土)가 왕성하면 설기(泄氣)가 심하니 목화(木火)를 써도 좋다.

7월 병화(丙火)

병화(丙火)가 병궁(病宮)에 드는 때이다. 양기(陽氣)는 쇠하고 경금(庚金)은 녹(祿)을 얻고, 임수(壬水)는 장생(長生)되어 화기(火氣)가 약하니, 임수(壬水)로 갑목(甲木)을 살인상생(殺印相生)시켜 주면 좋아진다.

8월 병화(丙火)

호수에 걸쳐 넘어가는 태양과 같다. 목화(木火)가 있어 보충해 주면 좋고, 태산무토(泰山戊土)는 대기(大忌)한다. 갑목(甲木)으로 극토(剋土)해 주면 좋아진다.

9월 병화(丙火)

토(土)가 건조하여 목(木)이 고사(枯死)되고 화기(火氣)가 입묘(入墓)로 극쇠해진다. 태양은 이미 서산을 넘어 잔광만 비출 뿐인데 무토(戊土)가 있으면 더욱 심해진다. 갑목(甲木)으로 극토(剋土)하고 보충하는 것이 제일이다.

10월 병화(丙火)

화(火)의 절(絶)이 되어 화기(火氣)가 가장 약한 때이다. 갑목(甲木)으로 생화(生火)해 주는 것이 좋다. 그러나 갑목(甲木)의 장생월(長生月)도 되어 습목되면 생화(生火)가 불가하니 그때는 무토(戊土)로 극수(剋水)해 주면 무방하다.

11월 병화(丙火)

양기(陽氣)가 태동한다 하나 임수(壬水)가 태왕(太旺)한 때가 되어, 무토(戊土)로 극수(剋水)시키지 않으면 안된다. 만약 병화(丙火)가 왕(旺)한데 임수(壬水)가 없고 계수(癸水)만 있으면, 상설(霜雪)이 내리는 것과 같아 오히려 추워져 병화(丙火)가 빛을 잃게 된다. 이때는 갑목(甲木)으로 보충해야 된다.

12월 병화(丙火)

이양지절(二陽之節)이 되어 병화(丙火)와 임수(壬水)는 모두 약하지 않다. 다만 토다(土多)하면 설기왕(泄氣旺)하여 쓸모없는 사람이 된다. 목(木)으로 극토(剋土)해야 좋아진다.

4. 정 화(丁火)

1월 정화(丁火)

목기(木氣)가 왕(旺)한 때가 되어 경금(庚金)으로 극목(剋木)하지 않으면 목다화식(木多火熄)될까 두렵다. 경금(庚金)으로 벽갑(劈甲)하여 인정(引丁)해 주면 생화(生火)되어 오히려 좋아진다.

2월 정화(丁火)

목기(木氣)는 왕(旺)한 때이지만 습한 나무가 되어 생화(生火)가 불가하다. 갑목(甲木)이 있으면 경금(庚金)으로 벽갑(劈甲)시킬 때 목화통명(木火通命)되어 좋아진다.

3월 정화(丁火)

곡우(穀雨) 후에는 무토사령(戊土司令)하는 때라, 토기(土氣)가 왕(旺)하니 갑목(甲木)으로 극토(剋土)시켜 설기(泄氣)를 막아주는 것이 가장 좋다.

4월 정화(丁火)

화열(火熱)이 매우 강한 때라 염천(炎天)인데 병화(丙火)마저 투간(透干)되어 있으면 해가 뜨고 달이 뜬 것이니 병탈정광(丙奪丁光)이 된다.

이렇게 되면 병화(丙火)를 감당하지 못하니, 경금(庚金)으로 갑목(甲木)을 벽갑(劈甲)시켜 인정(引丁) 해주면 목화통명(木火通命) 되어 좋다. 단 정화(丁火)는 본성이 여려서 혼자서는 염상(炎上)이 어려우나, 병화(丙火)의 도움이 있으면 가능하다.

5월 정화(丁火)

정화(丁火)의 건록월(建祿月)이 되어 화염이 기승을 부리는 때가 되므로 임계수(壬癸水)로 조후(調候)시키면 열을 식혀 주는 것 같아 좋고, 수원(水源)을 마르지 않게 하기 위해서는 경금(庚金)의 도움이 필요하다.

6월 정화(丁火)

화염조토(火炎燥土)하여 수기(水氣)도 필요하지만, 정화(丁火)가 설기(泄氣)되므로 생화(生火)의 작용이 필요하다.

7월 정화(丁火)

경금사령(庚金司令)에 임수(壬水)가 장생지(長生地)되어 정화(丁火)는 자연히 약해진다. 갑목(甲木)이 있어 경금(庚金)으로 벽갑(闢甲)을 해주면 목화통명(木火通命)된다.

8월 정화(丁火)

금기태왕(金氣太旺)한 때가 되어 화(火)가 약하니, 갑목(甲木)이 있어 경금(庚金)으로 쪼개고 병화(丙火)로 도움을 줘도 무방하다.

9월 정화(丁火)

술토화(戌土火)가 입묘(入墓)되어 갑목(甲木)으로 극토(剋土)시키고, 경금(庚金)으로 벽갑(闢甲)해 주면 좋아진다.

10월 정화(丁火)

해월임수(亥月壬水)가 건록(建祿)을 얻어 왕(旺)해지므로 목(木)으로 생화(生火)하면 살인상생(殺印相生)되어 좋아진다. 단 병화(丙火)가 있으면 계수(癸水)가 있어야 한다.

11월 정화(丁火)

화(火)가 약해지는 때라 경금(庚金)이 벽갑인정(闢甲引丁) 해주는 것이 우선이다.

12월 정화(丁火)

한기가 심해 정화(丁火)가 약해진다. 갑목(甲木)이 있고 경금(庚金)이 있으면 최상격이다.

5. 무 토(戊土)

1월 무토(戊土)

1월은 무토(戊土)의 장생(長生)이라 하더라도, 갑(甲)이 녹(祿)되어 무토기(戊土氣)는 상대적으로 약해진다. 병화(丙火)로 인목(寅木)을 살인상생(殺印相生)시켜 주면 좋아진다. 단 조토(燥土)

되면 쓸모없게 되니 계수(癸水)로 막아주면 상격(上格)된다.

2월 무토(戊土)

목기(木氣)가 왕(旺)한 때라 병화(丙火)로 통관시키면 조후(調候)되어 좋고, 계수(癸水)로 보좌하여 조열해지는 것도 막아주면 더욱 좋다.

3월 무토(戊土)

토왕절(土旺節)이 되므로 갑목(甲木)으로 흙을 분산시키고 계수(癸水)로 건조한 것을 막아주면 좋다.

4월 무토(戊土)

병화무토(丙火戊土)가 모두 건록(建祿)되고 화토(火土)가 조열해진다. 토(土)가 실하면 쓸모없으니 갑목(甲木)으로 흙을 파헤치고 계수(癸水)로 보충해 주면 좋다.

5월 무토(戊土)

화염조토(火炎燥土)한 때라 먼저 수(水)로 윤토(潤土)시킨 후, 갑목(甲木)으로 흙을 헤쳐주면 좋아진다.

6월 무토(戊土)

대서(大署) 이후에 금수(金水)가 많으면 병화(丙火)로 쓰고, 토다(土多)하면 갑목(甲木)을 쓰고 계수(癸水)로 보충해 준다.

7월 무토(戊土)

만물이 수장되면서 금기(金氣)가 진래(進來)하여 양기(陽氣)가 점점 쇠해지는 때이다. 병화(丙火)로 조후(調候)시키고 만약 화염이 많으면 계수(癸水)를 써서 보충한다.

8월 무토(戊土)

토(土)는 설기(泄氣)되어 약하고 한기가 많아지는 때라, 병화(丙火)로 따뜻하게 해주면 좋다.

9월 무토(戊土)

술월무토(戌月戊土)는 왕토(旺土)라 갑목(甲木)으로 파헤쳐 주면 좋은데, 계수(癸水)가 있어 재자약살(財慈弱殺) 해주면 상격(上格)된다.

10월 무토(戊土)

해월(亥月)은 목(木)이 장생(長生)할 때이다. 병화(丙火)로 조후(調候)하면 만물을 능히 따뜻하게 해줄 수 있다.

11월 무토(戊土)

한기가 심해 병화(丙火)로 조후(調候)시키는 것이 가장 좋다.

12월 무토(戊土)

역시 엄동지절(嚴冬之節)이라 병화(丙火)로 따뜻하게 해주면 무난하다.

6. 기 토(己土)

1월 기토(己土)

아직 냉한 때라 목기왕(木氣旺)할 때 병화(丙火)로 살인상생(殺印相生) 해주면 좋다.

2월 기토(己土)

양(陽)이 점점 강해지는 때라 병화(丙火)는 불용(不用)하고, 토(土)가 굳어질까 싶으니 목(木)으로 소통시키면 좋다.

3월 기토(己土)

양기(陽氣)가 적당하여 만물이 생육을 잘 하는 때이다. 우로(雨露)같은 계수(癸水)가 토(土)를 습하게 해주면 갑목(甲木)이 땅을 거름지게 만들어 주니 좋다.

4월 기토(己土)

전원같은 밭이 되어 계수(癸水)로 습하게 해주면 윤토(潤土)되어 좋다. 단 무토(戊土)가 있으면 무용지물이 된다.

5월 기토(己土)

화기태왕(火氣太旺)하여 조토(燥土)가 두렵다. 계수(癸水)가 충분해야 제값을 한다.

6월 기토(己土)

조토(燥土)되어 두렵다. 계수(癸水)로 윤토(潤土)시키면 좋다.

7월 기토(己土)

금(金)이 사령(司令)하고 임수(壬水)가 장생(長生)을 얻는 때라 외허내한(外虛內寒)하다. 병화(丙火)로 보충하고 제금(制金)해야 좋다.

8월 기토(己土)

금기태왕(金氣太旺)하여 설기(泄氣)가 심한 때라, 한기를 풀어주기 위해서는 병화(丙火)가 가장 필요하다.

9월 기토(己土)

토왕절(土旺節)이므로 계수(癸水)로 보충하고 갑목(甲木)으로 소통시키면 좋다.

10월 기토(己土)

기토(己土)는 연약하여 쉽게 동토(凍土)되니 병화(丙火)로 보충하면 무난하다.

11월 기토(己土)

한기가 심해 얼어있는 전답토(田畓土)이다. 병화(丙火)로 보충하는 것이 우선이다.

12월 기토(己土)

토왕(土旺)한 때라지만 동토(凍土)되어 병화(丙火)로 조후(調候)하는 것이 급하다.

7. 경 금 (庚金)

1월 경금(庚金)

인월(寅月)은 목기(木氣)가 왕(旺)하여 토(土)를 극(剋)하면 생금(生金)을 못할까 두렵다. 그러나 매금(埋金)되는 것도 싫어하니 갑목(甲木)으로 제토(制土)하고, 정화(丁火)가 있으면 상격(上格)된다.

2월 경금(庚金)

경금(庚金)이 휴수(休囚)되는 때라 진축토(丑辰土) 습토는 모두 좋다. 그러나 토(土)가 충(沖)하면 매금(埋金)이 두려우나 갑목(甲木)이 있으면 무방하다.

3월 경금(庚金)

토(土)가 중(重)한 때라 매금(埋金)이 가장 싫으니 갑목(甲木)이 있어야 된다. 자양지토(慈養之土)되면 오히려 중금(重金)된다. 이럴 때는 정화(丁火)가 있어 제련하면 좋아진다.

4월 경금(庚金)

병화칠살(丙火七殺)이 건록(建祿)되는 달이다. 장생(長生)되는 경금(庚金)을 제극(制剋)할까 두려우나, 무토(戊土)가 있으면 무난하다. 화염조토(火炎燥土)하면 임계수(壬癸水)로 윤토(潤土)하고 제화(制火)하면 더욱 좋다.

5월 경금(庚金)

오화득세(午火得勢) 하여 경금(庚金)이 약해진다. 임계수(壬癸水)로 제화(制火)하면 좋다.

6월 경금(庚金)

대서(大署) 이후부터는 정화(丁火)를 써 생한(生寒)하는 것을 막아주면, 조후(調候)되고 연금되어 좋다.

7월 경금(庚金)

경금(庚金)의 건록월(建祿月)이요 금왕절(金旺節)이다. 정화(丁火)를 써서 단련시키고 갑목(甲木)의 생조(生助)가 있으면 더욱 좋다.

8월 경금(庚金)

경금(庚金)의 양인월(羊刃月)이다. 금기태왕(金氣太旺)하니 정화(丁火)로 단련하면 명기(名器)가 된다.

9월 경금(庚金)

상강(霜降) 이후에는 매금(埋金)이 두렵다. 마땅히 갑목(甲木)으로 소통시켜야 한다.

10월 경금(庚金)

해월(亥月)이 되어 금기(金氣)의 설기(泄氣)가 심한 때라 병정화(丙丁火)로 조후(調候)도 되고 살인상생(殺印相生)시켜도 좋다.

11월 경금(庚金)

냉한하므로 병정화(丙丁火)의 조후(調候)가 급하다.

12월 경금(庚金)

한냉절이 되어 병화(丙火)로 조후(調候)삼고, 갑목(甲木)의 보충을 받은 정화(丁火)가 비추면 큰 그릇이 된다.

8. 신 금(辛金)

1월 신금(辛金)

경금(庚金)보다는 온습하여 조후(調候)는 급하지 않으나, 아직 한냉하여 병화(丙火)도 필요하지만 기토(己土)도 필요하다.

2월 신금(辛金)

목기(木氣)가 왕(旺)하여 경금(庚金)의 도움이 필요하다.

3월 신금(辛金)

곡우(穀雨) 이후부터는 토왕(土旺)되어 신금(辛金)이 유기(有氣)하기 시작한다. 임수(壬水)로 설기(泄氣)하는 것도 좋다.

4월 신금(辛金)

화토조열(火土燥烈)하고 금기(金氣)는 약하다. 임수(壬水)로 제화(制火)하고 윤토(潤土)되면 무난하다.

5월 신금(辛金)

정화사령(丁火司令)으로 신금(辛金)이 가장 약할 때이다. 임수(壬水)가 있어 윤토제화(潤土制火)하면 좋다.

6월 신금(辛金)

미토(未土)가 사령(司令)하여 신금(辛金)은 부왕부약(不旺不弱)하므로 도리어 빛을 잃게 된다. 임수(壬水)로 세금(洗金)하고 경금(庚金)으로 보조하는 것도 좋다.

7월 신금(辛金)

경금(庚金)이 유기(有氣)하면 신금(辛金)도 유기(有氣)해진다. 임수(壬水)도 자연 장생지(長生地)되어 유기(有氣)하니 이렇게 되면 금수쌍청(金水雙淸)되어 좋다.

8월 신금(辛金)

유금(酉金)이 건록월(建祿月)되어 왕(旺)하므로 임수(壬水)로 설기(泄氣)하면 역시 금수쌍청(金水雙淸)으로 좋다.

9월 신금(辛金)

무토사령(戊土司令)으로 매금(埋金)이 두렵고 갑목(甲木)이 있어 왕(旺)한 토기(土氣)를 극토(剋土)해 주는 것도 좋다.

10월 신금(辛金)

냉한절이 되어 정화(丁火)는 못쓰고 병화(丙火)로 조후(調候)시키면 좋다.

11월 신금(辛金)

계수(癸水)가 당령(當令)하여 맹동(孟冬)이니 병화(丙火)로 조후(調候)시키면 좋은데, 계수(癸水)가 투간(透干)되어 있으면 눈보라 치는 형상이 된다.

12월 신금(辛金) 병화(丙火)로 조후(調候)시키고 갑목(甲木)이 있으면 임수(壬水)로 세금(洗金)할 때 좋아진다.

9. 임 수(壬水)

1월 임수(壬水)

인월(寅月)은 수(水)가 퇴기하는 때라, 경금(庚金)의 생수(生水)가 있어야 된다.

2월 임수(壬水)

을목(乙木)이 태왕(太旺)하여 임수(壬水)를 설기(泄氣)시키니 신금(辛金)으로 을목(乙木)을 제목(制木)해 주면 좋다.

3월 임수(壬水)

무토당령기(戊土當令期)에 임수강하(壬水江河)가 진토(辰土)에 막혀버린다. 갑목(甲木)이 제토(制土)하여 수로(水路)를 터 주어야 수원(水源)이 좋아진다.

4월 임수(壬水)

병화무토(丙火戊土)가 왕절(旺節)한 때라, 신금(辛金)으로 생수(生水)시키고 임수(壬水)로 병화(丙火)를 막아주면 좋다.

5월 임수(壬水)

기토득령(己土得令)으로 임수(壬水)가 약하니, 경금(庚金)으로 생수(生水)하면 좋다.

6월 임수(壬水)

기토(己土)로 인해 임수(壬水)는 더욱 탁해진다. 신금(辛金)으로 보좌하여 생수(生水)하고 임수(壬水)로 보조해 주면 더욱 좋다.

7월 임수(壬水)

경금(庚金)의 녹월(祿月)이요 장생통원(長生通原)되는 임수(壬水)라 수왕(水旺)하다. 무토(戊土)로 극수(剋水)해 주면 좋다.

8월 임수(壬水)

신금당령(神金當令)하여 금백청수(金白淸水)할 때 토(土)가 있으면 방해를 받으니 갑목(甲木)으로 극토(剋土)해 주면 좋다.

9월 임수(壬水)

칠살(七殺)이 득령(得令)한 때라 갑목(甲木)으로 극토(剋土)해 주는 것이 마땅하다.

10월 임수(壬水)

임수(壬水)의 건록월(建祿月)이 되어 수기(水氣)가 도도하다. 무토(戊土)로 적당히 조절해야 된다.

11월 임수(壬水)

임수(壬水)의 양인월(羊刃月)이 되어 수기(水氣)가 왕(旺)하고 한기가 많아, 칠살(七殺)로 살인상정(殺刃相停)시키고 병화(丙火)로 조후(調候)하면 좋다.

12월 임수(壬水)

수기(水氣)가 점점 퇴기하는 때라 기토(己土)가 극수(剋水)할까 두려우나, 갑목(甲木)으로 극토(剋土)하고 병화(丙火)를 쓰면 한 기를 퇴기시켜 좋다.

10. 계 수(癸水)

1월 계수(癸水)

인월(寅月)에 우로계수(雨路癸水)는 설기(泄氣)가 심하다. 신금(辛金)으로 보좌하고 멀리 떨어진 병화(丙火)로 조후(調候)시키면 좋다.

2월 계수(癸水)

묘목득령(卯木得令)하여 설기(泄氣)가 심하다. 신금(辛金)이 을목(乙木)을 제목(制木)시키면 좋다. 그러나 신금(辛金)이 없고 경금(庚金)이 있어 을경합(乙庚合)되면 기반(羈絆)되어 못쓴다.

3월 계수(癸水)

곡우(穀雨) 이후에는 무토득령(戊土得令)되어 계수(癸水)가 약해진다. 경신금(庚辛金)으로 보좌하여 생수(生水)시켜야 좋다.

4월 계수(癸水)

병화무토(丙火戊土)가 건록(建祿)되고 수(水)는 절(絶)되어 약하다. 화(火)의 제극(制剋)이 없는 경신금(庚辛金)으로 생수(生水)를 받아야 좋다.

5월 계수(癸水)

정화기토(丁火己土)의 건록(建祿)으로 화토(火土)가 극성이다. 금(金)과 임수(壬水)로 보좌해야 된다.

6월 계수(癸水)

목(木)과 화기(火氣)의 득세지는 지났으므로 반드시 수(水)가 필요하지는 않다. 그래도 금(金)이 있으면 유기(有氣)되어 마음이 편하다.

7월 계수(癸水)

경금(庚金)의 건록(建祿)과 임수(壬水)의 장생지(長生地)되어 계수(癸水) 역시 유기(有氣)하다.

8월 계수(癸水)

유금(酉金)이 태왕(太旺)하여 금백청수(金白淸水)하니, 신금(辛金)과 병화(丙火)만 멀리 있으면 좋다.

9월 계수(癸水)

화(火)가 입묘(入墓)한 월(月)이며, 계수(癸水)가 대기(大忌)하는 무토(戊土)가 득령(得令)하였으므로, 신금(辛金)으로 생수(生水)하면 좋고 실기(失氣)한 갑목(甲木) 역시 계수(癸水)의 생조(生助)를 받아 갑극무(甲剋戊)로 제토(制土)하면 좋다.

10월 계수(癸水)

병화(丙火)의 조후(調候)가 시급하다.

11월 계수(癸水)

수왕절(水旺節)에 천지동한(天地凍寒)한 때이다. 병화(丙火)의 조후(調候)가 절대적으로 필요하다.

12월 계수(癸水)

냉한절이라 병화(丙火)의 조후(調候)가 필요하다. 단 계수(癸水)가 천간(天干)에 투간(透干)되었으면, 병화(丙火) 태양을 가리는 형상이 되어 못쓰고 신금(辛金)이 있어도 못쓴다.

11. 五行別 吉凶作用

천간	吉 神	凶 神
木	仁慈, 有德, 慈善	고집, 무능, 소심
火	예의바름, 명랑	무례, 신용없음, 큰소리 잘침
土	信用, 重厚, 厚德	어리석음
金	의리, 결단력	포악, 흉폭, 난잡, 안하무인
水	지혜 마음이 넓음	편협, 옹졸, 사기근성

12. 天干의 吉凶作用

천간	吉 神	凶 神
甲	인자, 강직	성격이 급하고 용두사미격
乙	온화	비굴하고 고집이 셈
丙	포부가 크고 대범함	대책없이 서둘러 실패를 자초
丁	다정다감	이중성격
戊	신의	비정하다.
己	포용, 인내	경솔, 무능
庚	결단력	난폭, 억셈
辛	자신에게 엄격	억지가 심함
壬	언행일치	허언을 잘함
癸	다정다감	비애를 잘느끼고 소심

13. 六神의 吉凶作用

천간	吉 神	凶 神
印綬	후덕, 인자	게으르고 옹졸
偏印	외모는 거치나 온화	웃음에 독이 있고 언행이 다름
正官	질서, 원만	자신에게 얽매여 꼼짝못함
偏官	총명, 결단력	경솔, 난폭
正財	정직, 검소	융통성 없음
偏財	이재능력 탁월	투기 횡재를 꿈꿈
食神	봉사정신이 강함	쓸데없는 불만이 많음
傷官	근면, 성실, 정의	오만불손 하며 주장이 강함
比肩	우애, 헌신적	무표정, 냉정, 경쟁심이 강함
劫財	당차고 실속있다.	질투가 강하고 투서를 좋아함

14. 五行別로 본 신체질병

천간	신체에 나타나는 질병
木	간, 담, 신경계, 시력, 중풍
火	심장, 소장, 정신질환, 건망증, 색맹, 야맹, 사시, 약시
土	비장, 위장, 소화 계통
金	폐, 대장, 피부병, 호흡기 계통
水	신장, 방광, 식은땀, 요통, 야뇨증, 공포증, 신경계

15. 天干別로 본 질병

五行	臟腑	질병
甲, 乙	간, 담	중풍, 불면증, 신경통, 말초신경계(손, 발), 편두통, 위산과다, 십이지궤양, 색맹, 약시, 근시, 난시, 녹내장, 정신질환
丙, 丁	심장, 소장	정신질환, 건망증, 불안, 초조, 악몽, 안면질환, 고혈압, 저혈압, 루마치스
戊, 己	비장, 위장	소화기 계통, 비만, 수척, 빈혈, 구강질환, 안면신경마비, 당뇨, 배앓이, 전신무력증, 위하수, 탈장증
庚, 辛	폐, 대장	피부질환, 코, 설사, 탈항, 맹장
壬, 癸	신장, 방광	척추, 요통, 좌골신경통, 생식기질환, 머리, 귀, 기억력 감퇴, 대소변, 원기부족

10장.
지지장간의 숨은 뜻

우주 대자연의 천간(天干)을 공간이라 한다면 지지(地支)는 시간을 말하고, 천간(天干)에서 화학적 변화를 일으킨다면 지지(地支)에서는 물리적 변화를 일으켜, 계절마다 절후마다 춥고 더운 것을 나타내고, 여기에 의해 발생된 생장멸(生長滅)의 법칙에 따라 생노병사하는 것도 모두 지지(地支)에서 일어나는 일들이다.

그런가 하면 지지(地支)에서는 24절기와 5일마다 들고 나는 72절후에 맞추어 자연에서는 사변사색을 할 때, 인간 역시 여기에 따라 철따라 옷을 갈아입고 철따라 심고, 가꾸며, 거두는 일도 모두 지지장간(地支藏干)에 따라 하고 있다.

이것이 바로 천도(天道)를 따르는 것이요, 천리에 순응하며 사는 인간사이다. 범사의 길흉화복도 모두 이곳에 있다는 것을 알 수 있다.

본 편을 쓰게 된 것은 〈쉽게 푼 역학〉과 〈말하는 역학〉을 읽으신 분들이 지지장간(地支藏干)에 대한 설명을 부탁하는 독자들이 유난히 많았기에 쓰기로 했다.

1. 인월입춘(寅月立春)

戊:7일, 丙:7일, 甲:16일

대한(大寒)이 지나고 입춘절(立春節)이 지났어도 아직은 추위가 맹위를 떨치고 있는 때이다. 인월(寅月)이면 삼양지절(三陽之節)이 되어 양둔(陽遁)의 기가 성하는 때라고는 하지만, 동지(冬至) 후 소한(小寒)과 대한(大寒)이 있어 아직도 땅 속 깊은데까지는 얼음장으로 동토(東土)가 되었지만, 동풍이 불어 서서히 땅을 녹이기 시작한다.

그러므로 초목들이 아직 눈을 뜨지 못한 채 동면기(冬眠期)에 있다가, 입춘(立春) 7일이 지나면서 차츰차츰 병화(丙火)의 온기가 동하기 시작하고, 인중갑목(寅中甲木)이 싹을 틔울 준비를 한다.

이때 온 산하가 설산빙하(雪山氷河)라 하더라도 땅 속을 파보면 뿌리끝 생장점에서는 뾰족한 새싹에 이슬방울같은 것이 묻혀 있음을 알게 된다. 이렇게 나무의 뿌리에 붙은 생장점이 7일 동안 머무는 병화(丙火)의 온기에 힘을 얻어 그때부터 땅 속을 파고 뚫기 시작한다.

만약 이때 병화(丙火)의 온기가 없다면, 이런 일은 있을 수도 없고 설령 있다 해도 얼어죽을 것이다. 병화(丙火)의 온기는 지열(地熱)이 된다. 지열(地熱)이 높아지면서 새싹은 갑목(甲木)으로 서서히 자라기 시작하는데 이것이 16일 동안이다.

하지만 16일 동안에 나무가 모두 성장하는 것은 아니다. 다만 월동기간 동안 땅 속에서 얼어죽지 않고 생장점을 갖고 있는 것들이 모두 땅 위로 살아 나오는 기간이 16일이라는 것이지, 경칩(驚蟄)이 되어도 이 일은 계속 된다.

더구나 입춘(立春) 후 보름이 지나면 우수(雨水)가 된다. 우수(雨水)는 왕성하게 뿌리를 내리며 땅 위로 치솟고 있는 나무에 활력이 되도록 때를 맞춰 비를 뿌려준다. 만약 우수(雨水)에 비가 오지 않으면 봄 가뭄이 들었다 하여 난리가 난다.

왜냐하면 일년의 풍년 약속은 우수(雨水)에 비를 내려주어야 비로서 풀뿌리가 돋아나 새 생명이 시작되기 때문이다. 이렇게 갑목사령(甲木司令)할 때 마침 우수(雨水)가 들어 하늘에서는 비가 내리고, 갑목(甲木)은 어느덧 자라 땅 위로 새싹을 드러내고, 동풍이 불어 땅이 녹기 시작하면서 절기가 경칩(驚蟄)으로 넘어간다.

2. 묘월경칩(卯月驚蟄)

甲：10일，　乙：20일

인월(寅月)이 시작되고 15일 경부터 완전히 제모습을 찾아 성장하기 시작한 갑목(甲木)은 우수(雨水)와 경칩(驚蟄)은 지난 후에도 10일까지는 성장을 멈추지 않는다.

이 기간이 갑목사령(甲木司令) 때부터 경칩(驚蟄)까지 16일과, 경칩(驚蟄)부터 10일간 갑목(甲木)의 발왕기(發旺期)로 약 26일이 되지만, 사실 병화사령(丙火司令)부터 따지면 33일 동안이 갑목(甲木)의 발왕기(發旺期)이다. 이때까지도 아직 땅 속에서 나오지 못한 것은 이미 동사했거나, 아니면 씨앗이 병든 것으로 간주하면 된다.

그런가 하면 아직도 겨울잠을 자고 있는 나무가 있다던가 또는 아직도 두꺼운 껍질을 깨지 못하고 있는 씨앗을 위하여 천간(天干)에서는 우뢰와 번개로 충(沖)을 일으켜 이들을 놀라게 해서 잠을 깨우고 있다. 그래서 경칩(驚蟄)이 지나면 유난히 천둥과 번개가 많은 것도 이런 이유에서 비롯된 것이다.

사주(四柱)에서도 이와같은 원리를 충(沖)이라고 한다. 복숭아꽃이 방울방울 맺어 피어나기 시작하는 때이다. 일간(日干)이나 월간(月干)이 충(沖)을 받으면 깜짝 놀라, 반드시 어떤 변화의 계기가 되어 새롭게 발전하는 경우도 있으니, 결코 충(沖)을 두려워 해서는 안된다.

이렇게 하여 입춘(立春) 후 33일이 지나고 나면, 목기(木氣)는 왕절(旺節)이 되어 온 산천산하가 푸르름으로 가득 채워지게 되는데, 이때 목(木)이 가장 많이 섭취하는 것이 수분과 염분이다.

특히 염분은 나무가 성장하는데 절대적으로 필요한 성분이다. 만약 나무의 성장기에 염분이 부족하면 가을에 금(金)으로 열매를 맺는데 쭉정이가 된다든가, 아니면 병든 씨앗이 된다. 그래서 봄에는 바닷물이 수증기로 염분을 모두 증발시켜 나무에게 공급해 주고 있으므로, 염전에서도 소금을 캐지 않는다.

이것은 지금까지 말한대로 가을부터 겨울까지 금생수(金生水) 즉, 염분을 갖고 있는 금(金)이 겨우내 금생수(金生水)하여 바닷물에 염분을 저장시켜 두었다가, 봄이 되면서 수생목(水生木)으로 바닷물을 공급해 주기 때문이다.

그리고 바닷물이 수생목(水生木)으로 나무를 키우는 것이 아니라, 바닷물 속에 있는 염분을 나무에게 공급해 주어 수생목(水生木)하는 것이다. 이러므로서 자연히 봄에는 염도가 낮아 소금이 나지 않는다.

갑목기(甲木氣)가 왕성한 10일이 지나면 봄이 점점 무르익어 가면서 춘분(春分)을 맞게 된다. 이때가 되면 천둥과 번개에 놀라 늦잠을 깬듯, 늦게야 부지런을 떠는 놈들은 자기보다도 몇천배나 더 무거운 돌덩어리를 밀고 올라오는 놈도 있고, 두꺼운 아스팔트를 뚫고 기어나오는 놈도 있으니, 이것이 바로 목왕절(木旺節) 본기(本氣)의 근성이요 묘유충(卯酉冲)이다.

만약 목왕절(木旺節)이 아닌 토기(土氣)나 화기(火氣) 때라면 감히 생각지도 못할 일이다. 이래서 어느 오행(五行)이고 본절(本節)의 기는 괴력과도 같은 무서운 힘을 갖고 있다.

하지만 경칩(驚蟄) 후 10일이 지나면 서서히 을목(乙木)의 기(氣)로 바꿔지기 시작하면서 나무가 늙어간다. 나무가 늙기 시작하면 이미 성숙을 마치고 꽃을 피울 단계가 되었다는 말인데, 마침 이때가 되면 도화기(桃花氣)가 발동하는 시기가 되어 처녀 총각이 바람나는 것도 예사로운 일이 아니다.

바람기가 동하는 것은 이미 나무가 성숙을 마치고 꽃피울 단계가 된 것처럼, 처녀 총각도 꽃망울을 터트리고 싶은 자연의 욕구현상 때문에 일어나는 일들이니, 이를 무턱대고 막을 수만은 없다.

특히 춘분(春分)이 지나면 여자들의 옷차림이 가벼워지기 시작한다. 이것은 묘중(卯中)에는 갑을단기(甲乙單氣)로 된 도화(桃花) 즉, 여자 본래의 자기 것인 춘기(春氣)가 찾아왔으므로 춘풍(春風)을 만나면 금방이라도 꽃망울을 터트릴 만큼 강렬한 도화기(桃花氣)가 접신(接身)되기 때문에 일어나는 현상이다.

3. 진월청명(辰月淸明)

乙 : 9일,   癸 3일,   戊 : 18일

봄은 무르익어 청명(淸明)이 지났는데도 을목도화기(乙木桃花氣)는 여전히 강해 9일 동안이나 계속된다. 묘목사령(卯木司令) 20일과 진중을목사령(辰中乙木司令) 9일을 디하면 29일이니, 근 한달 얼흘 동안 을목기(乙木氣)가 왕성해지면서, 곡우기(穀雨期)에 곡우물이라 하여 3일간 계수(癸水)로 비까지 내린다.

이때 내리는 비는 앞으로 18일 동안 펼쳐질 무토대지(戊土大地)를 거름지게 할 단비이다. 이렇게 되면 무토대지(戊土大地)는 기름진 옥토로 광토(廣土)될 때 그렇게도 기세등등하던 목기(木氣)는 점점 쇠하기 시작한다.

보리 안팬 3월 없다는 말처럼 촉촉한 대지 위에서는 보리이삭이 오동통 알배기를 시작하니, 농부들의 일손은 본격적으로 바빠지고 무지개가 나타나기 시작한다.

4. 사월입하(巳月立夏)

戊 : 7일,   庚 : 7일,   丙 : 16일

3월 무토사령(戊土司令) 18일로는 부족한 듯 아직도 그 기세가 남아있어 입하(立夏) 후에도 7일간 계속된다. 그런가 하면 이미 무토대지(戊土大地) 위에 심어진 곡식들은 이미 가을을 준비하기 위한 열매의 씨앗을 맺게 할 경금(庚金)이 있어, 다음 세대를 잉태할 준비를 벌써 갖추게 되며 지렁이가 땅 속에서 기어나오기 시작한다.

그리고는 이미 심어진 나무들은 작열하는 병화(丙火) 태양열의 힘을 받아 마음껏 꽃을 피우고, 꽃받침 밑에서는 아련하게 열매를 달고 있는 것도 소만(小滿) 때에 보이기 시작한다.

5. 오월망종(午月芒種)

丙:10일, 己:10일, 丁:10일

개화만개(開花滿開)라, 꽃은 필 때 활짝 펴야 그 열매가 실한 법이지, 그렇지 못하면 반개(半開)되어 열매가 가볍다. 그래서 오도화월(午桃花月)에는 어느 꽃이든 모두 활짝 피어 더욱 아름답다.

자오묘유도화(子午卯酉桃花) 중에 유일하게 오월도화(午月桃花)만은 병기정(丙己丁)으로 삼기(三氣)를 갖고 있는데, 이것은 조금

전에 말한대로 꽃을 만개시키기 위한 자연의 특별 배려인지도 모른다.

더구나 망종(芒種) 초 10일부터 병화(丙火)가 작열하더니, 지나치게 과열하면 연한 꽃이 상할까 싶어, 중기(中氣) 10일 동안을 기토(己土)로 화생토(火生土)시켜 화기(火氣)를 조절하고, 병화(丙火)가 기토(己土)에 의해 설기(泄氣)된 후에는, 정화(丁火)의 기로 바꾸어 서서히 열기를 조절하여 꽃이 피고 시드는 과정을 진행할 수 있도록 도와준다.

만약 여기서 기토(己土)의 중화작용이 없다면 그 꽃은 화기(火氣)에 시들고 지쳐 쉽게 떨어질까 두렵다. 더구나 오월(午月) 절후 중에는 하지(夏至)까지 있어 일조량을 최대한 높임으로 구석구석 못다핀 꽃들을 모두 피게 만들어주는 고마움도 있으니, 하늘의 고마움에 다시 한번 머리숙이지 않을 수 없다.

이때 망종절(芒種節)에는 보리환갑이라 하여 보리를 베기 시작하는데, 늦어도 망종(芒種) 후 10일까지는 베어야 한다. 때를 놓치면 병정화(丙丁火)의 열기가 강해 보리알이 말라버리니 서둘러야 한다.

그래서 보리는 누렇게 익은 황맥(黃麥)보다는 약간 푸르스름한 청맥(靑麥)을 더 쳐주는 것도, 보리가 건강할 때 수확한 것이라 해서 그 값이 높은 것이다.

그런가 하면 흔히들 수술을 한다던가 할 때, 5월은 한여름이라 해서 환자도 어렵고 간호하기도 어렵다는 핑계로 가을이나 봄같이

선선한 계절로 미루는 경우가 있는데, 이것은 편리함만을 따른 것
이지 환자를 위한 배려는 아니다.

　왜냐하면 오월(午月)의 천기(天機)는 습한 기운이 없고, 모두 건
조해 수술을 한다던가 치아를 빼는 경우 덧나지 않아 상처가 쉽게
아무는 시기이기 때문이다.

6. 미월소서(未月小暑)

　　丁 : 9일，　乙 : 3일，　己 : 18일

　벼같은 수도작물은 고온식물이라 저온다습한 곳에서는 재배되지
않는다. 고온식물이란 태양열을 많이 받고 자란 식물을 말한다.
그 중에서도 쌀이 대표적인 작물이다. 쌀은 동남아 지방이 원산지
이며 우리의 주식인데, 쌀을 많이 먹는 민족치고 양기(陽氣)가 부
족한 민족은 없다.

　열량을 많이 받고 자란 식물이란, 양기(陽氣)를 많이 받고 자란
식물이란 뜻이다. 이것은 쌀미(米)자의 생긴 모습에서도 알 수 있
다. 정력을 말할 때도 쌀미변에 정력(精力). 힘을 말할 때도 쌀미
변에 기력(氣力)이라고 쓴다.

미(米)자의 생긴 모형도 동서남북 사방을 힘차게 뻗어나가면서 사이 사이에 간방으로 또 뻗어 사통팔방으로 쭉쭉 힘을 발산하고 있다는 것을 알 수 있다.

그런가 하면 미월(未月)이 되면 모포기는 벌써 힘차게 땅 속 깊이 뿌리를 내려 힘센 장정이 뽑아도 뽑혀지지 않을 만큼 되었다. 벼이삭 안밴 6월 없다는 말처럼 미월(未月)이면 이미 벼포기 마디에는 통통하게 알이 배기 시작한다.

그리고 미월(未月)에는 습냉한 것을 좋아하지 않는다. 만약 6월에 장마가 들어 기온이 습냉하면 곡식과 열매의 맛은 지리기만 하고 단단하게 여물지 못한다.

6월은 날씨가 뜨거워야 미토(未土)의 단맛(味)을 듬뿍 간직하는 법이다. 그래서 이때부터 더운 바람이 불기 시작하고, 대서(大署)도 이 달에 들어있어 자연을 더욱 감미롭게 해주고 있는데 다시 한번 감사드린다.

7. 신월입추(申月立秋)

戊:7일, 壬:7일, 庚:16일

벼가 알배기를 시작하면 물을 원한다. 만약 이때 물이 부족하면

벼알이 굵지 못하고 쭉정이가 많아진다. 그래서 하늘에서는 입추(立秋) 후 16일 동안 수(水)의 장생궁(長生宮)되는 경금(庚金)을 정기(正氣)에 깔아두고, 임수(壬水)로 중기(中氣)에 넣어 물이 마르지 않게 공급해 준다.

또한 사오미(巳午未) 석달 동안의 뜨거운 여름으로 만물을 성숙시키고 열매를 들게 하더니, 입추(立秋) 후 7일까지는 화생토(火生土)로 더위를 설기(泄氣)시키지만 그래도 뜨거운 것은 여전하지만, 이때부터는 풀이 더 이상 자라지 않는다.

하지만 입추(立秋) 후 7일이 지나고 나면 피부로 느낄만큼 아침저녁으로 선선한 바람을 느끼게 되는 것이 임수사령(壬水司令) 때부터이다.

이 때는 과일이 붉어지기 시작하며 이미 미월(未月)에 맛(味)을 들여놓은 것을 신월(申月)에는 단단하게 하여, 처서(處署)가 시작되면서 햇과일 맛을 제대로 내기 시작한다.

8. 유월백로(酉月白露)

庚 : 10일, 辛 : 20일

신월처서(申月處署) 이후부터 가을을 만들더니 백로(白露) 후 10

일까지도 입추(立秋)의 기세가 등등하다. 추분(秋分)이 지나 20일이 되면 완연한 가을이다.

이미 이슬방울은 서리로 변할 듯 차고 냉하며, 곡식과 과일은 찬 이슬에 울어대며 빨리 거두기를 재촉한다. 일손이 바빠진 농부들은 무엇을 먼저 거둬 들일지 몰라 발만 동동 굴러댄다. 그래서 동동팔월이라는 말이 생긴 것이다.

가을 귀뚜라미는 덩달아 울어내고 기러기는 무리를 지어 어디론가 날아간다. 이때부터 새들은 먹이를 장만하기 시작한다.

9. 술월한로(戌月寒露)

辛：9일, 丁：3일, 戌：18일

어느덧 이슬은 얼어붙을 듯 차가운데 국화꽃이 피기 시작한다. 긴 겨울잠을 자야 할 것들은 백로(白露)부터 서서히 준비를 하더니, 어느새 술중정화(戌中丁火) 땅 속 깊이 따뜻한 곳으로 숨어든 지 오래 되었다.

그런가 하면 상강(霜降) 이전에 월동작물들은 술중정화(戌中丁火) 따뜻한 곳에 묻어두기 위해, 보리와 마늘을 파종하고 가을걷

이와 마무리에 한참이다.

여기서 술(戌) 즉, 개를 보신용이라 하여 미식가들 사이에 즐겨 먹는 것도 술(戌) 속에는 정화(丁火)라는 화기(火氣)와 정화(丁火)는 임수(壬水)와 애정지합을 원하는 기질이 있어, 이것을 먹으면 정력이 생긴다는 것도 근거없는 말이 아니다. 그러나 월동동물들은 모두 개와 같은 정력성분이 들어있다.

10. 해월입동(亥月立冬)

戊 : 7일, 甲 : 7일, 壬 : 16일

대지는 이미 상강(霜降) 이후부터 찬기운이 가득하더니 땅이 얼기 시작하고, 입동(入冬)이 되면서 부터는 제법 겨울을 재촉하기 시작한다.

입동(入冬) 비가 내리면서 추위를 불러들이고, 땅 속 깊숙히 묻어둔 내년의 입춘갑목(立春甲木)의 씨앗을 위해 임수본기(壬水本氣)는 수생목(水生木)하는데만 힘을 쓰면서 어머니의 도리를 다하고 있다.

그래서 씨앗의 종자에는 핵과 같은 눈이 있고 여기에는 항상 촉촉한 물기가 베어있는 것을 알 수 있다. 이것이 바로 임수(壬水)이다. 만약 임수(壬水)가 없다면 씨앗의 눈은 말라버려 이듬해 새 싹을 트이지 못한다.

11. 자월대설(子月大雪)

壬 : 10일, 癸 : 20일

온 산천산하는 수기(水氣)로만 가득차 냉천한지(冷天寒地)이다. 이때가 되면 호랑이는 교미를 시작한다. 봄부터 여름과 가을을 지나오는 동안 산하는 높고 낮은 굴곡과 앙상한 뼈만 남은 듯, 알맹이는 모두 빼앗아 버려 임계(壬癸)만 남았다. 이것이 수(水)이다. 수(水)는 수평을 말하며 수평은 평존평등을 뜻한다.

이것은 높고 낮은 모든 것을 다시 수평으로 만들어 놓고 새롭게 공존하게 한다는 뜻이며, 대지사방을 검고 어둡게 하여 무(無)에서 유(有)를 창조하게 한다는 뜻이 된다.

이렇게 대자연인 우주의 정신은 너무 크고 원대하여 인간으로서는 헤아릴 수가 없다. 일년의 변화에서도 이렇게 가르쳐 주고 있다. 10년, 100년, 1000년 마다의 큰 변화에서는 얼마나 더 큰 가

르침을 하고 있는지 어찌 알 수 있겠는가. 그저 자연의 대법도를 우러러 경배할 따름이다.

12. 축월소한(丑月小寒)

癸 : 9일, 辛 : 3일, 己 : 18일

대설(大雪) 이후 15일이 지나면 동지(冬至)가 시작되면서 서서히 일양시생(一陽始生)하지만 샘물이 얼어붙기 시작한다. 이때부터 양둔(陽遁)되어 하지(夏至)까지 만생초목들은 다시 생육시키는 일년이 시작되는 축월이다.

세상은 잠든 듯 은백으로 고요하기만 하다. 하지만 이미 대한(大寒)이 지나면서부터 신금(辛金)이 있어 만물의 태동을 부추기고 있다는 것을 지지장간(地支藏干)은 이렇게 말하고 있다.

일년의 첫번째인 인월(寅月)과 양둔(陽遁)의 첫번째인 축월(丑月)은 정기에서 중기와 초기로 자연스럽게 상생시켜 주고 있다. 이것은 곧 우주의 진리는 상극보다는 상생을 먼저 하게 만들어서 만물을 살리는데 목적을 두었다는 것을 뜻하는 것이다.

부록.
문답식 생활
예법

문답식 생활예법

역(易)의 본뜻은 자연의 순환질서를 율법삼아 인간의 생활도 여기에 순응하며 살라는 인도(人道)의 가르침이다. 천도(天道)의 근본은 정도(正道)이다. 정도(正道)를 축으로 삼고 천지인(天地人)을 삼합(三合)으로 묶어 이 궤도를 벗어나지 못하게 하는 것이 천도(天道)요, 여기에 순천(順天)하며 사는 것이 인도(人道)요 인본(人本)이거늘, 사회구조가 복잡해지면서 인본정신은 점점 잃어가고 있으니 큰 일이다.

마침 때를 같이 하여 성균관에서 예법예절에 대한 작은 책을 만들어 주심에 감사드리고, 그 책을 전해주신 심산 권동규 선생께 또한 감사드린다. 받고 보니 찌든 가뭄에 단비를 만난 듯 옥조(玉條)같이 귀한 책이었다.

이는 혼자만 볼 것이 아니라, 우리가 모두 같이 보아야 된다는 생각이 들어 여기에 몇가지를 골라 부록으로 실으니, 이웃간에 서로 돌려가면서 읽어 인본의 도를 다지는데 지침서가 되길 바란다.

1. 예 절

문

객지에 있는 아들이 부모님에게 편지를 드릴 때 봉투에는 어떻게 씁니까?

답

흔히들 봉투에 부모의 성함을 쓰는데 이것은 큰 실례이다. 아들인 본인의 이름을 쓰고, 이름 밑에 「본가입납(本家入納)」이라고 써야 한다.

문

상가에 조문갈 때 단자에 향촉대(香燭代)라고 쓰면 틀립니까?

답

부의(賻儀), 조의(弔儀), 근표상애도(謹表喪哀悼), 지촉대향전료(紙燭大香典料) 등으로 쓴다.

문

조상의 휘자(諱字)를 부르려면 무슨 자 무슨 자 하는 걸로 알고 있는데, 그렇지 않은 경우가 있다고 들었습니다. 어떤 경우에 그렇습니까?

답

부친의 호명(呼名)에 대해 쓰는 것이 아니고, 축문(祝文)을 읽을 때나 임금님 앞에서 사신의 부친을 칭할 때만 그렇게 한다.

문

명절이나 혼례, 상례, 제사 때 손을 잡는 법이 조금씩 다른데 남녀로 구분하여 설명해 주십시요.

답

명절, 혼례, 제례 때는 남자는 왼손이, 여자는 오른손이 위로 가도록 두 손을 포개어 잡는다. 그러나 상주이거나 문상을 할 때는 반대로 남자는 오른손, 여자는 왼손이 위로 가도록 포개 잡는다.

문

석전대제 봉행시 알자(謁者)의 구령에 「부르오」라는 말이 있는데, 어떤 사람은 「부호」라고도 하더군요. 어느 것이 맞습니까?

답

부르오의 구령은 불명(不明)이나 「복호(複呼)」에서 온 우리말 인가 한다.

문

조상님들의 산제(山祭)를 모실 때 신위(神位)에 대한 독축(讀祝)을 하는데, 할아버지와의 관계를 「世」로도 읽고 어떤 집은 「代」 읽는데 「世」와 「代」는 무슨 뜻입니까?

답

「世」는 고조(高祖), 증조(曾祖), 조(祖) 부(父), 나(我), 자(子)로 선조로부터 상계되어 후손까지 내려오는 것을 말하고, 「代」는 고조대증조(高祖代曾祖), 증조대조(曾祖代祖) 조대부(祖代父), 부대(父代) 자기와 같이 대를 이어온다는 뜻으로 쓴다.

문

절의 종류와 형태 등에 대해서 설명해 주십시요.

답

① 계수(稽首):이마를 땅에 닿게 한다.

② 돈수(敦首):머리를 땅에 닿게 한다.

③ 공수(空首):상체를 굽혀 머리가 팔장낀 높이 만큼 숙인다.
　 또는 두 손을 잡고 땅에 댄 다음, 머리에 손이 닿도록 무릎을 꿇는다.

④ 진동(振動):두 손을 마주친다.

⑤ 길배(吉拜):한번 절하고 다시 이마를 조아려 반절을 한다.

⑥ 흉배(凶拜):상인의 절이다.

⑦ 기배(奇拜):한번 절하다.

⑧ 포배(褒拜): 두번 절한다.

⑨ 숙배(肅拜): 집을 떠나기 전에 임금님께 올리는 절이다.

⑩ 직배(直拜): 부모나 존장에게 한번 절한다.

⑪ 재배(再拜): 제사 때 두번 절한다.

⑫ 사배(四拜): 왕이나 문묘에서 4번 절하고, 여자는 제사나
혼례 때 4번 한다.

문

사조(四祖)와 오종(五宗)은 어디까지를 말합니까?

답

사조(四祖)란 부(父), 조(祖) 증조(曾祖), 외조(外祖)로 옛날에
과거시험장에서 문벌을 확인할 때 쓰는 명함이고, 오종(五宗)은
고조(高祖), 증조(曾祖), 조(祖) 자(子), 손(孫)을 말한다.

문

친구가 새집으로 이사를 했을 때 예의를 나타내는 글씨로는 무엇
이 있습니까?

답

축신영입댁(祝新營入宅), 축성조(祝成造), 경축설산(慶祝說産)
등을 쓴다.

문

상(喪)을 마치고 인사장을 내려고 하는데 자식들 이름 밑에 무엇이라고 씁니까?

답

아버지는 계신데 어머님이 돌아가셨다면 애자(哀子), 어머니는 계시고 아버지가 돌아가셨다면 고자(孤子), 두분 모두 여의었다면 중상을 입었으니 고애자(孤哀子)라고 쓰며, 졸곡제사(卒哭祭祀)부터는 효자(孝子)라고 쓴다.

문

혼사에 특별히 수고하신 주례 선생님께 사례를 할 때는 어떻게 씁니까?

답

부사례(簿謝禮), 사례(謝禮) 등으로 쓴다.

문

부의금 봉투에 이름을 쓰고 그 밑에는 뭐라고 써야 합니까?

답

근정(謹呈), 곡배(哭拜), 배상(拜上) 등이 좋다.

문

팔순잔치에 갈 때는 봉투에 어떻게 쓰나요?

답

축수연(祝壽筵), 축만수무강(祝萬壽無彊)이라고 쓴다.

문

소상이나 대상을 치루는 집에 갈 때는 봉투에 어떻게 쓰나요?

답

부의(賻儀), 존의(尊儀)라고 쓴다.

문

회갑잔치에 갈 때 봉투는 어떻게 씁니까?

답

축수연(祝壽筵), 축화갑(祝華甲)이라고 쓴다.

문

고희(古稀)나 미수(米壽) 봉투에는 축(祝)자를 쓰지 않는다는데 그런가요?

답

아니다. 반드시 써야한다.

2. 친족간의 호칭

형제자매의 배우자 호칭

아주머니, 형수:시동생이 형의 아내를 부를 때

형수씨:남에게 자기의 형수를 말할 때

제수씨, 수씨:동생의 아내를 직접 부를 때나 남에게 자기 동생의
아내를 말할 때

매부:누나의 남편을 부를 때나 남에게 말할 때

매제:누이동생의 남편을 남에게 말할 때

매형, 자형:누님의 남편을 부를 때나 남에게 말할 때

0서방:여동생의 남편을 부를 때

문

동성동본 사이에 행렬이 같으면 나이를 따져 어떻게 부릅니까?

답

나이가 많고 행렬이 아래라고 하더라도 하대를 하면 안된다.

문

아내의 오빠가 저보다 나이가 적은데, 처남들은 저에게 「자네」
또는 「여보게」라고 합니다. 처가에서는 처남을 형님이라고 부르라

고 하는데 어떻게 해야 됩니까?

답

아무리 아내의 오빠라고 하더라도 나이 어린 처남에게 형님이라고 부를 수는 없다. 처남들도 나이에 따라 대접해야 옳다.

문

자기보다 행렬이 높은 사돈을 어떻게 부릅니까?

답

사장(査丈)어른이라고 부른다.

문

손위 시누이 남편을 「고모부」, 손아래 시누이 남편은 「0서방」이라고 하면 안되나요?

답

손위나 손아래나 시누이 남편은 모두 「0서방님」이라고 부른다. 고모부란 말은 아이들이 쓰는 말이다.

문

저는 다섯번째 사위인데 넷째 사위가 저보다 다섯살이나 아래인데도 형님이라고 부르라는데 맞습니까?

답

남자 손위 동서를 형님이라고 부르는 것은 전통예법에 맞지 않는

다. 처의 관계에 따라 형님 동생하는 것은 잘못된 것이고, 동서간
에는 나이에 따라 대접하는 것이 예의이다. 벗을 터서 친구같이
지내는 것도 괜찮다.

문

제 자식들이 큰형을 큰아버지, 둘째 큰아버지, 셋째 큰아버지,
넷째 큰아버지라고 부르는데 맞는가요?

답

가장 큰 형님만을 「큰아버지」라고 부르고, 그 다음은 「둘째 아버
지」, 「셋째 아버지」라고 하는 것이 좋다.

문

처남의 며느리에게 존대말을 해야 되나요?

답

처 질부가 되므로 존대말은 쓰지 않고 「하소」 체를 쓰면 된다.

문

결혼한 시동생과 남편은 어떻게 불러야 되나요?

답

결혼한 시동생은 「서방님」, 남편의 형님은 「아주버님」이라고 부
른다.

문

친구의 며느리에게는 어떤 말씨를 써야 합니까?

답

친구 아들에게는 말을 놓을 수 있으나, 친구 며느리 한테는 「하게」 체를 쓴다.

문

78세된 행렬이 높은 사람이 80세된 행렬 낮은 사람을 부를 때는?

답

「조카님」이나 「족장」이라고 부른다.

문

손위 처남에게 형이라고 불러도 되나요?

답

처남이나 매부는 가까운 사이이니 형 아우 하지 않고, 친구처럼 말을 트고 지내도 좋다.

문

아버지가 돌아가셨을 때 남좌여우(男左女右)로 오른쪽 팔에만 두루마기를 끼고, 왼쪽 소매는 빼는 것이 맞나요? 그리고 부모의 시신 머리 쪽에서 조객을 받는데 맞는지요?

답

삽입이라 하여 아버지 상에는 왼쪽 소매, 어머니 상에는 오른쪽 소매에 팔을 끼지 않는다. 그리고 조문을 받을 때는 시신의 머리를 동쪽으로 모시기 때문에 동쪽인 머리쪽에서 조문을 받는 것이 맞는다.

3. 수연례(壽筵禮)

문

육순, 칠순, 팔순잔치를 할 때 정확한 나이는 몇세입니까?

답

육순은 60, 칠순은 70, 팔순은 80이고, 환갑은 자기가 태어난 해가 다시 돌아오는 것이니 만으로 60세이다.

문

나이를 젊잖은 말로 표현할 때는 어떻게 하는지요?

답

70세 고희(古稀), 77세 희수(喜壽),
80세 팔순(八旬), 88세 미수(米壽),

90세 구순(九旬), 졸수(卒壽), 91세 망백(望白),
99세 백수(白壽) : 백에서 1을 뺏다해서 100이 됨

문

회갑이나 제사에는 절을 몇번 하나요?

답

화갑이나 세사에는 남자는 2배 하고 여자는 4배한다.

문

돌아가신 분의 환갑을 어떻게 부릅니까?

답

사갑(死甲)이라고 하며 상을 차려서 제사형식을 갖춘다.

문

진갑은 몇살이며 어떻게 쓰나요?

답

62세가 진갑(進甲)이다.

문

자녀의 혼사택일을 받아놓고 제사를 지내면 안되나요?

답

그렇지 않다. 제사는 당연히 지내야 한다.

4. 상 례(喪禮)

문

사람이 죽었을 때 곡은 어떻게 하는 겁니까?

답

자손들은 「아이고, 아이고」, 조객들은 「어이, 어이」라고 한다.

문

산신제(山神祭)와 묘제(墓祭)는 어느 것이 먼저인가요?

답

문중마다 다르나 산신은 조상의 묘를 주관하는 신이니, 산신제 (山神祭)를 먼저 지내고 묘제(墓祭)를 지내는 것이 순서이다.

문

산신제(山神祭)나 토제(土祭)에서도 향을 피웁니까?

답

산신제(山神祭)는 천상의 신령이 신위에 임하기를 기원하는 것이 니 향을 피우고, 토제(土祭)는 토신(土神)이 지하에 있으니 향을 피우지 않고 강신주(降神酒)만 올리면 된다.

문

축문(祝文)이나 발인축(發引祝)을 하는 가운데, 호천강극(昊天罔極)이라고 하는데 어느 때 쓰는 말인가요?

답

부모의 제사에는 호천강극(昊天罔極), 조부모 이상일 때는 불승영모(不勝永慕), 아내에게는 불승비념(不勝悲念), 친족에게는 불승감창(不勝感愴), 발인축에는 영결종천(永訣終天)이라고 쓴다.

문

상주는 누가 되는 건지 궁금합니다.

답

아버지는 계신데 어머니가 돌아가셨을 때는 아버지가 상주이고, 어머니는 계시고 아버지가 돌아가셨으면 큰 아들이 상주가 된다.

문

형제간의 묘지 배열과 부부간의 합장 순서는요?

답

죽은 사람은 서쪽이 상석이다. 그래서 형제간에는 서쪽부터 동쪽으로 순서에 따라 묘를 쓰고, 부부는 남편을 서쪽에 그리고 동쪽으로 부인의 묘를 쓴다.

문

묘비는 어느 쪽에 세워야 합니까?

답

집사자(執事者)가 묘를 향해 오른쪽 계절(階節) 안으로 세운다.

문

하관할 때 홍대라고 하는데 맞나요?

답

홍대가 아니고 횡대(橫帶)이다.

문

초우제, 재우제, 삼우제는 언제 지내는 것인가요?

답

초우제는 장례를 치른 날 지내고, 재우제는 초우제를 지내고 나서 처음으로 맞는 을, 정, 기, 신, 계(乙, 丁, 己, 辛, 癸) 드는 날에 지내며, 삼우제는 재우제를 지내고 나서 처음으로 맞는 갑, 병, 무, 경, 임(甲, 丙, 戊, 庚, 壬)이 드는 날에 지낸다.

문

돌아가신 후 탈상 전의 생신은 어떻게 해야 합니까?

답

아침 상식을 올릴 때 조금 더 차려드리면 된다.

문

부재모상(父在母喪)을 당했는데 일년 탈상을 하려면 소상기일은 어떻게 정합니까?

답

일년탈상은 돌아가신지 10개월만에 날을 받아 소상제사를 올리면 된다.

문

졸곡탈상(卒哭脫喪)을 할 때 축문(祝文)은 어떻게 씁니까?

답

이때는 탈상축문(脫喪祝文)을 쓰지 않고, 대상축문(大祥祝文)을 읽는다. 그리고 졸곡(卒哭)부터는 길사(吉事)로 보기 때문에 효자(孝子)라고 쓴다.

문

외삼촌의 아들이 죽었는데 어떻게 인사를 해야 합니까?

답

절은 하지 않고 분향만 한다.

문

일년탈상을 할 때 제사의식은?

답

저녁 때 상식을 올리고 그날밤 12시를 지나 다음날 밝기 전에 제사를 한번 더 지내고, 상복을 벗은 후 소복을 한 채 산소에 나가 성묘한다.

문

상을 당한 상주의 입장에서 친구가 또 상을 당했는데 어떻게 합니까?

답

졸곡(卒哭)이 지난 상주라면 조문을 가도 되지만, 졸곡(卒哭) 전이라면 가지 않는다.

문

제사일은 언제가 되는 겁니까?

답

축문(祝文)에 위일부림(偉日複臨)이라고 쓰는데, 이 말은 돌아가신 날이 다시 돌아왔다는 말이다. 그러니 초저녁 제사이든 밤제사이든 반드시 돌아가신 날에 지내야 한다.

문

고인이 문상객보다 나이가 적은데도 절을 해야 합니까?

답

나이가 적든 많든 곡을 하는 것은 예의이고 절은 하지 않는다.

문

아들이 죽었을 때 그 아버지는 어떻게 해야 합니까?

답

아버지가 상주나 제주(祭主)는 되지만 절은 하지 않는다.

문

처가 무남독녀인데 장인 장모의 제사를 모셔야 합니까?

답

사위가 제주(祭主)가 되는 법은 없고 딸이 제주(祭主)가 된다. 그 외손이 장성하면 외손은 제주(祭主)가 될 수 있다.

문

중풍으로 쓰러진 남편을 20년 동안 정성들여 간호한 부인을 열녀라고 해도 됩니까?

답

당연히 열녀이고 열부도 된다.

문

아버지 제사를 지낼 때, 어머니도 같이 지내드려야 됩니까?

답

물론이다. 아버지 왼쪽, 어머니 오른쪽으로 해서 똑같이 술잔과
뫼를 올린다.

쉽게 푼 역학(개정판)
쉽게 배워 적용할 수 있는 생활역학서 !

이 책에서는 좀더 많은 사람들이 역학의 근본인 우주의 오묘한 진리와 법칙을 깨달아 보다 나은 삶을 영위하는데 도움이 될 수 있도록 가장 쉬운 언어와 가장 쉬운 방법으로 풀이했다. 역학계의 대가 김봉준 선생의 역작이다.

신비한 동양철학 71 │ 백우 김봉준 저 │ 568면 │ 30,000원 │ 신국판

사주명리학 핵심
맥을 잡아야 모든 것이 보인다

이 책은 잡다한 설명을 배제하고 명리학자에게 도움이 될 비법들만을 모아 엮었기 때문에 초심자가 이해하기에는 다소 어려운 부분도 있겠지만 기초를 튼튼히 한 다음 정독한다면 충분히 이해할 것이다. 신살만 늘어놓으며 감정하는 사이비가 되지말기를 바란다.

신비한 동양철학 19 │ 도관 박흥식 저 │ 502면 │ 20,000원 │ 신국판

물상활용비법
물상을 활용하여 오행의 흐름을 파악한다

이 책은 물상을 통하여 오행의 흐름을 파악하고 운명을 감정하는 방법을 연구한 책이다. 추명학의 해법을 연구하고 운명을 추리하여 오행에서 분류되는 물질의 운명 줄거리를 물상의 기물로 나들이 하는 활용법을 주제로 했다. 팔자풀이 및 운명해설에 관한 명리감정법의 체계를 세우는데 목적을 두고 초점을 맞추었다.

신비한 동양철학 31 │ 해주 이학성 저 │ 446면 │ 34,000원 │ 신국판

신수대전
흉함을 피하고 길함을 부르는 방법

신수는 대부분 주역과 사주추명학에 근거한다. 수많은 학설 중 몇 가지를 보면 사주명리, 자미두수, 관상, 점성학, 구성학, 육효, 토정비결, 매화역수, 대정수, 초씨역림, 황극책수, 하락리수, 범위수, 월영도, 현무발서, 철판신수, 육임신과, 기문둔갑, 태을신수 등이다. 역학에 정통한 고사가 아니면 추단하기 어려우므로 누구나 신수를 볼 수 있도록 몇 가지를 정리했다.

신비한 동양철학 62 │ 도관 박흥식 편저 │ 528면 │ 36,000원 │ 신국판 양장

정법사주
운명판단의 첩경을 이루는 책

이 책은 사주추명학을 연구하고자 하는 분들에게 심오한 주역의 이해를 돕고자 하는 의도에서 시작되었다. 음양오행의 상생 상극에서부터 육친법과 신살법을 기초로 하여 격국과 용신 그리고 유년판단법을 활용하여 운명판단에 첩경이 될 수 있도록 했고 추리응용과 운명감정의 실례를 하나하나 들어가면서 독학과 강의용 겸용으로 엮었다.

신비한 동양철학 49 │ 원각 김구현 저 │ 424면 │ 26,000원 │ 신국판 양장

내가 보고 내가 바꾸는 DIY사주
내가 보고 내가 바꾸는 사주비결

기존의 책들과는 달리 한 사람의 사주를 체계적으로 도표화시켜 한 눈에 파악할 수 있고, DIY라는 책 제목에서 말하듯이 개운하는 방법을 제시한다. 초심자는 물론 전문가도 자신의 이론을 새롭게 재조명해 볼 수 있는 케이스 스터디 북이다.

신비한 동양철학 39 │ 석오 전광 저 │ 338면 │ 16,000원 │ 신국판

인터뷰 사주학
쉽고 재미있는 인터뷰 사주학

얼마전만 해도 사주학을 취급하면 미신을 다루는 부류로 취급되었다. 그러나 지금은 하루가 다르게 이 학문을 공부하는 사람들이 폭증하고 있는 것으로 보인다. 젊은 층에서 사주카페니 사주방이니 사주동아리니 하는 것들이 만들어지고 그 모임이 활발하게 움직이고 있다는 점이 그것을 증명해준다. 그뿐 아니라 대학원에는 역학교수들이 점차로 증가하고 있다.

신비한 동양철학 70 │ 글갈 정대엽 편저 │ 426면 │ 16,000원 │ 신국판

사주특강
자평진전과 적천수의 재해석

이 책은 『자평진전』과 『적천수』를 근간으로 명리학의 폭넓은 가치를 인식하고, 실전에서 유용한 기반을 다지는데 중점을 두고 썼다. 일찍이 『자평진전』을 교과서로 삼고, 『적천수』로 보완하라는 서낙오의 말에 깊이 공감한다.

신비한 동양철학 68 | 청월 박상의 편저 | 440면 | 25,000원 | 신국판

참역학은 이렇게 쉬운 것이다
음양오행의 이론으로 이루어진 참역학서

수학공식이 아무리 어렵다고 해도 1, 2, 3, 4, 5, 6, 7, 8, 9, 0의 10개의 숫자로 이루어졌듯이 사주도 음양과 오행으로 이루어졌을 뿐이다. 그러니 용신과 격국이라는 무거운 짐을 벗어버리고 음양오행의 법칙과 진리만 정확하게 파악하면 된다. 사주는 음양오행의 변화일 뿐이고 용신과 격국은 사주를 감정하는 한 가지 방법에 지나지 않는다.

신비한 동양철학 24 | 청암 박재현 저 | 328면 | 16,000원 | 신국판

사주에 모든 길이 있다
사주를 알면 운명이 보인다!

사주를 간명하는데 조금이라도 도움이 됐으면 하는 바람에서 이 책을 썼다. 간명의 근간인 오행의 왕쇠강약을 세분하고, 대운과 세운, 세운과 월운의 연관성과, 십신과 여러 살이 미치는 암시와, 십이운성으로 세운을 판단하는 법을 설명했디.

신비한 동양철학 65 | 정담 선사 편저 | 294면 | 26,000원 | 신국판 양장

왕초보 내 사주
초보 입문용 역학서

이 책은 역학을 너무 어렵게 생각하는 초보자들에게 조금이나마 도움을 주고자 쉽게 엮으려고 노력했다. 이 책을 숙지한 후 역학(易學)의 5대 원서인 『적천수(滴天髓)』, 『궁통보감(窮通寶鑑)』, 『명리정종(命理正宗)』, 『연해자평(淵海子平)』, 『삼명통회(三命通會)』에 접근한다면 훨씬 쉽게 터득할 수 있을 것이다. 이 책들은 저자가 이미 편역하여 삼한출판사에서 출간한 것도 있고, 앞으로 모두 갖출 것이니 많이 활용하기 바란다.

신비한 동양철학 84 | 역산 김찬동 편저 | 278면 | 19,000원 | 신국판

명리학연구
체계적인 명확한 이론

이 책은 명리학 연구에 핵심적인 내용만을 모아 하나의 독립된 장을 만들었다. 명리학은 분야가 넓어 공부를 하다보면 주변에 머무르는 경우가 많아, 주요 내용을 잃고 헤매는 경우가 많다. 그러므로 뼈대를 잡는 것이 중요한데, 여기서는 「17장. 명리대요」에 핵심 내용만을 모아 학문의 체계를 잡는데 용이하게 하였다.

신비한 동양철학 59 | 권중주 저 | 562면 | 29,000원 | 신국판 양장

말하는 역학
신수를 묻는 사람 앞에서 술술 말문이 열린다

그토록 어렵다는 사주통변술을 쉽고 흥미롭게 고담과 덕담을 곁들여 사실적으로 생동감 있게 통변했다. 길흉을 어떻게 표현하느냐에 따라 상담자의 정곡을 찔러 핵심을 끌어내 정답을 내리는 것이 통변술이다.역학계의 대가 김봉준 선생의 역작.

신비한 동양철학 11 | 백우 김봉준 저 | 576면 | 26,000원 | 신국판 양장

통변술해법
가닥가닥 풀어내는 역학의 비법

이 책은 역학과 상대에 대해 머리로는 다 알면서도 밖으로 표출되지 않아 어려움을 겪는 사람들을 위한 실습서다. 특히 실명감정과 이론강의로 나누어 역학의 진리를 설명하여 초보자도 쉽게 이해할 수 있다. 역학계의 대가 김봉준 선생의 역서인 「알기쉬운 해설·말하는 역학」이 나온 후 후편을 써달라는 열화같은 요구에 못이겨 내놓은 바로 그 책이다.

신비한 동양철학 21 | 백우 김봉준 저 | 392면 | 36,000원 | 신국판

술술 읽다보면 통달하는 사주학
술술 읽다보면 나도 어느새 도사
당신은 당신 마음대로 모든 일이 이루어지던가. 지금까지 누구의 명령을 받지 않고 내 맘대로 살아왔다고, 운명 따위는 믿지 않는다고, 운명에 매달리지 않는다고 말하는 사람들이 많다. 그러나 우주법칙을 모르기 때문에 하는 소리다.
신비한 동양철학 28 │ 조철현 저 │ 368면 │ 16,000원 │ 신국판

사주학
5대 원서의 핵심과 실용
이 책은 사주학을 체계적으로 공부하려는 학도들을 위해서 꼭 알아두어야 할 내용들과 용어들을 수록하는데 중점을 두었다. 이 학문을 공부하려고 많은 사람들이 필자를 찾아왔을 깨 여러 가지 질문을 던져보면 거의 기초지식이 시원치 않음을 보았다. 따라서 용어를 포함한 제반지식을 골고루 습득해야 빠른 시일 내에 소기의 목적을 달성할 수 있을 것이다.
신비한 동양철학 66 │ 글갈 정대엽 저 │ 778면 │ 46,000원 │ 신국판 양장

명인재
신기한 사주판단 비법
이 책은 오행보다는 주로 살을 이용하는 비법을 담았다. 시중에 나온 책들을 보면 살에 대해 설명은 많이 하면서도 실제 응용에서는 무시하고 있다. 이것은 살을 알면서도 응용할 줄 모르기 때문이다. 그러나 이 책에서는 살의 활용방법을 완전히 터득해, 어떤 살과 어떤 살이 합하면 어떻게 작용하는지를 자세하게 설명하였다.
신비한 동양철학 43 │ 원공선사 저 │ 332면 │ 19,000원 │ 신국판 양장

명리학 │ 재미있는 우리사주
사주 세우는 방법부터 용어해설 까지!!
몇 년 전 『사주에 모든 길이 있다』가 나온 후 선배 제현들께서 알찬 내용의 책다운 책을 접했다는 찬사를 받았다. 그러나 사주의 작성법을 설명하지 않아 독자들에게 많은 질타를 받고 뒤늦게 이 책 을 출판하기로 결심했다. 이 책은 한글만 알면 누구나 역학과 가까워질 수 있도록 사주 세우는 방법부터 실제간명, 용어해설에 이르기까지 분야별로 엮었다.
신비한 동양철학 74 │ 정담 선사 편저 │ 368면 │ 19,000원 │ 신국판

사주비기
역학으로 보는 역대 대통령들이 나오는 이치!!
이 책에서는 고서의 이론을 근간으로 하여 근대의 사주들을 임상하여, 적중도에 의구심이 가는 이론들은 과감하게 탈피하고 통용될 수 있는 이론만을 수용했다. 따라서 기존 역학서의 아쉬운 부분들을 충족시키며 일반인도 열정만 있으면 누구나 자신의 운명을 감정하고 피흉취길할 수 있는 생활지침서로 활용할 수 있을 것이다.
신비한 동양철학 79 │ 청월 박상의 편저 │ 456면 │ 19,000원 │ 신국판

사주학의 활용법
가장 실질적인 역학서
우리가 생소한 지방을 여행할 때 제대로 된 지도가 있다면 편리하고 큰 도움이 되듯이 역학이란 이와같은 인생의 길잡이다. 예측불허의 인생을 살아가는데 올바른 안내자나 그 무엇이 있다면 그 이상 마음 든든하고 큰 재산은 없을 것이다.
신비한 동양철학 17 │ 학선 류래웅 저 │ 358면 │ 15,000원 │ 신국판

명리실무
명리학의 총 정리서
명리학(命理學)은 오랜 세월 많은 철인(哲人)들에 의하여 전승 발전되어 왔고, 지금도 수많은 사람이 임상과 연구에 임하고 있으며, 몇몇 대학에 학과도 개설되어 체계적인 교육을 하고 있다. 그러나 아직도 실무에서 활용할 수 있는 책이 부족한 상황이기 때문에 나름대로 현장에서 필요한 이론들을 정리해 보았다. 초학자는 물론 역학계에 종사하는 사람들에게 큰 도움이 될 것이라고 믿는다.
신비한 동양철학 94 │ 박흥식 편저 │ 920면 │ 39,000원 │ 신국판

사주 속으로
역학서의 고전들로 입증하며 쉽고 자세하게 푼 책

십 년 동안 역학계에 종사하면서 나름대로는 실전과 이론에서 최선을 다했다고 자부한다. 역학원의 비좁은 공간에서도 항상 후학을 생각하는 마음으로 역학에 대한 배움의 장을 마련하고자 노력한 것도 사실이다. 이 책을 역학으로 이름을 알리고 역학으로 생활하면서 조금이나마 역학계에 이바지할 것이 없을까라는 고민의 산물이라 생각해주기 바란다.

신비한 동양철학 95 │ 김상회 편저 │ 429면 │ 15,000원 │ 신국판

사주학의 방정식
알기 쉽게 풀어놓은 가장 실질적인 역서

이 책은 종전의 어려웠던 사주풀이의 응용과 한문을 쉬운 방법으로 터득하는데 목적을 두었고, 역학이 무엇인가를 알리고자 하는데 있다. 세인들은 역학자를 남의 운명이나 풀이하는 점쟁이로 알지만 잘못된 생각이다. 역학은 우주의 근본이며 기의 학문이기 때문에 역학을 이해하지 못하고서는 우리 인생살이 또한 정확하게 해석할 수 없는 고차원의 학문이다.

신비한 동양철학 18 │ 김용오 저 │ 192면 │ 16,000원 │ 신국판

오행상극설과 진화론
인간과 인생을 떠난 천리란 있을 수 없다

과학이 현대를 설정하여 설명하고 있으나 원리는 동양철학에도 있기에 그 양면을 밝히고자 노력했다. 우주에서 일어나는 모든 일을 과학으로 설명될 수는 없다. 비과학적이라고 하기보다는 과학이 따라오지 못한다고 설명하는 것이 더 솔직하고 옳은 표현일 것이다. 특히 과학분야에 종사하는 신의사가 저술했다는데 더 큰 화제가 되고 있다.

신비한 동양철학 5 │ 김태진 저 │ 222면 │ 15,000원 │ 신국판

스스로 공부하게 하는 방법과 천부적 적성
내 아이를 성공시키고 싶은 부모들에게

자녀를 성공시키고 싶은 마음은 누구나 같겠지만 가난한 집 아이가 좋은 성적을 내기는 매우 어렵고, 원하는 학교에 들어가기도 어렵다. 그러나 실망하기에는 아직 이르다. 내 아이가 훌륭하게 성장해 아름답고 멋진 삶을 살아가는 방법을 소개한다.

신비한 동양철학 85 │ 청암 박재현 지음 │ 176면 │ 14,000원 │ 신국판

진짜부적 가짜부적
부적의 실체와 정확한 제작방법

인쇄부적에서 가짜부적에 이르기까지 많게는 몇백만원에 팔리고 있다는 보도를 종종 듣는다. 그러나 부적은 정확한 제작방법에 따라 자신의 용도에 맞게 스스로 만들어 사용하면 훨씬 더 좋은 효과를 얻을 수 있다. 이 책은 중국에서 정통부적을 연구한 국내유일의 동양오술학자가 밝힌 부적의 실체와 정확한 제작방법을 소개하고 있다.

신비한 동양철학 7 │ 오상익 저 │ 322면 │ 20,000원 │ 신국판

수명비결
주민등록번호 13자로 숙명의 정체를 밝힌다

우리는 지금 무수히 많은 숫자의 거미줄에 매달려 허우적거리며 살아가고 있다. 1분·1초가 생사를 가름하고, 1등·2등이 인생을 좌우하며, 1급·2급이 신분을 구분하는 세상이다. 이 책은 수명리학으로 13자의 주민등록번호로 명예, 재산, 건강, 수명, 애정, 자녀운 등을 미리 읽어본다.

신비한 동양철학 14 │ 장충한 저 │ 308면 │ 15,000원 │ 신국판

진짜궁합 가짜궁합
남녀궁합의 새로운 충격

중국에서 연구한 국내유일의 동양오술학자가 우리나라 역술가들의 궁합법이 잘못되었다는 것을 학술적으로 분석·비평하고, 전적과 사례연구를 통하여 궁합의 실체와 타당성을 분석했다. 합리적인 「자미두수궁합법」과 「남녀궁합」 및 출생시간을 몰라 궁합을 못보는 사람들을 위하여 「지문으로 보는 궁합법」 등을 공개하고 있다.

신비한 동양철학 8 │ 오상익 저 │ 414면 │ 15,000원 │ 신국판

주역육효 해설방법(상·하)
한 번만 읽으면 주역을 활용할 수 있는 책

이 책은 주역을 해설한 것으로, 될 수 있는 한 여러 가지 사설을 덧붙이지 않고, 주역을 공부하고 활용하는데 필요한 요건만을 기록했다. 따라서 주역의 근원이나 하도낙서, 음양오행에 대해서도 많은 설명을 자제했다. 다만 누구나 이 책을 한 번 읽어서 주역을 이해하고 활용할 수 있도록 하는데 중점을 두었다.

신비한 동양철학 38 | 원공선사 저 | 상 810면·하 798면 | 각 29,000원 | 신국판

쉽게 푼 주역
귀신도 탄복한다는 주역을 쉽고 재미있게 풀어놓은 책

주역이라는 말 한마디면 귀신도 기겁을 하고 놀라 자빠진다는데, 운수와 일진이 문제가 될까. 8×8=64괘라는 주역을 한 괘에 23개씩의 회답으로 해설하여 1472괘의 신비한 해답을 수록했다. 당신이 당면한 문제라면 무엇이든 해결할 수 있는 열쇠가 이 한 권의 책 속에 있다.

신비한 동양철학 10 | 정도명 저 | 284면 | 16,000원 | 신국판

나침반 | 어디로 갈까요
주역의 기본원리를 통달할 수 있는 책

이 책에서는 기본괘와 변화와 기본괘가 어떤 괘로 변했을 경우 일어날 수 있는 내용들을 설명하여 주역의 변화에 대한 이해를 돕는데 주력하였다. 그러나 그런 내용을 구분할 수 있는 방법을 전부 다 설명할 수는 없기에 뒷장에 간단하게설명하였고, 다른 책들과 설명의 차이점도 기록하였으니 참작하여 본다면 조금이나마 도움이 될 것이다.

신비한 동양철학 67 | 원공선사 편저 | 800면 | 39,000원 | 신국판

완성 주역비결 | 주역 토정비결
반쪽으로 전해오는 토정비결을 완전하게 해설

지금 시중에 나와 있는 토정비결에 대한 책들은 옛날부터 내려오는 완전한 비결이 아니라 반쪽의 책이다. 그러나 반쪽이라고 말하는 사람은 없다. 그것은 주역의 원리를 모르기 때문이다. 그래서 늦은 감이 없지 않으나 앞으로 수많은 세월을 생각해서 완전한 해설판을 내놓기로 했다.

신비한 동양철학 92 | 원공선사 편저 | 396면 | 16,000원 | 신국판

육효대전
정확한 해설과 다양한 활용법

동양고전 중에서도 가장 대표적인 것이 주역이다. 주역은 옛사람들이 자연을 거울삼아 생활을 영위해 나가는 처세에 관한 지혜를 무한히 내포하고, 피흉추길하는 얼과 슬기가 함축된 점서인 동시에 수양·과학서요 철학·종교서라고 할 수 있다.

신비한 동양철학 37 | 도관 박흥식 편저 | 608면 | 26,000원 | 신국판

육효점 정론
육효학의 정수

이 책은 주역의 원전소개와 상수역법의 꽃으로 발전한 경방학을 같이 실어 독자들의 호기심을 충족시키는데 중점을 두었습니다. 주역의 원전으로 인화의 처세술을 터득하고, 어떤 사안의 답은 육효법을 탐독하여 찾으시기 바랍니다.

신비한 동양철학 80 | 효명 최인영 편역 | 396면 | 29,000원 | 신국판

육효학 총론
육효학의 핵심만을 정확하고 알기 쉽게 정리

육효는 갑자기 문제가 생겨 난감한 경우에 명쾌한 답을 찾을 수 있는 학문이다. 그러나 시중에 나와 있는 책들이 대부분 원서를 그대로 번역해 놓은 것이라 전문가인 필자가 보기에도 지루하며 어렵다는 느낌이 들었다. 그래서 보다 쉽게 공부할 수 있도록 이 책을 출간하게 되었다.

신비한 동양철학 89 | 김도희 편저 | 174쪽 | 26,000원 | 신국판

기문둔갑 비급대성
기문의 정수

기문둔갑은 천문지리·인사명리·법술병법 등에 영험한 술수로 예로부터 은밀하게 특권층에만 전승되었다. 그러나 아쉽게도 기문을 공부하려는 이들에게 도움이 될만한 책이 거의 없다. 필자는 이 점이 안타까워 천견박식함을 돌아보지 않고 감히 책을 내게 되었다. 한 권에 기문학을 다 표현할 수는 없지만 이 책을 사다리 삼아 저 높은 경지로 올라간다면 제갈공명과 같은 지혜를 발휘할 수 있을 것이다.

신비한 동양철학 86 ｜ 도관 박흥식 편저 ｜ 725면 ｜ 39,000원 ｜ 신국판

기문둔갑옥경
가장 권위있고 우수한 학문

우리나라의 기문역사는 장구하나 상세한 문헌은 전무한 상태라 이 책을 발간하였다. 기문둔갑은 천문지리는 물론 인사명리 등 제반사에 관한 길흉을 판단함에 있어서 가장 우수한 학문이며 병법과 법술방면으로도 특징과 장점이 있다. 초학자는 포국편을 열심히 익혀 설국을 자유자재로 할 수 있도록 하고, 개인의 이익보다는 보국안민에 일조하기 바란다.

신비한 동양철학 32 ｜ 도관 박흥식 저 ｜ 674면 ｜ 46,000원 ｜ 사륙배판

오늘의 토정비결
일년 신수와 죽느냐 사느냐를 알려주는 예언서

역산비결은 일년신수를 보는 역학서이다. 당년의 신수만 본다는 것은 토정비결과 비슷하나 토정비결은 토정 선생께서 사람들에게 용기와 희망을 주기 위함이 목적이어서 다소 허황되고 과장된 부분이 많다. 그러나 역산비결은 재미로 보는 신수가 아니라, 죽느냐 사느냐를 알려주는 예언서이이니 재미로 보는 토정비결과는 차원이 다르다.

신비한 동양철학 72 ｜ 역산 김찬동 편저 ｜ 304면 ｜ 16,000원 ｜ 신국판

國運 ｜ 나라의 운세
역으로 풀어본 우리나라의 운명과 방향

아무리 서구사상의 파고가 높다하기로 오천 년을 한결같이 가꾸며 살아온 백두의 혼이 와르르 무너지는 지경에 왔어도 누구 하나 입을 열어 말하는 사람이 없으니 답답하다. 불확실한 내일에 대한 해답을 이 책은 명쾌하게 제시하고 있다.

신비한 동양철학 22 ｜ 백우 김봉준 저 ｜ 290면 ｜ 16,000원 ｜ 신국판

남사고의 마지막 예언
이 책으로 격암유록에 대한 논란이 끝나기 바란다

감히 이 책을 21세기의 성경이라고 말한다. 〈격암유록〉은 섭리가 우리민족에게 준 위대한 복음서이며, 선물이며, 꿈이며, 인류의 희망이다. 이 책에서는 〈격암유록〉이 전하고자 하는 바를 주제별로 정리하여 문답식으로 풀어갔다. 이 책으로 〈격암유록〉에 대한 논란은 끝나기 바란다.

신비한 동양철학 29 ｜ 석정 박순용 저 ｜ 276면 ｜ 19,000원 ｜ 신국판

원토정비결
반쪽으로만 전해오는 토정비결의 완전한 해설판

지금 시중에 나와 있는 토정비결에 대한 책들을 보면 옛날부터 내려오는 완전한 비결이 아니라 반면의 책이다. 그러나 반면이라고 말하는 사람이 없다. 그것은 주역의 원리를 모르기 때문이다. 따라서 늦은 감이 없지 않으나 앞으로의 수많은 세월을 생각하면서 완전한 해설본을 내놓았다.

신비한 동양철학 53 ｜ 원공선사 저 ｜ 396면 ｜ 24,000원 ｜ 신국판 양장

나의 천운 ｜ 운세찾기
몽골정통 토정비결

이 책은 역학계의 대가 김봉준 선생이 몽공토정비결을 우리의 인습과 체질에 맞게 엮은 것이다. 운의 흐름을 알리고자 호운과 쇠운을 강조하고, 현재의 나를 조명하고 판단할 수 있도록 했다. 모쪼록 생활서나 안내서로 활용하기 바란다.

신비한 동양철학 12 ｜ 백우 김봉준 저 ｜ 308면 ｜ 11,000원 ｜ 신국판

역점 | 우리나라 전통 행운찾기
쉽게 쓴 64괘 역점 보는 법
주역이 점치는 책에만 불과했다면 벌써 그 존재가 없어졌을 것이다. 그러나 오랫동안 많은 학자가 연구를 계속해왔고, 그 속에서 자연과학과 형이상학적인 우주론과 인생론을 밝혀, 정치·경제·사회 등 여러 방면에서 인간의 생활에 응용해왔고, 삶의 지침서로써 그 역할을 했다. 이 책은 한 번만 읽으면 누구나 역점가가 될 수 있으니 생활에 도움이 되길 바란다.
신비한 동양철학 57 | 문명상 편저 | 382면 | 26,000원 | 신국판 양장

이렇게 하면 좋은 운이 온다
한 가정에 한 권씩 놓아두고 볼만한 책
좋은 운을 부르는 방법은 방위·색상·수리·년운·월운·날짜·시간·궁합·이름·직업·물건·보석·맛·과일·기운·마을·가축·성격 등을 정확하게 파악하여 자신에게 길한 것은 취하고 흉한 것은 피하면 된다. 이 책의 저자는 신학대학을 졸업하고 역학계에 입문했다는 특별한 이력을 갖고 있기 때문에 더 많은 화제가 되고 있다.
신비한 동양철학 27 | 역산 김찬동 저 | 434면 | 16,000원 | 신국판

운을 잡으세요 | 改運秘法
염력강화로 삶의 문제를 해결한다!
행복과 불행은 누가 주는 것이 아니라 자기 자신이 만든다고 할 수 있다. 한 마디로 말해 의지의 힘, 즉 염력이 운명을 바꾸는 것이다. 이 책에서는 이러한 염력을 강화시켜 삶에서 일어나는 문제를 해결하는 방법을 알려준다. 누구나 가벼운 마음으로 읽고 실천한다면 반드시 목적을 이룰 수 있을 것이다.
신비한 동양철학 76 | 역산 김찬동 편저 | 272면 | 10,000원 | 신국판

복을 부르는방법
나쁜 운을 좋은 운으로 바꾸는 비결
개운하는 방법은 여러 가지가 있으나, 이 책의 비법은 축원문을 독송하는 것이다. 독송이란 소리내 읽는다는 뜻이다. 사람의 말에는 기운이 있는데, 이 기운은 자신에게 돌아온다. 좋은 말을 하면 좋은 기운이 돌아오고, 나쁜 말을 하면 나쁜 기운이 돌아온다. 이 책은 누구나 어디서나 쉽게 비용을 들이지 않고 좋은 운을 부를 수 있는 방법을 실었다.
신비한 동양철학 69 | 역산 김찬동 편저 | 194면 | 11,000원 | 신국판

천직 | 사주팔자로 찾은 나의 직업
천직을 찾으면 역경없이 탄탄하게 성공할 수 있다
잘 되겠지 하는 막연한 생각으로 의욕만 갖고 도전하는 것과 나에게 맞는 직종은 무엇이고 때는 언제인가를 알고 도전하는 것은 근본적으로 다르고, 결과도 다르다. 만일 의욕만으로 팔자에도 없는 사업을 시작했다고 하자, 결과는 불을 보듯 뻔하다. 그러므로 이런 때일수록 침착과 냉정을 찾아 내 그릇부터 알고, 생활에 대처하는 지혜로움을 발휘해야 한다.
신비한 동양철학 34 | 백우 김봉준 저 | 376면 | 19,000원 | 신국판

운세십진법 | 本大路
운명을 알고 대처하는 것은 현대인의 지혜다
타고난 운명은 분명히 있다. 그러니 자신의 운명을 알고 대처한다면 비록 운명을 바꿀 수는 없지만 향상시킬 수 있다. 이것이 사주학을 알아야 하는 이유다. 이 책에서는 자신이 타고난 숙명과 앞으로 펼쳐질 운명행로를 찾을 수 있도록 운명의 기초를 초연하게 설명하고 있다.
신비한 동양철학 1 | 백우 김봉준 저 | 364면 | 16,000원 | 신국판

성명학 | 바로 이 이름
사주의 운기와 조화를 고려한 이름짓기
사람은 누구나 타고난 운명이 있다. 숙명인 사주팔자는 선천운이고, 성명은 후천운이 되는 것으로 이름을 지을 때는 타고난 운기와의 조화를 고려해야 한다. 따라서 역학에 대한 깊은 이해가 선행함은 지극히 당연하다. 부연하면 작명의 근본은 타고난 사주에 운기를 종합적으로 분석하여 부족한 점을 보강하고 결점을 개선한다는 큰 뜻이 있다고 할 수 있다.
신비한 동양철학 75 | 정담 선사 편저 | 488면 | 24,000원 | 신국판

작명 백과사전
36가지 이름짓는 방법과 선후천 역상법 수록
이름은 나를 대표하는 생명체이므로 몸은 세상을 떠날지라도 영원히 남는다. 성명운의 유도력은 후천적으로 가공 인수되는 후존적 수기로써 조성 운화되는 작용력이 있다. 선천수기의 운기력이 50%이면 후천수기도의 운기력도50%이다. 이와 같이 성명운의 작용은 운로에 불가결한조건일 뿐 아니라, 선천명운의 범위에서 기능을 충분히 할 수 있다.
신비한 동양철학 81 ｜ 임삼업 편저 ｜ 송충석 감수 ｜ 730면 ｜ 36,000원 ｜ 사륙배판

작명해명
누구나 쉽게 활용할 수 있는 체계적인 작명법
일반적인 성명학으로는 알 수 없는 한자이름, 한글이름, 영문이름, 예명, 회사명, 상호, 상품명 등의 작명방법을 여러 사례를 들어 체계적으로 분석하여 누구나 쉽게 배워서 활용할 수 있도록 서술했다.
신비한 동양철학 26 ｜ 도관 박흥식 저 ｜ 518면 ｜ 19,000원 ｜ 신국판

역산성명학
이름은 제2의 자신이다
이름에는 각각 고유의 뜻과 기운이 있어 그 기운이 성격을 만들고 그 성격이 운명을 만든다. 나쁜 이름은 부르면 부를수록 불행을 부르고 좋은 이름은 부르면 부를수록 행복을 부른다. 만일 이름이 거지같다면 아무리 운세를 잘 만나도 밥을 좀더 많이 얻어 먹을 수 있을 뿐이다. 저자는 신학대학을 졸업하고 역학계에 입문한 특별한 이력으로 많은 화제가 된다.
신비한 동양철학 25 ｜ 역산 김찬동 저 ｜ 456면 ｜ 26,000원 ｜ 신국판

작명정론
이름으로 보는 역대 대통령이 나오는 이치
사주팔자가 네 기둥으로 세워진 집이라면 이름은 그 집을 대표하는 문패라고 할 수 있다. 따라서 이름을 지을 때는 사주의 격에 맞추어야 한다. 사주 그릇이 작은 사람이 원대한 뜻의 이름을 쓰면 감당하지 못할 시련을 자초하게 되고 오히려 이름값을 못할 수 있다. 즉 분수에 맞는 이름으로 작명해야 하기 때문에 사주의 올바른 분석이 필요하다.
신비한 동양철학 77 ｜ 청월 박상의 편저 ｜ 430면 ｜ 19,000원 ｜ 신국판

음파메세지 (氣)성명학
새로운 시대에 맞는 새로운 성명학
지금까지의 모든 성명학은 모순의 극치를 이룬다. 그러나 이제 새 시대에 맞는 음파메세지(氣) 성명학이 나왔으니 복을 계속 부르는 이름을 지어 사랑하는 자녀가 행복하고 아름다운 삶을 살아갈 수 있도록 하는데 도움이 되었으면 한다.
신비한 동양철학 51 ｜ 청암 박재현 저 ｜ 626면 ｜ 39,000원 ｜ 신국판 양장

아호연구
여러 가지 작호법과 실제 예 모음
필자는 오래 전부터 작명을 연구했다. 그러나 시중에 나와 있는 책에는 대부분 아호에 관해서는 전혀 언급하지 않았다. 그래서 아호에 관심이 있어도 자료를 구하지 못하는 분들을 위해 이 책을 내게 되었다. 아호를 짓는 것은 그리 대단하거나 복잡하지 않으니 이 책을 처음부터 끝까지 착실히 공부한다면 누구나 좋은 아호를 지어 쓸 수 있을 것이라고 생각한다.
신비한 동양철학 87 ｜ 임삼업 편저 ｜ 308면 ｜ 26,000원 ｜ 신국판

한글이미지 성명학
이름감정서
이 책은 본인의 이름은 물론 사랑하는 가족 그리고 가까운 친척이나 친구들의 이름까지도 좋은지 나쁜지 알아볼 수 있도록 지금까지 나와 있는 모든 성명학을 토대로 하여 썼다. 감언이설이나 협박성 감명에 흔들리지 않고 확실한 이름풀이를 볼 수 있을 것이다. 그리고 아름답고 멋진 삶을 살아갈 수 있는 이름을 짓는 방법도 상세하게 제시하였다.
신비한 동양철학 93 ｜ 청암 박재현 지음 ｜ 287면 ｜ 10,000원 ｜ 신국판

비법 작명기술
복과 성공을 함께 하려면
이 책은 성명의 발음오행이나 이름의 획수를 근간으로 하는 실제 이용이 가장 많은 기본 작명법을 서술하고, 주역의 괘상으로 풀어 길흉을 판단하는 역상법 5가지와 그외 중요한 작명법 5가지를 합하여 「보배로운 10가지 이름 짓는 방법」을 실었다. 특히 작명비법인 선후천역상법은 성명의 원획에 의존하는 작명법과 달리 정획과 곡획을 사용해 주역 상수학을 대표하는 하락이수를 쓰고, 육효가 들어가 응험률을 높였다.
신비한 동양철학 96 │ 임삼업 편저 │ 370면 │ 30,000원 │ 사륙배판

올바른 작명법
소중한 이름, 알고 짓자!
세상 부모들에게 가장 소중한 것이 뭐냐고 물으면 자녀라고 할 것이다. 그런데 왜 평생을 좌우할 이름을 함부로 짓는가. 이름이 얼마나 소중한지, 이름의 오행작용이 일생을 어떻게 좌우하는지 모르기 때문이다.
신비한 동양철학 61 │ 이정재 저 │ 352면 │ 19,000원 │ 신국판

호(雅號)책
아호 짓는 방법과 역대 유명인사의 아호, 인명용 한자 수록
필자는 오래 전부터 작명연구에 열중했으나 대부분의 작명책에는 아호에 관해서는 전혀 언급하지 않고, 간혹 거론했어도 몇 줄 정도의 뜻풀이에 불과하거나 일반작명법에 준한다는 암시만 풍기며 끝을 맺었다. 따라서 필자가 참고한 문헌도 적었음을 인정한다. 아호에 관심이 있어도 자료를 구하지 못하는 현실에 착안하여 필자 나름대로 각고 끝에 본서를 펴냈다.
신비한 동양철학 97 │ 임삼업 편저 │ 390면 │ 20,000원 │ 신국판

관상오행
한국인의 특성에 맞는 관상법
좋은 관상인 것 같으나 실제로는 나쁘거나 좋은 관상이 아닌데도 잘 사는 사람이 왕왕있어 관상법 연구에 흥미를 잃는 경우가 있다. 이것은 중국의 관상법만을 익히고 우리의 독특한 환경적인 특징을 소홀히 다루었기 때문이다. 이에 우리 한국인에게 알맞는 관상법을 연구하여 누구나 관상을 쉽게 알아보고 해석할 수 있도록 자세하게 풀어놓았다.
신비한 동양철학 20 │ 송파 정상기 저 │ 284면 │ 12,000원 │ 신국판

정본 관상과 손금
바로 알고 사람을 사귑시다
이 책은 관상과 손금은 인생을 행복하게 만든다는 관점에서 다루었다. 그야말로 관상과 손금의 혁명이라고 할 수 있다. 여러분도 관상과 손금을 통한 예지력으로 인생의 참주인이 되기 바란다. 용기를 불어넣어 주고 행복을 찾게 하는 것이 참다운 관상과 손금술이다. 이 책이 일상사에 고민하는 분들에게 해결방법을 제시해 줄 것이다.
신비한 동양철학 42 │ 지창룡 감수 │ 332면 │ 16,000원 │ 신국판

이런 사원이 좋습니다
사원선발 면접지침
사회가 다양해지면서 인력관리의 전문화와 인력수급이 기업주의 애로사항이 되었다. 필자는 그동안 많은 기업의 사원선발 면접시험에 참여했는데 기업주들이 모두 면접지침에 관한 책이 있으면 좋겠다는 것이다. 그래서 경험한 사례를 참작해 이 책을 내니 좋은 사원을 선발하는데 많은 도움이 될 것이라고 믿는다.
신비한 동양철학 90 │ 정도명 지음 │ 274면 │ 19,000원 │ 신국판

핵심 관상과 손금
사람을 볼 줄 아는 안목과 지혜를 알려주는 책
오늘과 내일을 예측할 수 없을만큼 복잡하게 펼쳐지는 현실에서 살아남기 위해서는 사람을 볼줄 아는 안목과 지혜가 필요하다. 시중에 관상학에 대한 책들이 많이 나와있지만 너무 형이상학적이라 전문가도 이해하기 어렵다. 이 책에서는 누구라도 쉽게 보고 이해할 수 있도록 핵심만을 파악해서 설명했다.
신비한 동양철학 54 │ 백우 김봉준 저 │ 188면 │ 14,000원 │ 사륙판 양장

완벽 사주와 관상
우리의 삶과 관계 있는 사실적 관계로만 설명한 책

이 책은 우리의 삶과 관계 있는 사실적 관계로만 역을 설명하고, 역에 대한 관심과 흥미를 갖게 하고자 관상학을 추록했다. 여기에 추록된 관상학은 시중에서 흔하게 볼 수 있는 상법이 아니라 생활상법, 즉 삶의 지식과 상식을 드리고자 했다.

신비한 동양철학 55 | 김봉준·유오준 공저 | 530면 | 36,000원 | 신국판 양장

사람을 보는 지혜
관상학의 초보에서 실용까지

현자는 하늘이 준 명을 알고 있기에 부귀에 연연하지 않는다. 사람은 마음을 다스리는 심명이 있다. 마음의 명은 자신만이 소통하는 유일한 우주의 무형의 에너지이기 때문에 잠시도 잊으면 안된다. 관상학은 사람의 상으로 이런 마음을 살피는 학문이니 잘 이해하여 보다 나은 삶을 삶을 영위할 수 있도록 노력해야 한다.

신비한 동양철학 73 | 이부길 편저 | 510면 | 20,000원 | 신국판

한눈에 보는 손금
논리정연하며 바로미터적인 지침서

이 책은 수상학의 연원을 초월해서 동서합일의 이론으로 집필했다. 그야말로 논리정연한 수상학을 정리하였다. 그래서 운명적, 철학적, 동양적, 심리학적인 면을 예증과 밧편에 이르기까지 상세하게 기술했다. 이 책은 수상학이기기 보다 바로미터직인 지침서 역할을 해줄 것이다. 독자 여러분의 꾸준한 연구와 더불어 인생성공의 지침서가 될 수 있을 것이다.

신비한 동양철학 52 | 정도명 저 | 432면 | 24,000원 | 신국판 양장

이런 집에 살아야 잘 풀린다
운이 트이는 좋은 집 알아보는 비결

한마디로 운이 트이는 집을 갖고 싶은 것은 모두의 꿈일 것이다. 50평이니 60평이니 하며 평수에 구애받지 않고 가족이 평온하게 생활할 수 있고 나날이 발전할 수 있는 그런 집이 있다면 얼마나 좋을까? 그런 소망에 한 걸음이라도 가까워지려면 막연하게 운만 기대하고 있어서는 안 된다. 좋은 집을 가지려면 그만한 노력이 있어야 한다.

신비한 동양철학 64 | 강현술·박흥식 감수 | 270면 | 16,000원 | 신국판

점포, 이렇게 하면 부자됩니다
부자되는 점포, 보는 방법과 만드는 방법

사업의 성공과 실패는 어떤 사업장에서 어떤 품목으로 어떤 사람들과 거래하느냐에 따라 판가름난다. 그리고 사업을 성공시키려면 반드시 몇 가지 문제를 살펴야 하는데 무작정 사업을 시작하여 실패하는 사람들이 많다. 그래서 이 책에서는 이러한 문제와 방법들을 조목조목 기술하여 누구나 성공하도록 도움을 주는데 주력하였다.

신비한 동양철학 88 | 김도희 편저 | 177면 | 26,000원 | 신국판

쉽게 푼 풍수
현장에서 활용하는 풍수지리법

산도는 매우 광범위하고, 현장에서 알아보기 힘들다. 더구나 지금은 수목이 울창해 소조산 정상에 올라가도 나무에 가려 국세를 파악하는데 애를 먹는다. 따라서 사진을 첨부하니 많은 활용하기 바란다. 물론 결록에 있고 산도가 눈에 익은 것은 혈 사진과 함께 소개하였다. 이 책을 열심히 정독하면서 답산하면 혈을 알아보고 용산도 할 수 있을 것이다.

신비한 동양철학 60 | 전항수·주장관 편저 | 378면 | 26,000원 | 신국판

음택양택
현세의 운·내세의 운

이 책에서는 음양택명당의 조건이나 기타 여러 가지를 설명하여 산 자와 죽은 자의 행복한 집을 만들 수 있도록 했다. 특히 죽은 자의 집인 음택명당은 자리를 옳게 잡으면 꾸준히 생기를 발하여 흥하나, 그렇지 않으면 큰 피해를 당하니 돈보다도 행·불행의 근원인 음양택명당에 관심을 기울여야 한다.

신비한 동양철학 63 | 전항수·주장관 지음 | 392면 | 29,000원 | 신국판

용의 혈 | 풍수지리 실기 100선
실전에서 실감나게 적용하는 풍수의 길잡이

이 책은 풍수지리 문헌인 만두산법서, 명산론, 금랑경 등을 이해하기 쉽도록 주제별로 간추려 설명했으며, 풍수지리학을 쉽게 접근하여 공부하고, 실전에 활용하여 실감나게 적용할 수 있도록 하는데 역점을 두었다.

신비한 동양철학 30 | 호산 윤재우 저 | 534면 | 29,000원 | 신국판

현장 지리풍수
현장감을 살린 지리풍수법

풍수를 업으로 삼는 사람들이 진가를 분별할 줄 모르면서 많은 법을 알았다고 자부하며 뽐낸다. 그리고는 재물에 눈이 어두워 불길한 산을 길하다 하고, 선하지 못한 물)을 선하다 한다. 이는 분수 밖의 것을 바라기 때문이다. 마음가짐을 바로 하고 고대 원전에 공력을 바치면서 산간을 실사하며 적공을 쏟으면 정교롭고 세밀한 경지를 얻을 수 있을 것이다.

신비한 동양철학 48 | 전항수 · 주관장 편저 | 434면 | 36,000원 | 신국판 양장

찾기 쉬운 명당
실전에서 활용할 수 있는 책

가능하면 쉽게 풀어 실전에 도움이 되도록 했다. 특히 풍수지리에서 방향측정에 필수인 패철 사용과 나경 9층을 각 층별로 설명했다. 그리고 이 책에 수록된 도설, 즉 오성도, 명산도, 명당 형세도 내거수 명당도, 지각형세도, 용의 과협출맥도, 사대혈형 와겸유돌 형세도 등은 국립중앙도서관에 소장된 문헌자료인 만산도단, 만산영도, 이석당 은민산도의 원본을 참조했다.

신비한 동양철학 44 | 호산 윤재우 저 | 386면 | 19,000원 | 신국판 양장

해몽정본
꿈의 모든 것

시중에 꿈해몽에 관한 책은 많지만 막상 내가 꾼 꿈을 해몽을 하려고 하면 어디다 대입시켜야 할지 모르는 경우가 많았을 것이다. 그러나 최대한으로 많은 예를 들었고, 찾기 쉽고 명료하게 만들었기 때문에 해몽을 하는데 어려움이 없을 것이다. 한집에 한권씩 두고 보면서 나쁜 꿈은 예방하고 좋은 꿈을 좋은 일로 연결시킨다면 생활에 많은 도움이 될 것이다.

신비한 동양철학 36 | 청암 박재현 저 | 766면 | 19,000원 | 신국판

해몽 | 해몽법
해몽법을 알기 쉽게 설명한 책

인생은 꿈이 예지한 시간적 한계에서 점점 소멸되어 가는 현존물이기 때문에 반드시 꿈의 뜻을 따라야 한다. 이것은 꿈을 먹고 살아가는 인간 즉 태몽의 끝장면인 죽음을 향해 달려가고 있는 인간이기 때문이다. 꿈은 우리의 삶을 이끌어가는 이정표와도 같기에 똑바로 가도록 노력해야 한다.

신비한 동양철학 50 | 김종일 저 | 552면 | 26,000원 | 신국판 양장

명리용어와 시결음미
명리학의 어려운 용어와 숙어를 쉽게 풀이한 책

명리학을 연구하는 이들은 기초공부가 끝나면 자연스럽게 훌륭하다고 평가하는 고전의 이론을 접하게 된다. 그러나 시결과 용어와 숙어는 어려운 한자로만 되어 있어 대다수가 선뜻 탐독과 음미에 취미를 잃는다. 그래서 누구나 어려움 없이 쉽게 읽고 깊이 있게 음미할 수 있도록 원문에 한글로 발음을 달고 어려운 용어와 숙어에 해석을 달아 이 책을 내게 되었다.

신비한 동양철학 103 | 원각 김구현 편저 |300면 | 25,000원 | 신국판

완벽 만세력
착각하기 쉬운 서머타임 2도 인쇄

시중에 많은 종류의 만세력이 나와있지만 이 책은 단순한 만세력이 아니라 완벽한 만세경전으로 만세력 보는 법 등을 실었기 때문에 처음 대하는 사람이라도 쉽게 볼 수 있도록 편집되었다. 또한 부록편에는 사주명리학, 신살종합해설, 결혼과 이사택일 및 이사방향, 길흉보는 법, 우주천기와 한국의 역사 등을 수록했다.

신비한 동양철학 99 | 백우 김봉준 저 | 316면 | 24,000원 | 사륙배판

정본만세력

이 책은 완벽한 만세력으로 만세력 보는 방법을 자세하게 설명했다. 그리고 역학에 대한 기본적인 내용과 결혼하기 좋은 나이·좋은 날·좋은 시간, 아들·딸 태아감별법, 이사하기 좋은 날·좋은 방향 등을 부록으로 실었다.

신비한 동양철학 45 ｜ 백우 김봉준 저 ｜ 304면 ｜ 사륙배판 26,000원, 신국판 19,000원, 사륙판 10,000원, 포켓판 9,000원

정본 ｜ 완벽 만세력
착각하기 쉬운 서머타임 2도인쇄

시중에 많은 종류의 만세력이 있지만 이 책은 단순한 만세력이 아니라 완벽한 만세경전이다. 그리고 만세력 보는 법 등을 실었기 때문에 처음 대하는 사람이라도 쉽게 볼 수 있다. 또 부록편에는 사주명리학, 신살 종합해설, 결혼과 이사 택일, 이사 방향, 길흉보는 법, 우주의 천기와 우리나라 역사 등을 수록하였다.

신비한 동양철학 99 ｜ 김봉준 편저 ｜ 316면 ｜ 20,000원 ｜ 사륙배판

원심수기 통증예방 관리비법
쉽게 배워 적용할 수 있는 통증관리법

『원심수기 통증예방 관리비법』은 4차원의 건강관리법으로 질병이 악화되는 것을 예방하여 건강한 몸을 유지하는데 그 목적이 있다. 시중의 수기요법과 비슷하나 특장점은 힘이 들지 않아 어린아이부터 노인까지 누구나 시술할 수 있고, 배우고 적용하는 과정이 쉽고 간단하며 시술 장소나 도구가 필요 없으니 언제 어디시니 시술힐 수 있나.

신비한 동양철학 78 ｜ 원공 선사 저 ｜ 288면 ｜ 16,000원 ｜ 신국판

운명으로 본 나의 질병과 건강
타고난 건강상태와 질병에 대한 대비책

이 책은 국내 유일의 동양오술학자가 사주학과 정통명리학의 양대산맥을 이루는 자미두수 이론으로 임상실험을 거쳐 작성한 자료다. 따라서 명리학을 응용한 최초의 완벽한 의학서로 질병을 예방하고 치료하는데 활용하면 최고의 의사가 될 것이다. 또한 예방의학적인 차원에서 건강을 유지하는데 훌륭한 지침서로 현대의학의 새로운 장을 여는 계기가 될 것이다.

신비한 동양철학 9 ｜ 오상익 저 ｜ 474면 ｜ 26,000원 ｜ 신국판

서체자전
해서를 기본으로 전서, 예서, 행서, 초서를 연습할 수 있는 책

한자는 오랜 옛날부터 우리 생활과 뗄 수 없음에도 잘 몰라 불편을 겪는 사람들이 많아 이 책을 내게 되었다. 이 책에서는 해서를 기본으로 각 글자마다 전서, 예서, 행서, 초서 순으로 배열하여 독자가 필요한 것을 찾아 연습하기 쉽도록 하였다.

신비한 동양철학 98 ｜ 편집부 편 ｜ 273면 ｜ 16,000원 ｜ 사륙배판

택일민력(擇日民曆)
택일에 관한 모든 것

이 책은 택일에 대한 모든 것을 넣으려고 최선을 다하였다. 동양철학을 공부하여 상담하거나 종교인·무속인·일반인들이 원하는 부분을 쉽게 찾아 활용할 수 있도록 칠십이후, 절기에 따른 벼농사의 순서와 중요한 과정, 납음오행, 신살의 의미, 구성조견표, 결혼·이사·제사·장례·이장에 관한 사항 등을 폭넓게 수록하였다.

신비한 동양철학 100 ｜ 최인영 편저 ｜80면 ｜ 5,000원 ｜ 사륙배판

모든 질병에서 해방을 1·2
건강실용서

우리나라는 아주 오랜 옛날부터 건강과 관련한 약재들이 산천에 널려 있었고, 우리 민족은 그 약재들을 슬기롭게 이용하며 나름대로 건강하게 살아왔다. 그러나 오늘날 현대의학에 밀려 외면당하며 사라지게 되었다. 이에 옛날부터 내려오는 의학서적인 『기사회생』과 『단방심편』을 바탕으로 민가에서 활용했던 민간요법들을 정리하고, 현대에 개발된 약재들이나 시술방법들을 정리했다.

신비한 동양철학 102 ｜ 원공 선사 편저 ｜1권 448면·2권 416면 ｜ 각 29,000원 ｜ 신국판

참역학은 이렇게 쉬운 것이다② － 완결편
역학을 활용하는 방법을 정리한 책

『참역학은 이렇게 쉬운 것이다』에서 미처 쓰지 못한 사주를 활용하는 방법을 정리한다는 의미에서 다시 이 책을 내게 되었다. 전문가든 비전문가든 이 책이 사주라는 학문을 이해하는 데 도움이 되고, 사주에 있는 가장 좋은 길을 찾아 행복하게 살았으면 합니다. 특히 사주상담을 업으로 하는 분들도 참고해서 상담자들이 행복하게 살도록 도와주었으면 한다.

신비한 동양철학 104 ｜ 청암 박재현 편저 ｜ 330면 ｜ 23,000원 ｜ 신국판

인명용 한자사전
한권으로 작명까지 OK

이 책은 인명용 한자의 사전적 쓰임이 본분이지만 그것에 국한하지 않고 작명법들을 그것도 일반적으로 통용되는 기본적인 것 외에 주역을 통한 것 등 7가지를 간추려 놓아 여러 권의 작명책을 군살없이 대신했기에 이 한권의 사용만으로 작명에 관한 모든 것을 충족하고도 남을 것이다. 5,000자가 넘는 인명용 한자를 실었지만 음(音)으로 한 줄에 수십 자, 획수로도 여러 자를 넣어 가능한 부피를 줄이려고 노력하였다. 그리고 작명하는데 한자에 관해서는 다양하게 활용할 수 있도록 하였고, 일반적인 한자자전의 용도까지 충분히 겸비하도록 하였다.

신비한 동양철학 105 ｜ 임삼업 편저 ｜ 336면 ｜ 24,000원 ｜ 신국판

바로 내 사주
행복한 인생을 만들어 갈 수 있는 방법을 소개하는 책

역학이란 본래 어려운 학문이다. 수십 년을 공부해도 터득하기 어려운 학문이라 많은 사람이 중간에 포기하는 일이 많다. 기존의 당사주 책도 수백 년 동안 그 명맥을 유지해왔으나 적중률이 매우 낮아 일반인들에게 신뢰를 많이 받지 못했다. 그래서 지금까지 30여 년 동안 공부하며 터득한 비법을 토대로 이 책을 내게 되었다. 물론 어느 역학책도 백 퍼센트 정확하다고 장담할 수는 없다. 이 책도 백 퍼센트 적중률을 목표로 했으나 적어도 80% 이상은 적중할 것이라고 자부한다.

신비한 동양철학 106 ｜ 김찬동 편저 ｜ 242면 ｜ 20,000원 ｜ 신국판

주역타로64
인간사 주역괘 풀이

타로카드는 서양 상류사회의 생활상을 담은 그림으로 되어 있다. 그 속에는 자연과 인간이 겪을 수 있는 경험과 역사가 압축되어 있다. 이러한 타로카드를 점(占) 목적으로 사용하는 것인데, 주역타로64점은 주역의 64괘를 64매의 타로카드에 담아 점 도구로 사용한다. 64괘는 우주의 모든 형상과 형태의 끊임없는 변화의 원리로 나타난 것이다. 그리고 주역타로는 일반 타로의 공통적인 스토리와는 다른 점이 많으나 그 기본 이론은 같다. 주역타로의 추상적이며 미진한 정보에 더해 인간사에 대한 주역 괘풀이를 보탰으니 주역타로64를 점 도구로 활용하는 데 도움이 되었으면 한다.

신비한 동양철학 107 ｜ 임삼업 편저 ｜ 387면 ｜ 39,000원 ｜ 사륙배판

주역 평생운 비록
상수역의 하락이수를 활용한 비결

하락이수의 평생운, 대상운, 유년운, 월운은 주역의 표상인 괘효의 숫자로 기록했고, 그 해석 설명은 원문에 50,000여 한자 사언시구로 구성되어 간혹 어려운 글자, 흔히 쓰지 않는 낯선 글자, 주역의 괘효사를 인용한 것도 있어 한문 문장의 해석은 녹녹치 않은 것이어서 원문 한자 부분은 제외시키고 한글 해석만을 수록했다.

신비한 동양철학 109 ｜ 경의제 임삼업 편저 ｜ 872면 ｜ 49,000원 ｜ 사륙배판

사주 감정요결
세운을 판단하는 방법

사주를 간명하는 데 조금이라도 도움이 되었으면 하는 마음에서 『정법사주』에 이어 이 책을 내게 되었다. 여기서는 사주를 간명하는 데 근간이 되는 오행의 왕쇠강약을 세분해서 설명하고, 대운과 세운, 세운과 월운의 연관성과 십신과 여러 살이 운명에 미치는 암시와 십이운성으로 세운을 판단하는 방법을 설명했다.

신비한 동양철학 110 ｜ 원각 김구현 편저 ｜ 338면 ｜ 36,000원 ｜ 신국판

명리정종 정설(1·2)
명리정종의 완결판

이 책의 원서인 명리정종(命理正宗)은 중국 명대의 신봉(神峰) 장남(張楠) 선생이 저술한 명리서(命理書)다. 명리학(命理學)의 5대 원서는 어느 것 하나 귀하지 않은 것이 없지만 명리정종(命理正宗)은 연해자평(淵海子平)을 깊이 분석하며 비판한 것이 특징이다. 따라서 초학자는 연해자평(淵海子平)을 공부한 후 이 책을 공부하는 것이 좋다.

신비한 동양철학 108 | 역산 김찬동 편역 | 648/400면 | 49,000/39,000원 | 신국판

저자 **김봉준**

· 충남 서산 출생, 서산 서령고등학교 졸업
· 도학연구, 서울시 행정개선제안 3회 입상, 지방 행정공무원 근무
· 국영기업체 근무, 기업체 정신교육 강사 다수

저서로는 『쉽게 푼 역학(개정판)』, 『운세십진법|本大路』, 『國運|나라의 운세』, 『통변술해법』, 『말하는 역학|알기 쉬운 해설』, 『핵심 관상과 손금』, 『나의 천운운세찾기|몽골 정통 토정비결』, 『천직|사주팔자로 찾은 나의 직업』, 『완벽 사주와 관상』(공저), 『정본 만세력』, 『正本|완벽 만세력』, 『팔자소관』 등이 있다.

■ **백우역학원 원장**
전   화 : (02) 2275-5607~8
팩시밀리 : (02) 2275-5608

통변술해법

1판 1쇄 | 2000년 1월 6일
1판 6쇄 | 2016년 1월 16일

발행처 | 삼한출판사
발행인 | 김충호
지은이 | 김봉준

신고년월일 | 1975년 10월 18일
신고번호 | 제305-1975-000001호

10354 경기도 고양시 일산서구 고양대로 724-17호
        (304동 2001호)

대표전화 (031) 921-0441
팩시밀리 (031) 925-2647

값 36,000원
ISBN 978-89-7460-047-1 03140